28,-

Dieter Pfister

# Raum – Gestaltung – Marketing

## Über das Buch

*Heute wird oft beklagt, dass das Ganze, die grösseren Zusammenhänge und Zeiträume aus dem Blickfeld des beobachtenden, analysierenden und handelnden Menschen – vor allem auch des Unternehmers und Managers – geraten sind. So wird der Ruf nach mehr Ganzheitlichkeit und Nachhaltigkeit immer lauter. Doch weshalb kam es in den letzten Jahrzehnten zu dieser Verengung im Denken und Handeln vieler Menschen? Und wie könnte wieder mehr Ganzheitlichkeit und Nachhaltigkeit möglich werden? Um für die Wirtschaft und Wirtschaftswissenschaft Antworten auf diese Fragen zu erhalten, müssen nicht nur die gängigen Management-Modelle und die hinter ihnen stehenden Systemmodelle, sondern auch die Welt- beziehungsweise Menschen- und Geschichtsbilder betrachtet werden. In der vorliegenden Studie wird – unter Berücksichtigung der neueren Theorien der abendländischen Raumphilosophie und –soziologie, der japanischen Ortslogik, sowie der Physik – in Analogieschlüssen eine topisch-henadische Raumvorstellung und daraus ein Ansatz des ganzheitlich-nachhaltigen Managements entwickelt. Im Praxisteil werden konkrete Vorschläge für die Arealraumgestaltung, für raumbezogene Marktforschung und ganzheitlich-nachhaltiges Vorgehen in den Bereichen Marketing und Kommunikation gemacht. Das hier wissenschaftlich begründete Modell des Spacing-Managements eignet sich speziell für eine nachhaltige Marken- und bewusste Unternehmenskultur-Pflege, weil sich in den Spacing-Prozessen die abstrakten Werte/Normen im Raum auf subtile Weise konkretisieren, sinnlich wahrnehmbar machen lassen.*

## Über den Autor

*Dieter Pfister, lic. phil., Jahrgang 1955, studierte Kunstgeschichte, Soziologie und Betriebswirtschaft an den Universitäten Basel und Zürich. Er war unter Anderem Leiter Marktforschung der Schweizerischen Mustermesse (heute Messe Schweiz), Geschäftsführer der Stiftung International Hightech-Forum, Basel, Vizedirektor der Werbeagentur Weber, Hodel, Schmid, und im Nebenamt Vizepräsident des Verbands Schweizer Marketing- und Sozialforscher, Geschäftsführer der Vereinigung Kunsttourismus Schweiz sowie der gemeinnützigen Vereinigung histORhotel – centre de compétence und Mitgründer der Icomos-Arbeitsgruppe Möbel Interieur Schweiz AMIS. Heute ist Dieter Pfister Geschäftsführer des Beratungs- und Forschungsunternehmens PFISTER Marketing & Kommunikation in Binningen/Basel. Er publizierte mehrere wissenschaftliche Studien in Buchform und zahlreiche Aufsätze über ausgewählte Themen im Beziehungsfeld Kultur – Gesellschaft – Wirtschaft.*

Dieter Pfister

# Raum – Gestaltung – Marketing

im ganzheitlich-nachhaltigen Management

Konsequenzen einer topisch-henadischen Raumauffassung für
Weltbilder, Wissenschaftsmodelle und Unternehmenspraxis

edition gesowip
Basel 2007

*Die Deutsche Bibliothek - CIP-Einheitsaufnahme*
*Ein Titeldatensatz für diese Publikation ist bei Der Deutschen Bibliothek erhältlich*

*Die Deutsche Bibliothek - CIP-Cataloguing-in-Publication-Data*
*A catalogue record for this publication is available from Die Deutsche Bibliothek*

Originalausgabe

Alle Rechte vorbehalten
© 2007 by edition gesowip, Basel/Switzerland
Herstellung: SDL, Berlin

Printed in Germany

ISBN 978-3-906129-40-2

# Inhalt

Inhalt ..................................................................................................... 5

1. Vorwort ........................................................................................... 7

2. Zusammenfassendes Fazit ........................................................ 11

    2.1 Welt als Gegenüber des Menschen ..................................... 11
    2.2 Vom Raum zum Lebensraum ............................................... 14
    2.3 Geschäfts- und Lebensprozesse .......................................... 18
    2.4 Praxis des Spacing-Management und Sustainable Branding .... 24

Teil I - Theorie ................................................................................. 27

1. Über Weltbilder und wissenschaftliche Modelle ................. 28

    1.1 Welt als Bild und Wort ......................................................... 28
    1.2 Welt als Raum und Zeit ........................................................ 37
        *1.2.1 Philosophie* ................................................................... *38*
        *1.2.2 Soziologie* ..................................................................... *40*
        *1.2.3 Wirtschaftswissenschaften* ............................................ *44*
            1.2.3.1 Nachhaltigkeit und Nachhaltige Entwicklung ........ 44
            1.2.3.2 Nachhaltigkeits-Management ............................... 50
            1.2.3.3 Das Beispiel des St. Galler Management-Modells .... 52
        *1.2.4 Physik* ........................................................................... *60*
        *1.2.5 Geschichts- und Kunstwissenschaft* .............................. *63*
    1.3 Welt als Lebensraum ............................................................ 69
        *1.3.1 Analyse: Räume, Lebensraum und Ort* ......................... *69*
        *1.3.2 Synthese: Den Lebensraum durchdringenden Aspekte* ... *79*
        *1.3.3 Topisch-henadische Raumauffassung* ........................... *86*

2. Zur Weiterentwicklung von Organisations- und Management-Modellen ......................................................................................... 92

    2.1 Grundmodell des ganzheitlich-nachhaltigen Managements .... 92
    2.2 Ganzheitlich-Nachhaltige Weiterentwicklung des Prozessmanagements ............................................................ 104

    2.2.1 *Trans-Formationsprozesse* ... 104
        2.2.1.1 *Trans-Formationsprozesse im individuelle Eigenraum* ... 104
        2.2.2.2 *Trans-Formationsprozesse im institutionellen Eigenraum von Organisationen* ... 108
    2.2.2 *In-Formationsprozesse* ... 111
        2.2.2.1 *In-Formationsprozesse im Selbst-/Körperraum: Human Spacing* . 111
        2.2.2.2 *In-Formationsprozesse im Lebensraum: Private und Corporate Spacing* ... 126
  2.3 Ganzheitlich-nachhaltige Weiterentwicklung wichtiger betrieblicher Funktionen ... 127
    2.3.1 *Ganzheitlich-nachhaltiger Managementbegriff* ... 127
    2.3.2 *Ganzheitlich-nachhaltiges Marketing- und Kommunikationsmanagement als Markenmanagement* ... 132

## Teil II - Praxis ... 142

### 1. Zur Praxis des ganzheitlich-nachhaltigen Managements ... 146

  1.1 Praxisbezogene Raumstrukturierung ... 146

  1.2 Praxisbezogene Prozesstypen ... 148
    1.2.1 *Geschäfts-, Management- und Spacingprozesse* ... 148

  1.3 Zur geschichtlichen Entwicklung des Marketing- und Kommunikationsmanagements ... 152
    1.3.1 *Vom Corporate Design zum Corporate Spacing* ... 152
    1.3.2 *Von der Corporate Communication zum Human Spacing* 162
        1.3.2.2 Klassischer Kommunikationsbegriff ... 165
        1.3.2.3 Ganzheitlich-nachhaltiger Kommunikationsbegriff ... 167
    1.3.3 *Vom Marketingmanagement zum ganzheitlich-nachhaltigen Spacing-Management/Sustainable Branding* ... 176

  1.4 Integration von Corporate und Human Spacing im Sustainable Branding ... 182

### 2. Schlusswort: Ganzheitliche Nachhaltigkeit im Kampf gegen den „Kampf der Kulturen" ... 190

  2.1 Kritische Betrachtung aktueller Ansätze des Marketing- und Kommunikationsmanagements ... 190

  2.2 Manager der Zukunft: Musterknaben oder Musterbrecher? .. 196

  2.3 "Kampf der Kulturen" auch in der Wirtschaft verhindern ... 199

### 3. Literatur ... 208

# 1. Vorwort

In dieser Publikation werden mehrere thematische Stränge verbunden, mit denen ich mich in den letzten 25 Jahren befasst habe. Früh schon interessierte mich die Ausgestaltung von Räumen in einem ganz lebensnahen Sinne, nämlich hinsichtlich deren Möblierung, Ausstattung und Gebrauch. Dabei betrachtete ich auch die soziologischen und ökonomischen Aspekte, so das Verhältnis zwischen Möbelmachern, Raumausstattern und Auftraggebern sowie die Produktionsverhältnisse: das Zunftwesen in früheren Zeiten, die Veränderung des Selbstverständnisses von Möbelmachern, Innenarchitekten und Architekten vom 16. bis ins 20. Jahrhundert. Letztlich ging es mir darum, die Beziehungen und Prozesse zwischen Eigner, Nutzer und Gestalter von Räumen und Orten präziser zu verstehen.

Ein zweiter wichtiger Strang des Nachdenkens und methodischen Vertiefens umfasste die Themenfelder Unternehmenskultur und Firmenidentität sowie deren kommunikative Ausgestaltung im verbalen und bildlichen Sinne. In meiner Praxisarbeit beschlichen mich hier aber immer mehr Zweifel hinsichtlich den Möglichkeiten und Grenzen „gemanagter" Veränderungsmassnahmen wie zum Beispiel dem „Changemanagement". Meine Beschäftigung mit Wissensmanagement in den 90er Jahren des letzten Jahrhunderts förderten das kritische Bewusstsein nochmals.

Die Erforschung und Einschätzung der Wirkungen der Arbeit an der Unternehmenskultur, aber auch von Produkten, Dienstleistungen und Kommunikationsmassnahmen mittels Markt- und Meinungsforschung bildeten meinen dritten thematischen Strang. Auch hier entstand ein zunehmend kritisches Bewusstsein über die Arbeiten in diesem Bereich, der eigenen und der beobachteten fremden. Das wiederum förderte das Nachdenken über Wahrnehmungsprozesse und über Dauerhaftigkeit und Reichweite der Wirkung von Praxisaktivitäten im Bereich der (Unternehmens-) Kultur sowie von Kommunikation und Marketing.

Denken, Reden und Handeln konnte ich all die Jahre glücklicherweise zunehmend gut verbinden. Denn einerseits erarbeitete ich die theoretischen Grundlagen und veröffentlichte immer wieder Teile davon. Andererseits konnte ich aber auch durch meine praktische Berufsarbeit die wissenschaftlichen Erkenntnisse rasch in Projekte einbringen und verfeinerte so Modelle und Methodik stetig.

Allmählich wurde mir klar, dass es sich bei diesen genannten thematischen Strängen eigentlich um Analoges handelt, um die Art der Gestaltung von Arealräumen/Orten, nämlich unserer Wohn- und Arbeitsräume einerseits, unserer Denk- und Wissensräume andererseits und schliesslich unserer Kulturräume – und das immer in Bezug gebracht zur Zeit (Prozesse, Funktionen). Der Umgang mit Raum und Zeit – das ist ja ein grosses, altes theologisches und philosophisches Thema. Es hat bis heute eine zentrale Bedeutung, wird auch in Wirtschaft und Politik behandelt, was vor allem in der Idee der Nachhaltigen Entwicklung zum Ausdruck kommt.

So versuchte ich die genannten Stränge mit dem Thema der Nachhaltigkeit zu verknüpfen. Eigene Projekte in diesem Feld zeigten mir aus Praxissicht, dass man in den letzten Jahren zwar bei der ökologischen Dimension recht viel erreichte, sich aber allmählich eine Ernüchterung breit machte, was die soziale Dimension betrifft und – damit verbunden – auch die Möglichkeiten des Involvierens des einzelnen Mitarbeitenden.

Je mehr ich mich mit den zu verknüpfenden Themen im Sinne eines gestaltenden Umgangs mit Raum, Zeit und Nachhaltigkeit befasste, desto stärker wurde das Gefühl, dass die seit Jahrzehnten beklagten „Grenzen des Wachstums" nicht nur bei materiellen Ressourcen zu erkennen sind, sondern auch bei der Art und Weise unseres Denkens selber sowie bei den Weltbildern und Modellvorstellungen, die unser Denken und Handeln prägen.

So stellte ich mir die Frage: „Müssen wir nicht radikaler werden und die heute in weiten Kreisen Westeuropas und Nordamerikas herrschenden Weltbilder, wissenschaftlichen Modell- und Managementvorstellungen hinterfragen?" Denn oberhalb dieser Ebene ist unser politisches und wirtschaftliches System im Grundsätzlichen und in der Umsetzung recht konsequent. Die „Grenzen des Wachstums" könnten demnach auch mit Begrenzungen auf dieser „unteren", grundlegenden Ebene zu tun haben. Sie dürfen demnach nicht nur materiell betrachtet, sondern müssen auch geistig verstanden werden. Wie hier zu zeigen sein wird, haben sie offenbar etwas damit zu tun, wie wir Raum und Zeit denken, wahrnehmen und auf uns beziehen, uns darin verorten.

Ein für die Schweiz und den deutschsprachigen Raum besonders wichtiges Managementmodell ist jenes der Universität St. Gallen. An diesem Modell versuche ich hier die Probleme zu schildern, welche das ganzheitlich-nachhaltige Denken behindern und schlage Weiterentwicklungen hinsichtlich der Weltbilder und der Modellvorstellungen vor. Der Dialog mit einigen Vertretern der Universität St. Gallen war dabei sehr wertvoll. Ich möchte gerade im Blick auf die Aus- und Weiterbildung junger Menschen an Universitäten und Hochschulen ermuntern, diese Grundmodelle und philosophischen Hintergründe mehr noch als bisher zu thematisieren. Auch wäre es wünschenswert, das auf Seiten der Lehrenden spürbare kritische Potential offensiver als bisher in der Praxis einzubringen, gerade im Umgang mit Führungskräften. Für die stellenweise erfrischend selbstkritischen Hinweise meiner Dialogpartner in St. Gallen jedenfalls danke ich bestens.

So entstand in mehrjähriger Arbeit die nachfolgende Studie, welche nun versucht, den Bogen von raum-zeit-philosophischen Überlegungen über Weltbilder und betriebswirtschaftliche Modellvorstellungen hin zu einem Vorgehen zu schlagen, das die Denkhaltung der ganzheitlichen Nachhaltigkeit auch in den betrieblichen Funktionen und im Prozess- und Projektmanagement wirksam werden lässt. Schliesslich wird auf die – bisher meist unterschätzte – Bedeutung der Arealraumgestaltung im Marketing, insbesondere im Dienstleistungs-Marketing und in der Markenführung hingewiesen.

Beim Erarbeiten der Studie stand ich mit einigen Menschen und Institutionen im Dialog. So bin ich für ihr Mitdenken folgenden Personen sehr dankbar: Prof. Dr. Christian Belz, St. Gallen, Alexander Bieri, Basel, Prof. Dr. Manfred Bruhn, Basel, Stefan Burri, Zürich, Prof. Dr. Thomas Dyllick, St. Gallen, Dipl. Ing. ETH Leo Gärtner, Basel, Henri Gassler, Reinach, lic. phil. Urs Hangartner, Luzern, lic. phil. Caroline Huwiler, Lausanne, Dipl. Arch. ETH Heinrich Kunz, Zürich, Dr. Thomas Latka, München, lic. oec. HSG Peter Masciadri, Bern, Prof. Dr. Felizitas Romeiss-Stracke, München, Prof. Dr. Johannes Rüegg-Stürm, St. Gallen, Dr. Martin Sättler, Bottmingen, Dr. Martin Sandtner, Basel, Dr. Heinrich Schwendener, Basel, Dr. Cordula Seger, St. Moritz, Dr. Peter Spichiger, Zürich, Daniel Sturm, Basel, Prof. Dr. Markus

Vogt, Benediktbeuren, Prof. Dr. Antoine Wasserfallen, Lausanne, lic. rer. pol. Mattias E. Weber, Genf und Familie Werhahn Bianchi, Salenstein. Für ihr geduldiges Mitdenken und –arbeiten sei meinen Mitarbeitern speziell gedankt: Sonja Polc Kneubühler, lic. rer. soc. Silvan Schaad, Julia van Wijnkoop und Virginia Hess.

Zwei Menschen haben mich über viele Jahre bei meinen „Denkexperimenten" begleitet: meine liebe Frau, Maria del Pilar Pfister-Garcia Barrio, Basel und Dr. Ralph Weill, Basel. Ihnen beiden widme ich diese Arbeit in grosser Dankbarkeit, bei Ralph Weill verbunden mit den besten Wünschen zu seinem 75. Geburtstag.

Basel, im Sommer 2007                                     Dieter Pfister




Hinweis
In den folgenden Ausführungen wird für personenbezogene Ausdrücke nur die männliche Schreibweise gewählt. Dies soll die Lesbarkeit vereinfachen. Ich bitte die Leserinnen um Verständnis.

Leseempfehlung
Diese Studie gliedert sich in einen theoretischen und einen praxisorientierten Teil. Die theoretischen Kapitel, zumal jenes „Über Weltbilder und wissenschaftliche Modelle" sind zum Teil recht weit ausgreifend und komplex. Der eher praxisorientierte Leser kann diese auch überspringen und gleich in das Kapitel „Zur Weiterentwicklung von Organisations- und Management-Modellen" einsteigen. Ferner ist die nachfolgende Zusammenfassung sehr dicht formuliert. Sie liest sich wohl einfacher nach erfolgter Lektüre der Studie.

# 2. Zusammenfassendes Fazit

Die Wissenschaft, der wissenschaftliche Blick auf die Welt, hat in den letzten Jahrhunderten viel entdeckt, erklärt und verständlich machen können. Dabei galt und gilt: Je präziser eine Aussage sein soll, desto genauer und enger muss zuvor definiert werden, was Sache ist und wie sie begrifflich zu fassen sei. Doch je stärker durch die Wissenschaft der mikroskopische Blick ins Kleine und der kosmologische ins Grosse geschärft worden ist, desto mehr geriet der Sinn fürs Ganze und die Zusammenhänge zwischen den in immer kleinere Stücke „sezierten" Einzelteile verloren.

## 2.1 Welt als Gegenüber des Menschen

In der vorliegenden Studie wird zunächst dieser Weg zur zunehmender „Atomisierung und Individualisierung der Welt" in geraffter Form zurückverfolgt, und zwar in den Wissenschaftsdisziplinen der Philosophie, Soziologie, Wirtschaftswissenschaften, Physik sowie Geschichts-/Kunstwissenschaft. Dabei werden relevante wissenschaftliche Modellvorstellungen und die sie prägenden Weltbilder herausgearbeitet.

In den Weltbildern zeigen sich ja auch Menschen- und Geschichtsbilder, Vorstellungen über die Beziehungen zwischen Ich und Welt, Zeit und Raum. Je nach Auffassung dieser Beziehungen erkennt man unterschiedliche Raumbilder, Vorstellungen der Relationen von Menschen, Lebewesen und sozialen Gütern untereinander und zum Raum. In der bisherigen Literatur werden hier meist drei Raumauffassungen genannt:

- Die absolute (Raum und Körper dualistisch gesehen und Raum als von Beobachtern, Objekten sowie physikalischen Abläufen unabhängiger Behälter verstanden).
- Die relative (Raum als Ergebnis der Struktur der relativen Lagen der Körper und Leib als Garant der Erfahrung räumlicher Qualitäten).
- Die relationale (Raum als netzartig-polyzentrisches Relationengefüge, als gleichzeitiges Nebeneinander materieller Stellen).

Diesen Raumauffassungen kann man bestimmte Denker und Denkrichtungen zuordnen und deren Entwicklung in eine zeitliche Abfolge bringen. Doch ein Blick in die Gegenwart zeigt, dass – zumal weltweit gesehen – diese Raumverständnisse nicht zu betrachten sind als nacheinander gültige, sondern als nebeneinander wirksame. Ein ähnliches Nebeneinander kann beispielsweise bei der Entwicklung der Physik beobachtet werden. Denn die Grundüberlegungen der Quantentheorie zu Raum und Zeit, zu Energie, zu Information und Masse haben zwar den Erkenntnishorizont verglichen mit früheren Modellen wesentlich erweitert, die Richtigkeit der Aussagen der klassischen Physik in ihrem beschränkten Geltungsraum jedoch belassen.

Wenn man nun „den Raum" als Stufenraum definiert und so die Geltungsbereiche für bestimmte Theorien räumlich statt zeitlich aufbauend betrachtet, so kann man die These aufstellen, dass aktuelle Probleme der Wahrnehmungs- und Erklärungskraft gewisser wissenschaftlicher Modelle, vor allem im Bereich der Sozial- und Wirtschaftswissenschaften, weniger mit bestimmten, durch wissenschaftlichen Fortschritt behebbaren Mängeln zu tun haben, als vielmehr mit grundlegenden Begrenzungen und so mit den weltanschaulichen Grundlagen der Modellbildung. Diese These wird – bezogen auf ganzheitliche Nachhaltigkeit – durch die vorliegende Studie bestätigt.

Das grundsätzliche Hinterfragen solcher Zusammenhänge nahm im Vorfeld der Erarbeitung dieser Studie ihren Ausgang bei Beobachtungen, die bei der praktischen Umsetzung der Idee der Nachhaltigen Entwicklung in Unternehmen gemacht wurden. Dort entstand die Vermutung, dass gerade in den Wirtschaftswissenschaften auf der Ebene der Modelle und Weltbilder Begrenzungen vorhanden sind, welche die Umsetzung solch komplexer Ideen behindern. So behandelt die Studie zunächst mögliche Begrenzungen von wissenschaftlichen Modellen, insbesondere in der Soziologie, Betriebswirtschaftslehre und (Kunst-)Geschichte.

Im Bereich der Wirtschaftswissenschaften wird diesbezüglich das für den deutsprachigen Raum wichtige St. Galler Management-Modell kritisch betrachtet. Hier zeigt sich, dass die es prägenden Vorstellungen explizit in der Tradition der retiv-polyzentrischen Sozialsystem-Modellierung und des relationalen Raumverständnisses stehen, weshalb diese dann vertieft behandelt werden.

Unterschiedliche Raum- und Systemauffassungen führen zu je anderen Akzentsetzungen bei der Betrachtung von verknoteten, polyzentrischen Netzwerken: einerseits neigen diese eher zur Betonung des Knotens (zum Beispiel harte, messbare Faktoren in Wirtschaftswissenschaften, Individuum in Soziologie, Atome und Teilchen in Physik, Künstler/Einzelwerk in Kunstgeschichte); andererseits befassen sie sich mehr mit den Beziehungen zwischen den Knoten (beispielsweise weiche Faktoren in Wirtschaftswissenschaften, Kommunikation/Interaktion in Soziologie, Wellen/Felder in Physik, Stimmung/Raum in Kunstgeschichte).

Diese Akzentuierungen der Betrachtungsweise in ein „Sich-Gegenüber-Treten" und ein „Sich-Verbinden-Können" der Dinge zeigen sich in vielen Themenbereichen, so etwa bei den Beziehungen vom Ich zur Umwelt, vom Individuum zur Geschichte/Vergangenheit, vom Wort/Bild zu den Dingen, vom Innen zum Aussen von Menschen und Objekten. Das in dieser Sichtweise fortschreitende Zergliedern der Welt ist auch auf organisatorischer Ebene beobachtbar, so in der Spezialisierung in immer neue Fächer und Teilbereiche des Wissenschaftsbetriebs oder in immer feinere Aufteilung in Profit-Center in der Wirtschaftspraxis. Interessanterweise hat die Frage von „Raum und Organisation" in der bisherigen wirtschaftswissenschaftlichen und soziologischen Literatur eher wenig Beachtung gefunden. Gerade deshalb werden die Auswirkungen des Raumverständnisses auf Organisationsformen (Strukturen, Prozesse) in dieser Studie ausführlich behandelt.

Das derart Aufgetrennte wieder zu verbinden ist immer mehr Aufgabe von „Kommunikation" geworden – und gleichzeitig zu deren Kernproblem. Denn in Kommunikation und Marketing führt das Auseinaderdriften des kommunizierten Wortes und Bildes einerseits und dem Unternehmensleben andererseits zu Problemen hinsichtlich Authentizität und Glaubwürdigkeit. Viele Firmen und Führungskräfte „kommunizieren" heute nicht „einfach" durch ihr Reden und Handeln, sondern lassen sich dabei beraten und unterstützen durch Fachpersonen der Bereiche Public Relations, Public Affairs, Sponsoring und des Event- bis Viralmarketing. Diese Spezialaktivitäten werden dann weitervermittelt von Journalisten, Massenmedien sowie vom Internet. Und da nun diese „Vermitteltheit der Vermitteltheit" das Problem der Echtheit und Glaubwürdigkeit verstärkt, wird das wiederum zum Anlass genommen, weitere Spezialisierungen vorzunehmen, indem sich Firmen explizit mit ihrer

Reputation befassen, um mit „Corporate Governance" und „Wirtschaftsethik" Glaubwürdigkeit zurück zu gewinnen.
Doch es gibt auch Gegenbewegungen. So versuchen die Vertreter der gesellschaftspolitischen Leitidee der Nachhaltigen Entwicklung seit Jahrzehnten, der Tendenzen hin zu einseitiger Individualisierung, Atomisierung und Autonomisierung von Menschen und Dingen entgegenzutreten und das Verhältnis des Menschen zu Raum und Zeit wieder integrierter und langfristiger zu gestalten. Der Erfolg dieser Idee stellt sich aber eher langsam ein, wofür die vorliegende Studie die Gründe herauszuarbeiten sucht. Dabei stösst sie, wie erwähnt, bis auf die Ebene der Weltbilder vor und kommt zur Erkenntnis, dass diese vermehrt in die Diskussion einbezogen werden müssen, wenn es darum geht, wissenschaftliche Modelle auf ihre Nachhaltigkeits-Tauglichkeit zu prüfen. Denn weil sich das laufend vermehrende Spezialwissen und die daraus abgeleiteten Regelungen einer nachhaltigen und ganzheitlichen Entwicklung erheblich im Wege stehen, muss die Studie den Finger auf die zugrunde liegende Problematik der Beziehung zwischen den Teilen und dem Ganzen legen. Ins Abstrakte und Weltbildliche gehoben heisst dies, sich grundsätzliche Gedanken zu machen zum Verhältnis von Ich-Welt, System-Umwelt etc.
Die Studie stellt dieses Problematik aber nicht nur fest, sondern macht konkrete Vorschläge, wie das Welt- und Raumverständnis weiterentwickelt werden kann, erarbeitet dabei aus den drei bisherigen, oben genannten Raumvorstellungen eine vierte, nämlich die „ortsorientiert-ganzheitliche", in der Studie „topisch-henadisch" genannte Raumauffassung.

## 2.2 Vom Raum zum Lebensraum

Ausgehend von raumphilosphischen Vorstellungen aus Japan, die in den beiden schon veröffentlichten Buchpublikationen dieser Trilogie (Pfister 2004/1 und 2005/1) ausführlich behandelt und verarbeitet worden sind und analog zu Kernvorstellungen der Quantentheorie stellt die vorliegende Arbeit den feldhaft verstandenen Ort und den Prozess des „Spacing", zu deutsch der Raumentwicklung, Lebensraumbildung oder Raumformation ins Zentrum.
Im relationalen Raumverständnis steht der Mensch im Beobachterraum dem Natur-, Gesellschafts- oder Wirtschaftsraum gegenüber. Da das Beobachten des Lebens und der Dinge im Raum aber nicht vom

Raum getrennt werden kann, sich im Beobachten die Dinge zeigen und verändern, soll der beobachtende Mensch in den hier sogenannten Lebensraum integriert betrachtet, der Beobachtungs- und Denkraum im Lebensraum verortet werden. Das heisst: Menschen, Lebewesen und soziale Güter stehen dann „dem Raum" nicht gegenüber, sondern mitten in ihm, werden von ihm durchdrungen. Das Ganze, welches im kosmischen Raum nicht-lokal präsent ist, wird in Menschen/Lebewesen und sozialen Gütern lokal wirksam, wirklich, der Kosmos damit zum Ort der Orte. Der Netzwerk-Knoten, die Masse und Materie verdängt so nicht „den Raum", sondern zeigt die in Materie kondensierte Information über das Ganze vor Ort.

Als Lebensraum soll der Raum dessen verstanden werden, was für das Leben von Bedeutung ist, worin sich das Leben bewegt, und zwar individuell und überindividuell/institutionell gesehen. Weiter kann das Gesichtsfeld eines Individuums – soweit das Auge reicht – als Arealraum bezeichnet werden, der für das eigene Leben zu einem bestimmten Zeitpunkt von Bedeutung ist. Dynamisiert man diese Vorstellung, so kann der individuelle Lebensraum als Raum-Kontinuum gesehen werden, und zwar im Sinne eines nahtlosen Aneinaderreihens der Orte, worin sich ein Mensch im Laufe des Lebens befindet.

Um dies denkbar zu machen, wird im Sinne der japanischen Vorstellung einer „retiv-topischen" Sozialsystem-Modellierung und eines „topischen Raumverständnisses", die relationale Raum-auffassung zu einer „topisch-henadischen" weiterentwickelt. Bei ihr ist das Verbindende nicht etwas zwischen den Netzwerk-Knoten, sondern das diese durchdringende Feld. Dieses Durchdringende kann im abendländischen und physikalischen Sinne verstanden werden als Information, die sich im Durchdringen von der abstrakten in die kondensierte Form umwandeln und sich materialisieren kann. Die Lebensenergie bewirkt diese Wandlung, die sich dann physikalisch im „Zustand" der Masse zeigt. Dabei durchdringen sich die Lebensprozesse sozusagen ihrerseits, indem sie abhängig von einander und gleichzeitig prozessieren. Analog der Äquivalenz von Energie, Information und Masse (Quantentheorie) können Energie und Information als das betrachtet werden, was an der Stelle der raumeinnehmenden Masse dort präsent bleibt.

Bei diesem Raumverständnis sind also Raum und Kör-per/Masse/Materie nicht, wie im absoluten und relativen Raum, dualistisch zu verstehen und auch nicht als relationale Anordnung von Körpern im Raum. Das retiv-topische Sozialsystem-Modell verweist vielmehr auf einen sozial erlebbaren Raum, welcher als Atmosphäre sinnlich wahrnehmbar ist. Der Raum wird so weder als Zwischenraum noch als Bühne verstanden, sondern als Lebensraum, der in seiner Atmosphäre und Stimmung wirkt.

Indem die vierte Raumvorstellung hier „topisch-henadische Raumauffassung" genannt wird, betont sie den Aspekt der Ganzheitlichkeit. Auch die Vertreter der drei anderen erwähnten Raumauffassungen haben sich immer wieder um Ganzheitlichkeit bemüht und damit um ein integrierteres Verhältnis zwischen dem Ganzen und den Teilen, zwischen Kosmos, Makro- und Mikrokosmos. Im topisch-henadischen Raumverständnis erhält nun Ganzheitlichkeit ein besonderes Gewicht, denn sie wird nicht nur in der durchdringenden Verbindung von Körper, Seele und Geist in den Eigenräumen gesehen, sondern auch im Sinne der Nachhaltigen Entwicklung gedacht. Das heisst, sie wird auch in der durchdringenden Verbindung der ökonomischen, sozialen und ökologischen Dimensionen in den sogenannten Themenräumen betrachtet. Weiters berücksichtigt sie die Äquivalenz von Information, Energie und Masse/Materie. Dadurch wird das in der japanischen Raumphilosophie entwickelte „topische Raumverständnis" durch abendländische Erkenntnisse erweitert, weshalb es zur begrifflichen Unterscheidung „topisch-henadisch" genannt werden soll.

Das hat Konsequenzen bezüglich einer (ganzheitlichen) Begrifflichkeit und Denkarbeit, welche ausführlich erörtert wird. So muss zum Beispiel Energie im Sinne der drei Dimensionen der Nachhaltigen Entwicklung als Lebensenergie in ihrer

- ökonomischen,
- sozialen und
- physikalischen Form

differenziert und definiert werden, was ja wieder dem alten abendländischen Begriffsverständnis von Energie nahe kommt, nämlich als etwas „einer Wirkung Fähiges", als alles, was – auf einer abstrakten Ebene betrachtet – die Entstehung von Wirklichkeit ermöglicht.

Der Lebensraum im topisch-henadischen Raumverständnis kann weiter differenziert werden. Im Unterschied zur relationalen Raumvorstellung ist die Differenzierung aber nicht als ein System-Umwelt-Verhältnis und eine Gegenüberstellung zu betrachten, sondern als ein Feld-Resonanz-Verhältnis, bei dem sich die Räume

durchdringen, und zwar in stufenmässig aufbauender Weise vom Kosmos bis zum Ort hin. Folgende Räume werden in der Studie ausführlich dargestellt:
1. Der als gegeben zu betrachtende Zeit-Raum/Sphärenraum, der auf den Kosmos konstituierend, allumfassend und einheitsstiftend wirkt.
2. Die Themenräume der Nachhaltigen Entwicklung: der Natur-, Gesellschafts- und Wirtschaftsraum, dessen Fragestellun-gen und Gegebenheiten auf die nächsten Raumstufen wirken.
3. Die Eigenräume: der überindividuelle/institutionelle und der individuelle Eigenraum, der Markenraum und der Selbst-/Körperraum. Über sie können Institutionen und Menschen – verglichen mit allen übrigen Räumen – am meisten verfügen und wirken dadurch auf die Lebensräume.
4. Die Lebensräume des überindividuellen/institutionellen Eigenraums: der Kultur-, Wissens- und Arealraum, dessen Fragestellungen und Gegebenheiten auf die Gestaltung des institutionellen Lebensraums Auswirkungen haben.
5. Die Lebensräume des individuellen Eigenraumes: Beobachter- und Denkraum sowie Ort, wo sich alle nicht-lokalen Raumstufen zeigen, örtlich und zeitlich präsent sind.

Vor Ort also verbindet sich Zeit, Raum und Leben. Nachfolgende Abbildung zeigt die ganze Terminologie der topisch-henadischen Raumauffassung auf einen Blick, und zwar in der Mitte die raum-, links die wahrnehmungs-/macht- und rechts die prozessbezogenen. Dies Spirale in der Bildmitte weist auf das Sich-Durchdringen der Eigen- und Lebensräume hin.

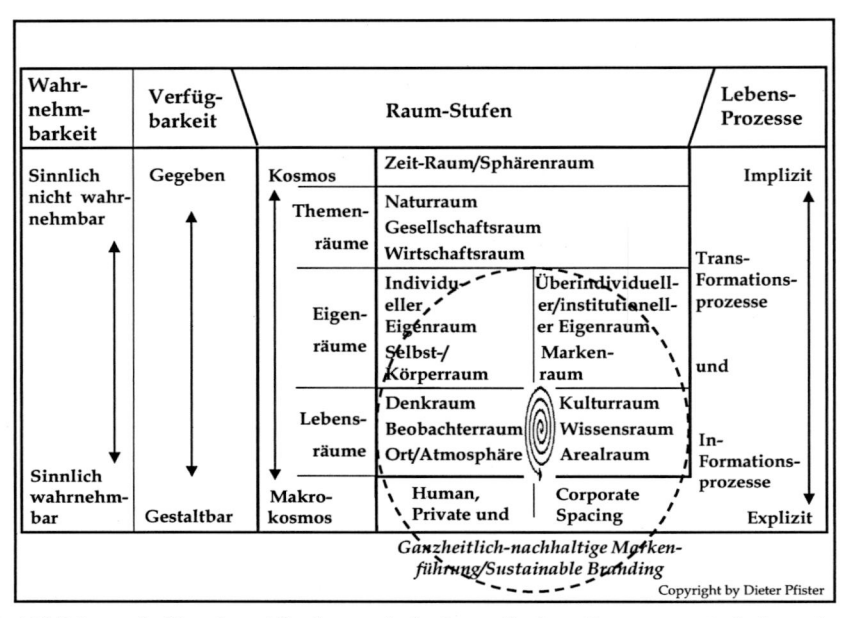

| Wahr-nehm-barkeit | Verfüg-barkeit | Raum-Stufen | | | Lebens-Prozesse |
|---|---|---|---|---|---|
| Sinnlich nicht wahr-nehmbar ↑↓ Sinnlich wahrnehm-bar | Gegeben ↑↓ Gestaltbar | Kosmos ↑ Themen-räume ↓ Eigen-räume Lebens-räume Makro-kosmos | Zeit-Raum/Sphärenraum | | Implizit ↑ Trans-Formations-prozesse und In-Formations-prozesse ↓ Explizit |
| | | | Naturraum Gesellschaftsraum Wirtschaftsraum | | |
| | | | Individu-eller Eigenraum Selbst-/Körperraum | Überindividuell-er/institutionell-er Eigenraum Marken-raum | |
| | | | Denkraum Beobachterraum Ort/Atmosphäre | Kulturraum Wissensraum Arealraum | |
| | | | Human, Private und | Corporate Spacing | |

Ganzheitlich-nachhaltige Markenführung/Sustainable Branding

Copyright by Dieter Pfister

*Abbildung 1: Kernbegriffe des topische-henadischen Raumverständnisses im Überblick*

Nach diesen raum- und ortsbezogenen begrifflichen Klärungen wird auf die prozess- und damit auch organisationsbezogenen Zusammenhänge ausführlich eingegangen und damit dargestellt, wie vom sezierenden Beobachten zum synthetisierenden Handeln fortgeschritten werden kann.

## 2.3 Geschäfts- und Lebensprozesse

In der topisch-henadischen Raumauffassung stehen Mensch, Lebensraum und Ort im Zentrum der Betrachtungen. Wenn nun der Aspekt der Zeit dazu kommt, rücken die Raumveränderungsprozesse ins Blickfeld, die hier sogenannten In-Formations- und Trans-Formationsprozesse, also die Umwandlungsprozesse von Information, Masse/Materie sowie Lebensenergie des in einem Ort Befindlichen. In dieser Studie liegt der Akzent auf der Information, die im Ort und Lebensraum feldhaft denkbar ist, wohingegen Masse und Energie dies auch ausserhalb von Orten sind.

Die genannten Prozesstypen werden in diesem Raumverständnis als gleichzeitig ablaufende, untrennbar miteinander verbundene und sich durchdringenden Prozesse gedacht. Sie können wie folgt unterschieden werden:

1. Trans-Formationsprozesse:
- Ökonomische Energien, den Wirtschaftsraum betreffend.
- Soziale Energien, auf den Gesellschaftsraum bezogen.
- Physikalische Energien, den Naturraum betreffend.

Diese Prozesse transformieren sich jeweils horizontal, „innerhalb" der eigenen Energieform oder vertikal, hin zu einer anderen Energieform im Eigenraum.

2. In-Formationsprozesse:
- Im Selbst-/Köperraum: persönlichkeitsbasierte Prozesse/Denkprozesse des Durchdringens, des Wahrnehmens, Erinnerns etc. des individuellen und überindividuellen/institutionellen Lebensraumes und des Durchdrungen-werdens von den übrigen Räumen, was sich insgesamt in der gefühlten und analysierten Atmosphäre zeigt.
- Im Lebensraum: Menschen, Lebewesen und Soziale Güter betreffende Prozesse der Informations-Kondensation von abstrakter über klassische Information bis zur Masse/Materie und zurück, also von der Formation, Formierung, Gestaltentwicklung und von Masse/Materie „zurück" zur gestaltimpliziten Information.

In der topisch-henadischen Raumauffassung und im feldhaft verstandenen Ort steht, wie eben erwähnt, Information im Zentrum. Die In-Formations-Prozesse werden deshalb ausführlich behandelt. Im Praxisteil fokussiert sich die Studie auf das sogenannte Area Spacing. Dabei wird denkend ein Ort durchdrungen und planend verändert. Das Handeln (der sinnlich wahrnehmbare der beiden In-Formations-Prozesstypen) gestaltet dann den Ort entsprechend um. So kondensiert gedachte Information in Masse und Materie.

Die nächste Abbildung zeigt überblicksmässig die Trans- und In-Formationsprozesse in vereinfachter Darstellung. Die Pfeile deuten an, dass diese Prozesse gleichzeitig, sozusagen ein- und ausgreifend ablaufen. Sie gehen vom Einzelmenschen in seiner intuitionsgeleiteten Gestaltungsarbeit (gestrichelter Pfeil in der menschlichen Figur) in den Eigenräumen aus und wirken vor Ort in den Lebensräumen. Den primären und sekundären Geschäftsprozessen einer Organisation/Institution entsprechen die ökonomischen, sozialen und physikalischen Trans-Formationsprozesse auf der Ebene des Individuums (horizontale Schleifen in Abbildung). Im Durchdringen der beiden Prozesstypen gestaltet sich dann der Lebensraum eines Menschen und Unternehmens, indem sich Information zu Masse hin materialisiert (gestrichelte Pfeile oben und unten in Abbildung). Dass der Mensch so zentral in der Mitte steht, heisst keineswegs, ihn zum Hyper-Individualisten stilisieren zu wollen, sondern ihn als für sich und das Ganze gleichzeitig verantwortlicher Einzelmensch wieder ins Zentrum des Raumgeschehens zu rücken. Der in der Abbildung gezeigte gestichelte Kubus bedeutet, dass hier die menschenmögliche Gestaltungsarbeit im Eigenraum von Individuum und Institution wirksam wird, diese aber auch in Bezug steht zu den Themenräumen. Der Kubus hat also nicht Behältercharakter.

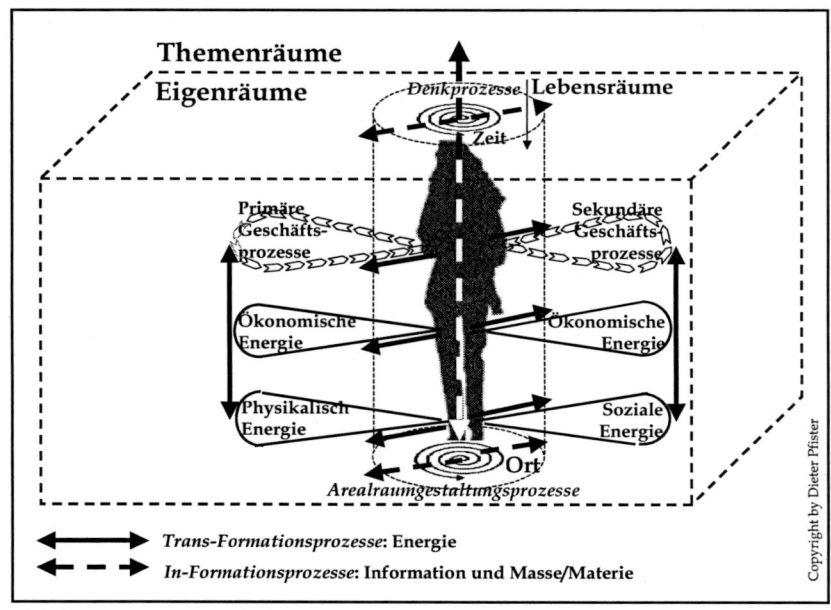

*Abbildung 2: Vereinfachte Darstellung der Zusammenhänge zwischen Ort, Prozessen und Räumen mit dem Menschen als für sich und das Ganze verantwortlicher Lebensraum-Gestalter*

Dieses Modell ist als Weiterentwicklung des St. Galler Management-Modells zu verstehen und soll die dort festgestellten weltbildinhärenten Begrenzungen hinsichtlich der Realisierung einer ganzheitlichen Nachhaltigkeit überwinden helfen. Dabei werden unter Anderem folgende Aspekte weiter entwickelt:
- Die im Kern zweidimensionale Vorstellung des St. Galler Modells wird durch eine räumliche Betrachtungsweise erweitert.
- Das Modell wird in eine umfassende Raumvorstellung, in einen Stufenraum eingebettet.
- Das im Zentrum des St. Galler Modells abgebildete, prozesshaft gesehene Unternehmen wird durch das, ebenfalls prozesshaft gedachte, verantwortungsvolle Individuum ersetzt.
- Indem der Mensch und die menschlichen Beziehungen ins Zentrum gerückt und die Produktions- und Nutzungsprozesse „rückwärts" in den individuellen Eigenraum verlängert werden, wird dessen Mit- und Eigenverantwortung wieder klar verortbar.
- Das Modell ist im Lebensraum verortet.
- Die Prozesse der Anspruchsgruppen und des Unternehmens stehen sich und dem Ganzen nicht gegenüber, sondern die Beziehungen der Prozesse untereinander sollen ebenfalls als sich durchdringend verstanden werden.
- Die Managementprozess-Vorstellung wird um die Dimension des Denkprozesses erweitert.

Was nun die im St. Galler Management-Modell wichtigen Systeme betrifft, so werden diese im topisch-henadischen Raumverständnis der Raumstufe der Eigenräume zugeordnet. Denn im Erkennen von Elementen und Strukturen liegt ja oft auch die Absicht, über solche Zusammenhängen verfügen zu wollen. Das „Worin" der Raumstufe des Eigenraums wiederum stellen die Themenräume dar, die in dieser Studie im Sinne der Nachhaltigen Entwicklung auf die Dimensionen Natur, Gesellschaft und Wirtschaft fokussiert werden.

Man kann sich Systeme als dynamische Gebilde vorstellen, welche die In- und Transformationsprozesse auf ihrem Weg zur Verwirklichung im Lebensraum prägen, durch ihre Struktur, ihre Art der Definition von Elementen und Begrenzungen verdichten. Sie stellen sehr abstrakt betrachtet Beschreibungen der Eigenheiten, Qualitäten von Lebensraum-Gestaltungsfeldern dar.

Wert-/Normsysteme prägen den Kulturraum. Das Muster, die Strategie der Hierarchisierung der Werte zeigt sich dann vor Ort durch die Wirkung der Trans- und In-Formationsprozesse. Die jeweiligen systembezogenen Eigenheiten/Begrenzungen durchdringen diese Prozesse und mit ihnen die Räume ihrer Wirksamkeit.

Ein System im retiv-topischen Sinne verstanden wirkt vor Ort in der Art, dem Muster der Gestaltung zum Beispiel zwischenmenschlicher Beziehungen und zeigt sich in der Atmosphäre. Die Differenz zwischen Systemen wird dann im Unterschied von Atmosphären feldhaft erkenn- und spürbar.

Die Art der Systemmodellierung betrifft aber nicht nur die Strukturierung „innerhalb" eines Systems, sondern auch jene des Verhältnisses der Systeme zueinander und damit auch der Teilräume des Raumes zueinander. Im Sinne des retiv-topischen Sozialsystemmodells stellt man sich diese nicht als Gegenüber vor, sondern als verortetes Feld.

Die genannten Vorstellungen von In- und Trans-Formation haben nun Konsequenzen bezüglich den klassischen Begriffen von Information und Kommunikation. Die Umsetzung des klassischen Kommunikationsmodells im Sinne des retiv-polyzentrischen Sozialsystemmodells hat in der Praxis dazu geführt, dass Denken, Reden und Handeln immer mehr auseinandergerissen und einander gegenübergestellt worden sind. Das wird möglich, indem man Energie, Information und Materie im Geiste der klassischen Physik eindimensionalisiert und separiert. Im ganzheitlich-nachhaltigen Sinne jedoch soll Kommunikation als jener Prozess betrachtet werden, der das Denken, Fühlen, Reden und Handeln als Aspekte einander durchdringender Prozesse verstanden werden. Im Denken wandelt sich das Individuum die Welt an, erkennt es das Implizite im Explizierten der Themen- und Eigenräume. Und im Handeln expliziert sich das Denken und Fühlen wiederum vor Ort.

Mehr Glaubwürdigkeit ist hier nicht durch immer feinere Überwachungs- und Inszenierungsmassnahmen erreichbar, sondern durch das Wiedererlangen von Vertrauen. Dieses jedoch wächst nicht ohne Authentizität. Denn einem sich selbst inszenierenden Schauspieler kann im wirklichen „Lebens-Theater" niemand trauen, denn nicht einmal er selbst weiss heute, welche Rolle er morgen spielen wird.

Es gilt also, die räumlich Distanzierung von Ich und Welt, die ja erst eine bildliche Inszenierung ermöglicht, zu überwinden, was dadurch geschehen kann, dass sich im authentischen Leben Mensch und Raum im Lebensraum durchdringen. Dadurch wird aber in der Kommunikationsarbeit der Akzent von der Vermittlung von Text und Bild verschoben, und zwar hin zum Gestalten der genannten, einander durchdringenden Lebensprozesse im Eigenraum. Kommunikation heisst also weniger Verbindung schaffen durch Austauschprozesse zwischen Systemen, als vielmehr Menschen, Lebewesen und soziale Güter im Lebensraum in sich durchdringenden Umwandlungsprozessen zu verbinden.

Nachfolgende Abbildung stellt nun dar, worin sich das im Durchdringen Verbindende im Arealraum zeigt. Es sind die im Pfeil eingeschriebenen Aspekte Raumnutzen, Raumgestaltungsleitbild und Raumbild, welch Letzteres zur Verdeutlichung seiner Ausschnitt- und Bildhaftigkeit von einen Bilderrahmen eingefasst wird. Die Ausprägung, die Strategie dieser Aspekte ist abhängig vom Kulturraum, von der dort herrschenden Wert-/Normhierarchie, die ihrerseits vom umfassenden Lebensraum-Gestaltungsfeld bestimmt wird.

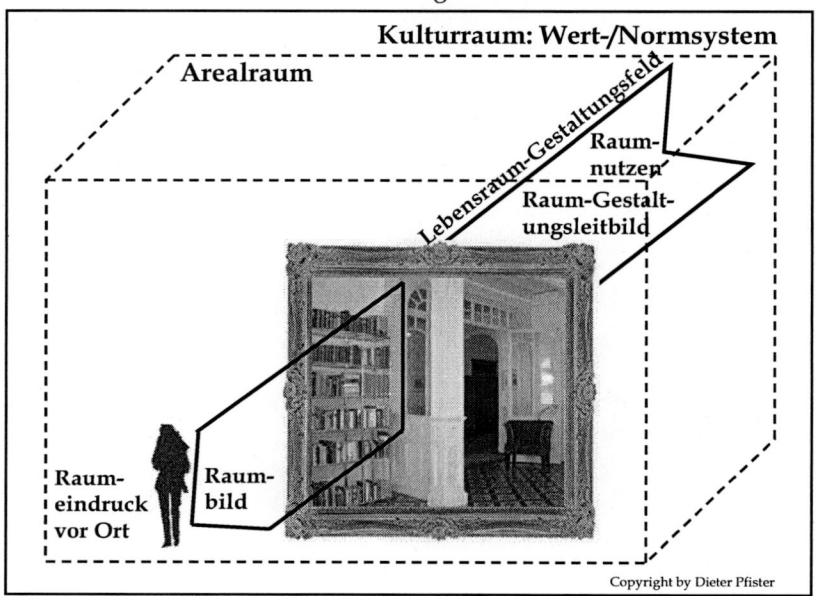

*Abbildung 3: Vereinfachte Darstellung der raumdurchdringenden Dimensionen, welche die Raumatmosphäre vor Ort bestimmen*

Die hier ausgearbeiteten Weiterentwicklungen der heute im europäisch-nordamerikanischen Raum dominierenden Raum-, Prozess- und Systemvorstellungen und der dazugehörenden Weltbilder haben Konsequenzen für die Praxis, was im zweiten Hauptteil der Studie am Beispiel des Marketing-, Kommunikations- und Markenmanagements erörtert wird.

## 2.4 Praxis des Spacing-Management und Sustainable Branding

In der vorliegenden Studie stehen die Raumgestaltung, -entwicklung oder –formation im Zentrum. Denn gerade im Dienstleistungsmarketing wie auch beim sinnlich Wahrnehmbar-Machen von Unternehmenskultur und –identität, ist die Raumgestaltung bisher in Theorie und Praxis eher unterschätzt worden. So ist es eines der Hauptziele der Studie, theoretisch darzulegen, wie man „Raumatmosphäre" beschreiben und wie man in der Praxis im Arealraum bewusster gestalterisch vorgehen kann.

Die selbstentwickelte und in der Praxis in eigenen Projekten mehrfach eingesetzte Methode wird „Spacing" genannt. Unter diesem aus der Raumsoziologie stammenden Begriff soll der dem menschlichen Denk- und Wahrnehmungsprozess folgende Gestaltungsprozess verstanden werden, der – auf dem topisch-henadischen Raumverständnis basierend – Atmosphären gestaltet. Die Raumatmosphäre zeigt dann die Persönlichkeit des Raumeigners. Eigner, Nutzer und Gestalter von Orten sollen als gleichberechtigte Partner des Gestaltungsprozesses betrachtet werden, und zwar mit dem Zweck, einen ganzheitlich-nachhaltigen Raumeindruck zu realisieren.

Die Raumformation, das Spacing als Prozess zeigt sich einerseits im Arealraum und andererseits im Wissensraum. Im ersten Fall wird er Area Spacing genannt, im zweiten Human Spacing. Beide leiten sich aus den Gegebenheiten des Kulturraums ab.

Das Area Spacing wird je nach Anwendungsgebiet weiter unterschieden in:
- Corporate Spacing, (Industry, Services): Areal-/Gebäudeentwicklung von Unternehmen und Verwaltungen
- Real Estate Spacing: Immobilienentwicklung
- Public Spacing: Stadtentwicklung, Raumplanung

- Hospitality Spacing: Hotel, Restaurant, Altersheime und -residenzen
- Shop Spacing: Verkaufsraumentwicklung
- Private Spacing: Private Wohnung.

Das Human Spacing zielt auf die Persönlichkeitsentwicklung des Individuums, befasst sich mit den Strategien der Wissensraumgestaltung und versucht diese im Denk- und Beobachterraum bewusst zu machen und allenfalls zu optimieren. Auch wenn im Praxisteil aus Gründen der Kompetenz des Autors dieser Studie der Akzent auf das Area Spacing gelegt wird, muss stets bewusst bleiben, dass diese beiden Spacing-Prozesse nicht getrennt werden können und dürfen und dass der eigenverantwortlichen Persönlichkeits-Gestaltungsarbeit (Bildung) eine ganz zentrale Bedeutung zukommt.

Die Wirkung des Spacing zeigt sich in einer Veränderung der Atmosphäre, des Klimas, der Qualität der Raumgestaltung und darin, dass sich relevante Menschen und Gruppen nachhaltig an andere Menschen, Institutionen und deren Aktivitäten erinnern können. Die Analyseinstrumente bezüglich Atmosphäre, Qualität und die Möglichkeiten der Marktforschung werden ausführlich dargestellt. Letztere ist deshalb wichtig, weil sie den Nutzern eine Stimme verleiht und auch ein „Wirkungscontrolling" ermöglicht. Schliesslich wird im Rahmen der Behandlung des Corporate Spacing die Brücke zur Markenführung geschlagen und die Wichtigkeit eines „Sustainable Brandig" betont.

In einem persönlich gehaltenen Schlusswort bringt der Autor zunächst die Problematik des Verhältnisses von Inszenierungen und Authentizität zur Sprache. Unter dem Aspekt der Sicherheit wird schliesslich in die politische Dimension der hier behandelten Themen vorgestossen, indem der in dieser Studie im Zentrum stehende Unternehmens-Kulturraum verlassen und die Kulturräume im globalen Zusammenhang betrachtet werden. Es wird deutlich, dass man den befürchteten „Krieg der Kulturen" geradezu heraufbeschwört, wenn es nicht gelingt, das Sicherheitsgefühl im eigenen Lebensraum auszubauen.

Denn offenbar gilt: Je mehr der Nationalstaat multikulturell wird, desto weniger kann er kulturelle „Sicherheit" gewähren, weshalb sich die Politik und Staatsverwaltung auf das Gewährleisten einer gewissen materiellen Sicherheit zurückziehen. Doch auch

Wirtschaftsunternehmen können diese kulturelle Sicherheit nicht bieten, nicht etwa, weil sie es nicht als ihre Aufgabe ansähen, sondern weil sie selber ein Teil des Problems sind. Denn je grösser und globaler tätig eine Firma ist, desto mehr fordert und fördert sie den flexiblen Menschen, der ja positionslos werden muss, wenn er die täglichen Veränderungen positiv gestimmt mitmachen soll. Als Belohnung dafür erhält er immer mehr Geld, wird dadurch daran gewöhnt, monetäre Sicherheit als Ersatz für kulturelle Sicherheit zu betrachten.

So wird ihm einmal mehr vor Augen geführt, dass „umfassende", kulturelle Sicherheit durch keine Institution gegeben werden kann, sondern dass jeder Mensch diese für sich selber „finden" muss, wozu hier der Weg der Persönlichkeitsbildung vorgeschlagen wird, bei der er sich Klarheit schafft über seine Position in der Welt, sein Weltbild etc. Das Human und Corporate Spacing stellen Methoden und Instrumente dazu zur Verfügung, aber „suchen und finden" muss es jeder selbst.

Gerade die Arealraumgestaltung stellt hier aber eine hervorragende Chance dar, in der bewussten eigenen Arbeit an der sinnlich wahrnehmbaren Gestaltung der Privat- und Firmenräume die abstrakten und sinnlich nicht wahrnehmbaren Zusammenhänge im Wissens- und Kulturraum herauszuarbeiten und zu vertiefen zu lernen.

# Teil I – Theorie

# 1. Über Weltbilder und wissenschaftliche Modelle

Im Grunde haben immer noch viele Menschen in ihrem Alltagsverständnis ein mechanistisches Bild der Welt und meinen, diese funktioniere wie eine Maschine und man könne sie demnach auch wie eine solche in Einzelteile zerlegen und nach Bedarf neu zusammenbauen. Diese Einzelteile werden dann als eine Art „Behälter" verstanden, die sich anderen „Behälter-Dingen" gegenüber und sich in einem Raum befinden, der ebenfalls behälterartig gedacht wird. Ein solches Weltbild, zum Beispiel übertragen auf Unternehmen und Organisationen, führte dazu, dass diese mehr und mehr in einzelne Bereiche, Prozesse und Profit-Center aufgeteilt und immer schneller durch unzählige Projekte verändert und organisatorisch sowie juristisch neu zusammengesetzt wurden.

Auch im gesellschaftlichen sowie politischen Bereich und vor allem im Verhältnis zur Natur ist diese Tendenz zu immer feineren Gruppierungen und Aufteilungen spürbar. Dabei geht der Blick aufs Ganze und fürs Ganze zunehmend verloren, was seit längerem beklagt wird. Auf der Ebene des Individuums kann diese Entwicklung zu einem Hyper-Individualismus führen und den Individualismus zu Egoismus degenerieren lassen, was bei abnehmendem Wirtschaftswachstum – und dadurch zunehmenden Verteilungskämpfen um den verbleibenden Rest – zu harten Auseinandersetzungen und Polarisierungen führt. Was aber wäre zu tun, um dem Einzelmenschen und den anspruchsvoll gewordenen Anspruchsgruppen das Ganze wieder mehr ins Bewusstsein zu bringen und dadurch die geschilderten Gefahren zu entschärfen? Die Überlegungen dieser Studie versuchen, eine Antwort auf diese Frage zu geben.

## 1.1 Welt als Bild und Wort

Das erwähnte mechanistische Weltbild ist stark von älteren, klassischen Annahmen der Naturwissenschaften beeinflusst, welche das Weltganze nicht als Produkt, sondern sozusagen als „Summe von Einzelteilen plus Mehrwert" und das Individuum als der Welt gegenüberstehenden Beobachter betrachten. Je schärfer jedoch die Details eines Objektes beschrieben und isoliert werden, desto unschärfer wird die Vorstellung der Zusammenhänge, desto unschärfer das Gesamtbild. Der deutsche Physiker Thomas Görnitz und die Psychologin Brigitte Görnitz weisen hier darauf hin, dass die „Wahrnehmung von Ganzheit <...> wohl zuerst bei uns selbst"[1] beginnt. Das heisst: der Mensch muss sich wieder in die Welt integrieren, sich selber als Ganzheit im Ganzen erleben, sich von ihr nicht lediglich ein Bild machen, sondern dieses Bild selber „betreten" und sich damit „verräumlichen".

Welt-, Geschichts- und Menschenbilder verändern sich in Zeit und Raum, beeinflusst von historischen Entwicklungen, von neuen wissenschaftlichen Erkenntnissen und auch religiösen Glaubenssätzen. Der Veränderungsdruck auf Weltbilder und Modellvorstellungen erhöht sich, wenn ihre Deutungskräfte nachlassen, ihre Geltungsbereiche und Reichweiten schwinden. Dann kommt es oft zu Erkenntnistransfers aus anderen Gebieten, etwa von der Naturwissenschaft zur Philosophie, von dort zur Soziologie und wieder zurück. Zunächst sucht man aber die eigenen Defizite und Begrenzungen durch Grenzüberschreitung auszugleichen. Wie später dargestellt wird, sind gerade heute solche Analogieschlüsse wirksam und wertvoll, müssen aber sorgfältig bedacht werden und erfordern viel Verständnis für das jeweils andere Fachgebiet.

Reicht das nicht aus, so kann es zu einem Paradigmenwechsel kommen, der auch das Weltbild tangiert, denn: „Wenn das Bewusstsein einer Anomalie", so der amerikanische Wissenschaftstheoretiker Thomas S. Kuhn, „beim Auftauchen neuer Phänomene eine Rolle spielt, sollte es niemanden verwundern, dass ein ähnliches, doch tieferes Bewusstsein eine Voraussetzung für jeden annehmbaren theoretischen Wandel ist."[2]

Was ist nun unter dem Begriff „Weltbild" zu verstehen? Der deutsche Physiker Peter C. Hägele beschreibt ihn wie folgt: „Gemeint ist damit, welche Vorstellung, welches Bild, <...> sich jemand von der Welt macht, von der Gesamtwirklichkeit um ihn herum und in ihm. Nicht zuletzt gehört zu einem Weltbild auch eine Antwort auf die Frage nach Gott."[3] Sich die Welt bildlich vorstellen zu können und zu wollen, hat vielfältige Konsequenzen und wirkt implizit bis in die Wissenskommunikation hinein. Auf die wichtige Bedeutung von Metaphern weist etwa der Schweizer Wirtschaftswissenschaftler Martin J. Eppler hin, wenn er schreibt: „Dabei kann das Bild durch die gewählte Metapher nicht nur den Kerngedanken transportieren, sondern zugleich auch die wichtigsten Informationen dazu graphisch strukturieren."[4]

Wichtig ist hier auch der Hinweis Hägeles, dass es „gar nicht zu allen Zeiten selbstverständlich war, ein Weltbild in der beschriebenen Weise zu haben. Voraussetzung für ein Weltbild ist, dass der Mensch sich als Gegenüber der Welt begreift, sich als Subjekt versteht."[5] Um ins Räumlich-Integrierende vorzudringen und die Umwelt als Mitwelt verstehen zu können, muss wohl der Begriff des Weltbildes selber hinterfragt und zu einer prozesshaften „Weltanschauung" vorgestossen werden. Diese Betrachtungsweise wäre dann mit Görnitz als „henadische" Weltsicht zu bezeichnen, abgeleitet vom griechischen Wort „henas", das Einheit bedeutet.[6]

Was bedeutet es nun, sich die Welt als Bild vorzustellen? Nachfolgende Abbildung versucht, die Zusammenhänge darzustellen. Die Welt als Bild zu sehen wird möglich, wenn man sich auf das sinnlich und empirisch Wahrnehmbare fokussiert, vor allem das Sichtbare und auch Hörbare, das Geistig-Verbale, wenn man Sprach- und Erinnerungsbilder ebenfalls mitbetrachtet. Das Bild ist so immer eine zweidimensionale Projektionsfläche, eine Vor-Stellung, eben etwas, das der Betrachter vor sich (hin-)stellt. Das ganze, volle, komplexe Leben im Raum wird dabei stets auf wenige Dimensionen reduziert.

Befindet sich der beobachtende Mensch vor Ort, im Areal(-raum) dessen, was er beobachtet (Beobachterraum), so sieht er, wie in der nächsten Abbildung dargestellt, eine Tanne und „verarbeitet" das Gesehene denkend. Er nimmt die Tanne wahr, begreift und berührt sie und nennt sie „Tanne", vergleicht sie mit Tannen, die er früher schon gesehen hat, beurteilt sie als vergleichsweise wohl gewachsen und agiert vielleicht, indem er sie fällt und als Weihnachtsbaum nach Hause transportiert. Spätestens dann aber muss er selber den Lebensraum betreten und Hand anlegen, eben handeln.

Im Denken vergleicht er äussere Bilder (die Tanne, der er gegenüber steht) mit inneren, er „er-innert Tannen", die hier vor Ort nicht präsent sind, verbindet so das Lokale mit dem Nicht-Lokalen. Aber auch wenn er sich ein Bild der Tanne macht und sich auf das sinnlich Wahrnehmbare beschränkt, weiss er aus Erfahrung und Schulbildung, dass die Tanne noch mehr ist, nämlich im mikroskopisch Kleinen Leben, Struktur und Teile „in sich" hat, was makroskopisch zunächst nicht „ins Bild tritt". Er weiss also, dass der Naturraum hinter dem Bild viel komplexer ist, als dies das makroskopische Bild vermittelt. Das Bild der Tanne schiebt sich sozusagen zwischen den Beobachter- und Naturraum.

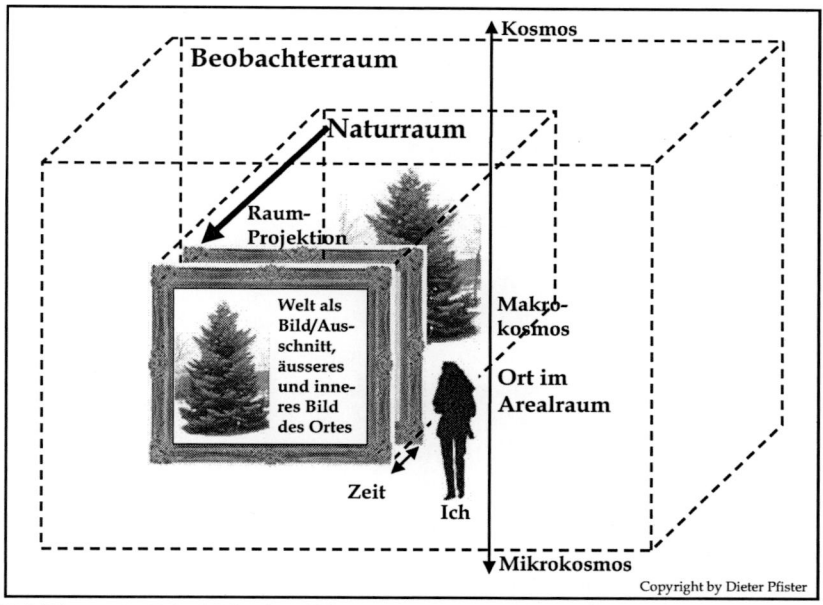

*Abbildung 4 : Die Welt als Bild vom vor Ort sinnlich Wahrnehmbaren und im Mikrokosmos und Kosmos Vorstell- und Erforschbaren*

Der beobachtende Mensch kann dem im Naturraum Wahrgenommenen unterschiedlich „nahe treten". Der deutsche Soziologe Georg Simmel weist in diesem Zusammenhang auf Folgendes hin: „Gewiss sind schon allein durch Mikroskop und Teleskop unendliche Distanzen zwischen uns und den Dingen überwunden worden; aber sie sind doch für das Bewusstsein erst in dem Augenblick entstanden, in dem es sie auch überwand. Nimmt man hinzu, dass jedes gelöste Rätsel mehr als ein neues aufgibt <…>

so muss man sagen: die Zeiten der Mythologie <...> lassen <...> eine geringere Distanz zwischen Menschen und Dingen bestehen, als die jetzige."[7]

Ob nah oder fern, der Beobachter blickt wie durch einen Fenster- oder Bilderrahmen (siehe Tannen-Bild mit Bildrahmen in Abbildung) in den Naturraum. Er vergleicht seine Erinnerungsbilder als innere Bilder mit den „äusseren" und interpretiert die Differenzen. Die Erinnerung, die vergangene Zeit tritt ihm wie der Raum ebenfalls als „abgeschlossenes", ausschnitthaftes Bild gegenüber. So zeigt sich die Zeit als eine Abfolge immer neuer Bilder als weitere Momentaufnahmen (siehe Bilderrahmen-Abfolge in Grafik).

Dieses Bild repräsentiert „die Welt", steht stellvertretend für sie da. Ein Bild ist begrenzt durch einen Rahmen, ist also ein Ausschnitt aus „der Welt", ebenso wie das Wort. „Das Wort dient dem rationalen Argument," schreibt der deutsche Kunsthistoriker Hans Belting. „Es ist die Zuflucht des denkenden Subjekts, das dem Augenschein der Welt keine symbolische Evidenz mehr zutraut und die Wahrheit nur mehr in abstrakte Begriffe fassen will."[8]

Das führt mit Belting dazu, dass der Mensch der Neuzeit in der Welt mit sich allein bleibt. „Er kann sich seine Bilder erfinden, aber sie haben nichts anderes aufzuweisen als die Wahrheit, die er ihnen selbst zubilligt."[9] So konstruiert er seine Welt und wird sich im Laufe des 20. Jahrhunderts immer bewusster, was er dabei tut oder, wie der deutsche Verhaltenspsychologe Gerhard Roth es formuliert: „Wenn ich mich durch diese Welt bewege, dann bewegt sich ein Konstrukt des Gehirns durch eine konstruierte Raumwelt."[10] Doch wenn alles innere Konstruktion ist, stellt sich unweigerlich die Frage: „Wie kommt die Welt wieder nach draussen? <...> Die Antwort hierauf lautet: Sie kommt gar nicht nach draussen, sie verlässt weder das Gehirn noch sonst irgendetwas."[11]

„Das Ganze", „die Welt" rational zu erfassen, zu begreifen und erinnern ist dem Menschen nicht möglich, weil seine Wahrnehmungsfähigkeit beschränkt ist. Wichtig dabei ist aber, in welcher Art und mit welchem Bewusstsein diese Reduktion von Komplexität stattfindet. Soziologisch betrachtet kann man hier bei verschiedenen gesellschaftlichen Gruppen je andere Vorgehensweisen unterschieden. Die nächste Abbildung verweist auf jene Gruppen, deren zentrale Aufgaben darin bestehen, den Raum zu beobachten und mehr oder weniger bewusst (um-) zu gestalten.

Der Raum ist hier nicht nur Naturraum, wie in der vorherigen Abbildung, sondern kann nun im Sinne der drei Dimensionen der Nachhaltigen Entwicklung analytisch in einen Natur-, Gesellschafts- und Wirtschaftsraum unterteilt, also unter ganz bestimmten Themen betrachtet werden, weshalb sie in der nächsten Abbildung „Themenräume" genannt werden. Die Betrachtungen dieser Teilräume eines als „Schichtenraum" verstandenen Raumes ist immer interessengeleitet, stellt Fragen und in Frage, will begreifen und macht sich deshalb in Wort und Bild eine Vorstellung des Raumes.

Diese spezifisch interessierten Beobachter verharren im Beobachterraum und haben einen besonderen professionellen Blick entwickelt. Da gibt es zum Beispiel den „Journalisten-Blick" (siehe oben im Bild), der sich die Welt und das Leben vor allem als Kulturraum vorstellt und sozusagen „von oben herab" in den „Themenraum-Kubus" blickt. Auch der Wissenschaftler macht sich ein Bild, wobei der Bilderrahmen in diesen beiden Fällen in der Abbildung aus Platzgründen weggelassen wird. Er sieht den Themenraum als Wissensraum. Der „Manager-Blick" (unten in der Grafik) schliesslich betrachtet vor allem den Arealraum, ist dort an „Baustellen" tätig, will seine Ideen möglichst weiterum sichtbar verwirklichen. Das Beobachten verändert den Blick und die Erfahrung laufend. Ebenso findet ein Erfahrungsaustausch zwischen diesen Beobachtergruppen statt, wodurch die „Sicht der Dinge" stets weiterentwickelt wird (siehe Pfeile in Abbildung).

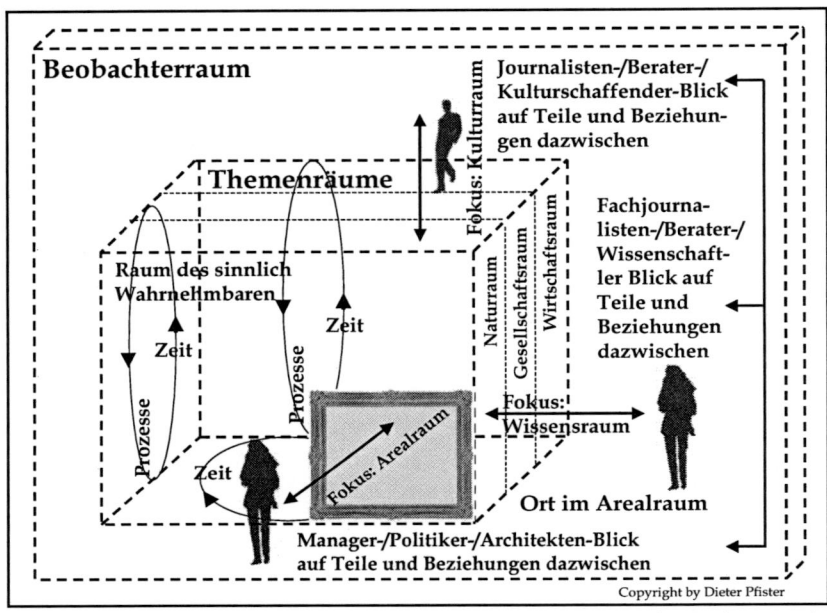

*Abbildung 5: Professionell-distanzierte Blickrichtungen und Gliederung der Teilräume und -prozesse des Themenraumes*

Wie in der obigen Abbildung angedeutet, strukturiert jede dieser Gruppen den Themenraum nach seinen Bedürfnissen, differenziert ihn (Striche in Abbildung). Dann wird er zu verbinden versucht (Kreise) und so die statische (definieren, gruppieren, analysieren), eher raumbezogene durch eine dynamische (Prozesse, Kreisläufe, Kommunikation), eher zeitbezogene Betrachtung erweitert.

Aus den gezeigten Blickwinkeln heraus teilt nun jede Gruppe den Raum auf, wobei sich jeder Beobachter und jede Teilwissenschaft eigene Modelle zurecht legt. In der nachfolgenden Abbildung zeigt sich die Modellierung der Wirtschaft- und Sozialwissenschaften. Im Sinne der gesellschaftspolitischen Leitidee der Nachhaltigen Entwicklung differenziert man den Eigenraum oft in drei Teile, „Umweltsphären" (siehe später: St. Galler Management-Modell), nämlich Natur-, Gesellschafts- und Wirtschaftsraum (rechts in Abbildung genannt). Innerhalb und zwischen diesen Sphären spielen sich Prozesse ab (Kommunikation, Logistik etc.), die durch Managementprozesse „geleitet" und im SAP computermässig „abgebildet" werden können. Aber auch Kreisläufe werden beschreibbar (links im Bild), und zwar je nach Themenraum bezogen auf Wert- und Schadstoffe, Ideen/Gedanken und Geld.

So haben Politik, Wirtschaft und Wissenschaft die für sie wahrnehmbare Welt allmählich und aus ihrer Sicht restlos aufgeteilt, in Staaten, Rechtsräume, Wirtschafts-Räume, -Branchen sowie –Unternehmen und in Wissenschaftsbereiche und damit dem alten Leitspruch nachgelebt: „Teile und herrsche". Denn herrschen kann man nur über Teile, nicht über das Ganze, weil man sonst in Konflikt mit allen anderen Herrschern käme. Diese Herrschaftsräume werden hier als Eigenräume bezeichnet, womit verdeutlicht wird, dass sie einen Eigner haben, der – zumindest teilweise – über sie verfügen kann, zumal unter Mithilfe der Natur- und Ingenieurwissenschaften.

Betrachtet man nun diesen Eigenraum, der von den Themenräumen (siehe rechts im Bild) matrixartig durchdrungen und von Umweltsphären umgeben wird (siehe rechts unten), so stellt sich die Frage, was mit dem unteilbaren Ganzen und dem unteilbaren Einzelnen, vor allem mit dem „In-dividuum" (dem un-teilbaren Menschen, siehe Figur in Abbildung) in diesem Modell geschieht. Die Antwort lautet aus der Sicht einiger Sozialsystemtheorien schlicht: „Nichts!" – Es wird einfach aus dem Modell verdrängt (siehe später).

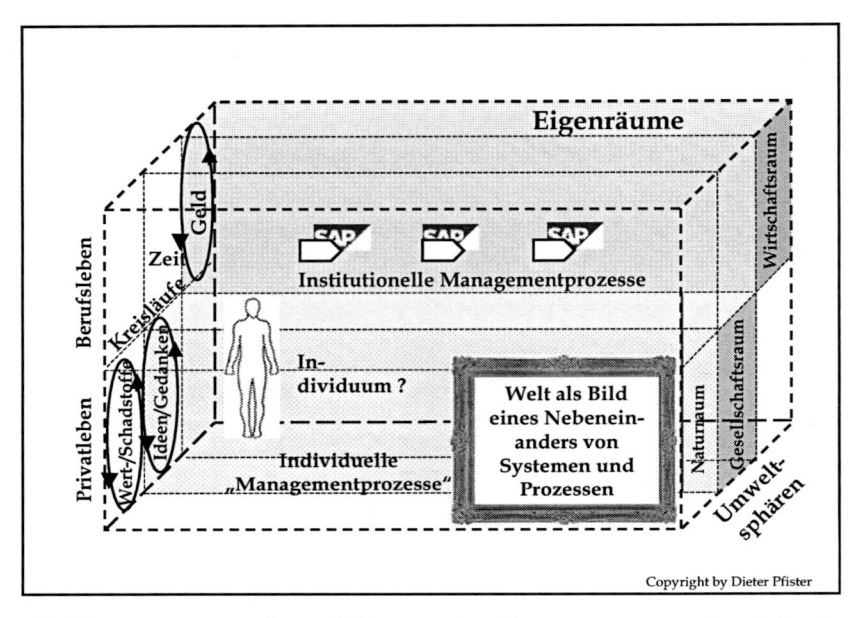

*Abbildung 6: „Innere" Modellierung des Eigenraumes aus der Sicht der Wirtschafts- und Sozialwissenschaften*

Doch die Welt lässt sich nicht nur als Bild und Wort verstehen und wurde auch lange Zeit nicht so gesehen. Das sichtbare Einzelne kann nämlich auch als Symbol für das unsichtbare Ganze verstanden werden. Wenn sich der Mensch als im Raum und nicht als ihm gegenüber befindlich versteht, sieht er nicht nur äussere Bilder, die er mit inneren vergleichen kann, nicht nur Abbilder, welche etwas repräsentieren, sondern Bilder als Ebenbilder, Gleichnisse als Gebilde und den Prozess, der zu diesem Gebildeten führt.

Der Zusammenhang zwischen „Bild" und „Bildung" wurde in der abendländischen Theologie und Philosophie schon früh thematisiert. Hier sind vor allem die Gedanken und Schriften des deutschen Gelehrten und Mystikers Meister Eckhart zu erwähnen. Wie der deutsche Philosoph Marcus Beling ausführt, ist die Frage der „Bildung" und des Bildens bei Eckhart „nicht losgelöst von seinen Ausführungen zum Bild bzw. *bilde* Begriffs zu sehen, die sich an den platonischen Ursprung <...> anknüpft und sowohl die Idee wie, bei Aristoteles, den Weg zur Erkenntnis meinen kann."[12]

Eckhart sieht gemäss Beling den Bildungsprozess in gewissem Sinne paradox als Bildung und „Ent-Bildung" und knüpft damit am Arm-Werden im Geiste an: „Erst abgeschieden und frei von jeglicher Begrifflichkeit kann eckhartsche Bildung stattfinden. Dies ist die Grundlage, auf der seine Bildung, die nicht die seinige, sondern eine göttliche ist, von Ungelehrten ausgehen kann und neue Volksschichten integriert. Wenn er trotzdem Unbildung kritisiert, so handelt es sich hier um einen anderen Gebrauch des Wortes. Unbildung ist hier zu verstehen als falsche Bildung, die den Einzug der Wahrheit Gottes in den Menschen verhindert."[13] In einer früheren eigenen Studie wurde dies als die „unselige Armut im Geiste" jener „Halbgebildeten"[14] bezeichnet, die dem Gegenteil der Abgeschiedenheit nachhängen und mit Beling „*vielfältige Begriffe, vielfältige Gegenständlichkeiten und bildliche Vorstellungen*"[15] verwenden.

Diese paradoxe Nähe und Distanz des Gebildeten zu Wort und Bild ist überwindbar durch die einheitstiftende Intuition, „der Vermittlung der Bedeutung von Herz zu Herz."[16] Im Unterschied zum Welt-Bild-Ansatz liegt der Fokus hier nicht auf der Repräsentanz von „Welt" durch Bild und Wort, sondern auf der Präsenz von „Welt", vom „Ganzen" im Leben. An derjenigen Stelle im Raum, wo das Einzelne verortet ist, wo es sinnlich wahrnehmbar wird, „verdrängt" es nicht den Raum aus sich heraus, sondern verbindet sich mit ihm, indem es von ihm durchdrungen wird. Dazu müsste aber der Raum nicht als Eigen-, sondern als Lebensraum verstanden werden (siehe später). Die vor Ort gegenwärtigen Teile sind Ausdruck für das in ihnen implizit vorhandene Ganze. Das Ganze ist das Abwesende im Anwesenden, das aber trotzdem einen Eindruck hinterlässt. Dieser Eindruck ist die Stimmung, die Atmosphäre, die vor Ort herrscht und die Anwesenden einstimmt. Oder mit Simmel ausgedrückt: „Sobald die Seele sich selbst zum Objekt ihres Vorstellens macht, kann sie es nur unter dem Bilde räumlicher Vorgänge."[17]

## 1.2 Welt als Raum und Zeit

Wie gezeigt, wird im Bild und Wort die Welt in Teile zerlegt. Doch wie bringt der beobachtende Mensch die Teile in Beziehung zueinander, wie kann er das Zerteilte wieder verbinden? Dazu haben sich verschiedene Wissenschaftszweige seit Jahrhunderten Gedanken gemacht, die nun in diesem Kapitel in groben Zügen dargestellt werden sollen. Dabei sind vor allem jene Fächer berücksichtigt worden, welche im Sinne der Nachhaltigen Entwicklung (ökonomisch: Wirtschaftswissenschaften; ökologisch: Physik; sozial: Soziologie) und im Blick auf den ganzheitlich-nachhaltigen Umgang mit Raum und Zeit (Philosophie und Geschichts-/Kunstwissenschaft) im Zentrum stehen. Zwischen ihnen werden dann Analogieschlüsse gezogen.

## 1.2.1 Philosophie

Wie andernorts schon dargestellt[18], kann man – raumphilosophisch betrachtet – in der bisherigen abendländischen Geschichte vor allem zwischen einer absoluten, einer relativen und einer relationalen Raumvorstellung unterscheiden. Der deutsche Soziologe Markus Schroer fasst die Entwicklung der beiden erstgenannten Raumvorstellungen wie folgt zusammen: „Im ersten Modell ist der Raum nur die Hülle für die darin befindlichen Körper. Der Raum gleicht einer Schachtel, einem Kasten oder Behälter (‚container'), in den Dinge aufgenommen werden können und in dem sie ihren festen Platz haben <...>. Im zweiten Modell dagegen ist ein Raum keine schlichte Gegebenheit mehr, vielmehr wird nach diesem Verständnis ein Raum durch soziale Operationen erst konstituiert. Wie wir gesehen haben, spitzt sich der weit zurückgreifende Streit zwischen Anhängern der absoluten und denen der relativen Raumauffassung in der Auseinandersetzung zwischen Newton und Leibniz in besonderem Masse zu, wobei Newton am Ende als eindeutiger Sieger vom Platz gehen kann. Erst mit der Relativitätstheorie Einsteins jedoch hat das absolutistische Modell des Containers an Bedeutung verloren."[19] Aufgrund der Verarbeitung der relevanten Literatur definiert die deutsche Raumsoziologin Martina Löw das „relationale" Raumverständnis als eine Weiterentwicklung der bisherigen absoluten und relativen Raumbegriffe: „Im Vollzug der Argumentation werden <...> die zentralen Aspekte der absolutistischen Raumbegriffe (die Konstitution von Orten und Territorien, die Konstruktionsleistung) aufgegriffen und in einen prozessualen Raumbegriff integriert. Das Ergebnis wird dadurch kein neuer relativistischer Raumbegriff sein, sondern ein Raumbegriff, den ich als ‚relational' bezeichnen werde."[20] Mit dem relationalen Verständnis von Raum wird Bewegung in diesen gebracht, er als ein

Prozess betrachtet. Die Löw'sche Raumdefinition lautet nun: „Raum ist eine relationale (An)Ordnung von Lebewesen und sozialen Gütern an Orten. Raum wird konstituiert durch zwei analytisch zu unterscheidende Prozesse, das Spacing und die Syntheseleistung."[21] Wichtig ist nun, diese drei zentralen abendländischen Raumauffassungen in ihrer Wirksamkeit nicht als ein historisches Nacheinander zu betrachten, sondern als ein Nebeneinander. Auch heute gibt es nämlich Orte und Momente, in denen Menschen zum Beispiel vor allem der absoluten Raumvorstellung nachleben. Denn, wie Schroer betont, hängt mit der Raumauffassung auch die Vorstellung des Verhältnisses von Mensch und Gesellschaft zusammen. Im absoluten Raum „sind die körperlichen Objekte zur Passivität verurteilt", wohingegen „das Konzept des relativen Raumes genau umgekehrt" verfährt."[22] Dabei geht es letztlich um „den Einfluss ‚der' Gesellschaft auf ‚die' Individuen oder ‚der' Strukturen auf ‚die' Handlungen"[23], also um den Streit „um Objektivismus versus Subjektivismus, Holismus gegen Individualismus usw."[24] Damit weist Schroer auf die fundamentale Bedeutung der Fragen nach Raum und Zeit hin, deren Auswirkungen bis hinein in die Politik, Wirtschaft und das Alltagleben reichen.

Wo und wann neigt der Mensch nun aber dazu, sich der einen oder anderen oder dritten Raumauffassung zu „bedienen"? Im politischen Zusammenhang hat bis heute der Areal- oder Territorialaspekt eine zentrale Bedeutung, in der Wirtschaft und im Cyberspace wird der physikalische Aspekt jedoch eher zurückgedrängt. Schroer betont hier, dass die „für die Entwicklung der Moderne so fundamentale Trennung von Ort und Raum" mit einer „Trennung des Ökonomischen vom Politischen einherzugehen"[25] scheint. Der Ort wird, wie der Mensch, ebenfalls zu einem Gegenüber des Raumes.

Doch diese Trennung hat immer wieder zu Unklarheiten geführt bis hin zu einer Verwechslung von Ort und Raum. „Sieht man genauer hin, so wird deutlich, dass die weit verbreitete These einer zunehmenden Raumunabhängigkeit sowohl auf einem reduktionistischen Raum- als auch auf einem verkürzten Politikverständnis beruht, das Politik immer schon mit staatlicher Politik und Raum immer schon mit einem Territorium gleichsetzt. Zu ganz anderen Ergebnissen gelangt man dagegen, wenn man diese Zuordnung aufgibt, Raum nicht mit Ort verwechselt und unter Raum mehr verstehen will als ein Territorium."[26] Wie nun die „Verwechslung" von Ort und Raum verhindert sowie die Thematik des Verhältnisses verschiedener Raumauffassungen zueinander in der Zukunft behandelt werden können, das ist ein Hauptthema der hier vorliegenden Studie. Und mit dem hier zentralen Begriff des Lebensraums wird dann die Verwechslung von Raum und Ort zu verhindern gesucht.

Was nun den Aspekt der Zeit betrifft, so wurde der stark auf sie fokussierte „industrialisierte Mensch" des 20. Jahrhunderts durch die dynamischen Entwicklungen immer mehr verunsichert. Mit der einseitigen Betonung der Zeit (Beschleunigung, Wertewandel etc.) ging eine Abnahme der Verortung einher. Diese wird im individuellen Eigenraum spürbar durch Entwurzelung, Heimatlosigkeit, Entfremdung von Natur durch Urbanisierung, Sinnverlust, zunehmende Beliebigkeit sowie Positionslosigkeit und im institutionellen Eigenraum durch Virtualisierung von Strukturen und Infrastrukturen, durch Globalisierung.

Zum Ende des 20. Jahrhunderts ist so eine Veränderung der Raumvorstellung zu beobachten, wohl stark gefördert durch das Entstehen des „virtuellen Raumes", des weltweiten, elektronischen Netzes. Parallel zum physisch wahrnehmbaren Lebensraum hat sich hier ein geistig-verbaler und bildgestützter Raum entwickelt und eine heftige Debatte über die Beziehungen zwischen diesen Räumen entfacht. Sie beschleunigte und beeinflusste die Tendenz zur Globalisierung so stark wie zuvor etwa der Siegeszug der Luft- und Raumfahrt. Wichtige Impulse für eine Weiterentwicklung der raumphilosophischen Vorstellungen kommen von der japanischen Raumphilosophie (Kitaro Nishida) und auch von der amerikanischen Sprachphilosophie (Robert Brandom) her, worauf in der zweiten Publikation[27] der vorliegenden Trilogie ausführlich eingegangen worden ist. Auf die japanische Raumphilosophie wird hier später zurückzukommen sein.

*1.2.2 Soziologie*

Die Soziologie hat im Werk von Georg Simmel einen frühen und wichtigen Beitrag zur Vertiefung des Themas „Raum" geleistet, sich dann später aber eher zurückhaltend damit befasst. Wie die deutschen Literatur- beziehungsweise Medienwissenschaftler Jörg Dünne und

Stephan Günzel betonen, geht es Simmel nicht nur darum, „dass sich verschiedene Gesellschaftsformen unterschiedlich *im* Raum manifestieren, sondern <...> um die historische Veränderung von Raumwahrnehmung schlechthin: Erst soziale Organisation schafft nach Simmel überhaupt eine als solche wahrnehmbare Raumorganisation. <...> Insofern kann Simmels Vorläuferrolle für das Denken des *spatial turn* <...> kaum hoch genug eingeschätzt werden."[28]

Mit der Verbreitung der Idee einer relationalen Raumvorstellung wurde das Thema „Raum" für die Soziologie wieder interessanter (siehe später), denn, so der deutsche Kulturwissenschaftler Thomas Latka, erst „wenn man sich vorstellen kann, dass – wie in der Physik seit Einstein bekannt – Materie und Raum nur zeitlich entstehen können, wird man danach fragen, welche räumlichen Qualitäten im sozialen Geschehen entstehen."[29] Trotzdem muss man erkennen, dass die Soziologie ganz allgemein betrachtet, sich im 20. Jahrhundert schwer tat mit „dem Raum". Auf den Beitrag des französischen Soziologen Pierre Bourdieu zur Verräumlichung des Denkens in der Soziologie wurde in einer früheren eigenen Publikation schon hingewiesen.[30] Weiter wäre der amerikanische Soziologe Richard Sennett zu nennen. Er beklagte unter Anderem, dass der öffentliche Raum abstirbt.[31]

Doch insgesamt war die Soziologie eher zeitorientiert, was namentlich für jene Variante der Systemtheorie gilt, die der deutsche Soziologie Niklas Luhmann entwickelt hat. Wie Schoer betont, spielt der Raum bei Luhmann „keine herausgehobene Rolle. <...> Ähnlich wie zahlreiche Theorien vor ihm privilegiert Luhmann deutlich die Zeit gegenüber dem Raum."[32] Luhmann tritt „vehement für einen Gesellschaftsbegriff ein, der sich gerade nicht mehr auf territoriale, physische Grenzen bezieht. <...> Soziale Systeme sind grundsätzlich nicht im Raum begrenzt. Anders als lebende Systeme verfügen sie nicht über eine Haut oder eine Membran, die sie als Systemgrenze gegenüber der Umwelt, also nach aussen, abschliessen würde."[33] Was nun aber diese Grenze ausmacht, bleibt unklar und so beklagt Luhmann selbst „das Fehlen eines soziologisch gehaltvollen Begriffs der Grenze."[34]

Luhmann differenziert die Gesellschaft nach Funktionssystemen wie zum Beispiel das politische System, das Rechts- und

Wirtschaftssystem, das Wissenschafts-, Erziehungs- und Kunstsystem, das Medizinsystem oder das System Familie und Religion. Er betrachtet seinen Gesellschaftsbegriff als radikal antihumanistisch, radikal antiregionalistisch und radikal konstruktivistisch, „allerdings nicht ahistorisch als universal gültig."[35] Mit dem Thema „Raum" konnte Luhmann nach eigenen Angaben wenig anfangen, wie er explizit einräumte, als er sagte, dass er „immer Schwierigkeiten mit räumlichen Ordnungen" gehabt hätte.[36]

Nach Luhmann wird der Raum „dadurch konstituiert, dass man davon ausgeht, dass zwei verschiedene Dinge nicht zur gleichen Zeit die gleiche Raumstelle einnehmen können."[37] Bedeutet das, dass für ihn der klassische physikalische Raumbegriff im Zentrum steht? Allerdings sieht Luhmann mit Besorgnis in der Weltgesellschaft, in den Favelas, Ghettos und Banlieus „Exklusionszonen, in denen der Zugang zu den Leistungen der Funktionssysteme erschwert oder gar unmöglich gemacht wird. Wenn funktionale Differenzierung aber nicht universal greift, sondern nur im Inklusionsbereich, dann wird die Inklusions-/Exklusions-Differenz zur neuen Primärdifferenzierung der Gesellschaft."[38] Worin Gesellschaft im luhmannschen Verständnis zu verorten wäre, bleibt jedoch unklar.

Der deutsche Soziologe Rudolf Stichweh weist in diesem Zusammenhang darauf hin, dass die These von der sozialen Konstruiertheit des Raumes nur für die künstlichen Grenzen und die sozialen Räume haltbar ist.[39] Die geografischen Einflüsse müssten demnach wieder ernster genommen und damit der „Naturraum" als Raum des Gegebenen angesehen werden, in dem irreversible Lebensprozesse verortet sind (siehe später).

Doch nicht nur „die Gesellschaft" im eben skizzierten, abstrakten Sinne braucht Raum, sondern auch der Mensch als Teil dieser Gesellschaft. Dabei denkt man wohl als erstes an den menschlichen Körper, den Körperraum. Schroer sieht das Verhältnis von Körper und Raum in drei Stufen: „Zunächst geht es um den Raum als Körper (1). Ich werde zeigen, dass die heute vielfach kritisierte Idee, die Gesellschaft als Behälter-Raum zu konzipieren, ihren Ursprung darin hat, sie als Körper zu denken."[40] Zweitens geht es Schroer um den „Körper als Raum" und drittens zeigt er, „dass Raum und Körper im Zuge der Modernisierung als Behälter vorgestellt werden, die über

eine klare Grenze von innen und aussen verfügen, an denen andere Unterscheidungen <...> festgemacht werden."[41]
Denn analog zum oben genannten absoluten Raum, der als Behälter gedacht wird, kann man aus soziologischer Sicht von einem „Behältermenschen" sprechen, der sich selber als „Behälter" begreift, was die Voraussetzung geschaffen hat für die moderne Ausprägung eines hedonistischen Individuums. Dass sich diese Behälter-Vorstellung entwickeln kann, ist ja ganz nahe liegend, erlebt doch schon das Kleinkind die Welt als Gegenüber, indem die Mutter auf sein Weinen reagiert, die Welt als etwas, was „da draussen" ist, das ihm zuallererst mater-iell entgegentritt, hier wörtlich gemeint, als Mutter (mater).

Der deutsche Soziologe Norbert Elias weist in diesem Zusammenhang auf die spezifische Selbsterfahrung des „homo clausus"[42] in europäischen Gesellschaften hin, als eine Erfahrung, „die es Menschen so erscheinen lässt, als ob sie selbst, als ob ihr eigentliches ‚Selbst' irgendwie in einem eigenen ‚Innern' existiere, und als ob es dort im ‚Innern' wie durch eine unsichtbare Mauer von allem, was ‚draussen' ist <...> abgetrennt sei."[43] Im Sinne der Untrennbarkeit von Raum und Zeit zeigt Elias dann die Konsequenzen der Homo-clausus-Vorstellung im zeitlichen Sinne: „Dabei sieht man hier <...>, dass sich der Begriff ‚Individuum' statt auf einen Menschen, der wird und geworden ist, vielmehr auf einen Menschen, der als Zustand gedacht ist, bezieht. Dieser Zustandsmensch ist eine Mythe."[44]

Der Behälter- und Zustandsmensch sieht sich nach Elias nämlich so, als ob er „ausserhalb des Spiels der anderen stehe".[45] Auf diese „Beobachterrolle" wurde oben schon eingegangen. Er fordert hier eine Umorientierung, die aber nur schwer zu bewerkstelligen sei, denn diese Behälter- und Zustandsvorstellung „ist in hoch individualisierten, auf ein hohes Mass von gedanklicher Reflexion abgestimmten Gesellschaften so tief verankert, dass es eines weiteren Schubes der Selbstdistanzierung bedarf, ehe es möglich ist, den scheinbar einfachen Gedanken, dass jeder Mensch ein Mensch unter anderen ist, in allen seinen Konsequenzen zu erfassen."[46] Elias plädiert deshalb für eine Überwindung der Vorstellung vom Individuum als einem Gegenüber von Gesellschaft und für den Begriff von Figurationen und Verflechtungen.[47] Das oben konstatierte Nebeneinander verschiedener Raumvorstellungen zeigt sich also auch hier: Der individualistische „Behältermensch" kann durchaus situativ dem relationalen Raumverständnis huldigen, was zum Beispiel in den oben genannten Beobachterberufen (vom Journalisten bis zu Architekten) öfters zu finden ist.

Analog zu den skizzierten, raumphilosophischen Veränderungen in Richtung relationaler Vorstellungen wird auch in der westlichen Soziologie allmählich die Idee des Feldes entwickelt. Latka weist hier unter Anderem auf den polnischen Psychologen Kurt Lewin und vor allem den französischen Soziologen Pierre Bourdieu hin, „der mit der Berufung auf den Feldbegriff eine radikale Wendung in der Sozialwissenschaft fordert"[48], wenn dieser schreibt: „Das Denken in Feldbegriffen erfordert eine Umkehrung der gesamten Alltagssicht von sozialer Welt, die sich ausschliesslich an sichtbaren Dingen festmacht. <...> In der Tat: Wie die Newtonsche Gratvitationstheorie nur im Bruch mit dem Cartesianischen Realismus, der keinen anderen Modus physischer Aktionen als den Stoss, den direkten Kontakt, anerkannte, zu entwickeln war, so setzt auch der Feld-Begriff einen Bruch mit der realistischen Vorstellung voraus, die den Effekt des *Milieus* auf den der direkten, in einer Interaktion sich vollziehenden Handlung reduziert."[49] Der Betrachtungsfokus bewegt sich so gesehen auch in der Soziologie allmählich vom Operativen, Kommunikativen und Materiellen hin zum Strategischen, Informativen und Energetischen (siehe später).

### 1.2.3 Wirtschaftswissenschaften
#### 1.2.3.1 Nachhaltigkeit und Nachhaltige Entwicklung

Raum und Zeit spielen in der Volkswirtschaftslehre seit jeher eine wichtige Rolle. So sei zum Beispiel an das Idealschema der Anordnung der Landnutzungszonen in sogenannte Thünen'sche Ringe/Kreise erinnert. Dieses Schema hat der deutsche Wirtschaftswissenschaftler Johann Heinrich von Thünen in seinem in Hamburg erschienenen Werk „Der isolirte Staat in Beziehung auf Landwirtschaft und Nationalökonomie" schon 1826 entworfen.

Was die nähere Vergangenheit betrifft, so sind Raum und Zeit implizit und explizit in der Idee und den Diskussionen über die Nachhaltige Entwicklung von zentraler Bedeutung. Die Idee und der Begriff der Nachhaltigkeit kann im deutschen Sprachraum bis zu einer Publikation des kursächsischen Wissenschaftlers und

Bergbauspezialisten Hans Carl von Carlowitz aus dem Jahre 1713 zurückverfolgt werden, worin er die rücksichtslose Rodung von Wäldern in seiner Region anprangert, deren Holz für den Bergbau gebraucht wird. Er forderte, dass es beim Anbau des Holzes „eine kontinuierliche, beständige und nachhaltende Nutzung gebe"[50] analog „<...> dem alten Sprichwort: Man soll keine alte Kleider wegwerfen/ bis man neue hat/ also soll man den Vorrat/ an ausgewachsenem Holz nicht eher abtreiben/ bis man siehet/ dass dagegen genugsamer Wiederwachs vorhanden"[51] ist. Bis ins 20. Jahrhundert verwendete man den Begriff vor allem im Bereich der Forst- und später auch der Landwirtschaft. Nach der Diskussion um die Grenzen des Wachstums in den 1970er Jahren kam es dann zu einer allmählichen Ausdehnung des Anwendungsfeldes des Nachhaltigkeitsbegriffs.

Unter nachhaltig wird gemeinhin verstanden, dass etwas dauerhaft wirksam ist. Und wenn, wie später noch ausgeführt, Energie ganz grundsätzlich als das „eines Werkes Fähige" definiert wird, sieht man schon hier den engen Zusammenhang zwischen Nachhaltigkeit und Energie. Der Begriff der Nachhaltigkeit zielt so spezifisch darauf ab, die – vor allem natürlichen – Ressourcen zu erhalten. Sie behandelt die Art der System- und Gleichgewichtsveränderungen in Raum und Zeit. Unter Raum wird zunächst die Umwelt verstanden. Ferner ist das richtige Mass im Blick auf die Wirkung von Aktivitäten im Laufe der Zeit zu finden.

Die Abgrenzung von Nachhaltigkeit und Nachhaltiger Entwicklung erfolgt in dieser Studie in dem Sinne, dass Nachhaltigkeit als das Ziel der Nachhaltigen Entwicklung und diese wiederum als der Weg, der Prozess verstanden werden, welcher zu diesem Ziel führt.

Nachhaltigkeit ist zu einem Modewort geworden, das viele Menschen recht inhaltslos gebrauchen. Allgemein verwendet stösst das Anliegen der Nachhaltigkeit auf wenig Kritik. Der Erfolg des Begriffs in den Medien und politischen Diskussionen liegt gerade in der Unschärfe seiner Definition. Der Erfolg der Massnahmen, die mit Nachhaltigkeit verbunden worden sind, ist auf globaler und politischer Ebene allerdings nur mässig.

Im Jahre 1987 wurde die Weltkommission für Umwelt und Entwicklung von der UNO- Vollversammlung eingesetzt. Diese erhob unter dem Vorsitz der norwegischen Ärztin und Politikerin Gro

Harlem Brundtland die Nachhaltige Entwicklung zum Hauptthema ihres Berichtes und definierte den Begriff folgendermassen:
„Sustainable development is development that meets the needs of the present without compromising the ability of future generations to meet their own needs. It contains within it two key concepts:
1. The concept of 'needs', in particular the essential needs of the world's poor, to which overriding priority should be given; and
2. The idea of limitations imposed by the state of technology and social organization on the environment ability to meet present and future needs."[52]

„Sustainable" leitet sich vom lateinischen „sustinere" ab und heisst soviel wie aushalten, schützen und aufrechterhalten. Zur Übersetzung des englischen Begriffs sustainable development wurde der Ausdruck Nachhaltige Entwicklung gewählt. Andere Übersetzungsvarianten des von der Brundtland-Kommission geprägten Begriffs wären „zukunftsfähige Entwicklung", „dauerhafte Entwicklung", „zukunftsverträgliche Entwicklung" oder „aufrecht erhaltbare Entwicklung". Die Idee der „Aufrechterhaltbarkeit" bezieht sich in der wissenschaftlichen Systemforschung auf den Zustand eines Systems, das sich so verhält, dass es über einen unbeschränkten Zeitraum ohne grundsätzliche oder unsteuerbare Veränderungen (Zusammenbrüche) existenzfähig bleibt und nicht in den Zustand der Grenzüberziehung gerät.

Auf die Thematik der Grenzüberziehung nimmt die zitierte Brundtland-Definition unter Punkt 2 Bezug. In der Systemforschung bedeutet Grenzüberziehung, dass sich ein bewegtes System einer Begrenzung nicht anpassen kann, wenn die Kontrollsignale
- zu spät eintreffen oder
- verzerrt sind oder
- gar nicht beachtet werden oder
- die Reaktion verzögert erfolgt.

Unter solchen Bedingungen schiesst die wachsende System-Grösse über die Begrenzung hinaus. Die Folge kann ein Zusammenbruch oder ein Einschwingvorgang sein. Bei Letzterem wird das überschiessende System gebremst und pendelt sich innerhalb eines bestimmten Zeitraums in einen neuen Gleichgewichtszustand ein. Zweck der Nachhaltigen Entwicklung ist es nun, einen System-

zusammenbruch in den Systemen Umwelt, Wirtschaft und Gesellschaft zu verhindern.
Wie die deutschen Nachhaltigkeitsforscher Irmela Bittencourt, Joachim Borner und Albert Heiser betonen, macht die Kombination zwischen Festhalten und Entwickeln „die besondere Qualität <...> des Konzeptes der Nachhaltigkeit aus: Es geht <...> nicht um Fortschritt (im heute verstandenen Sinne einer permanenten Innovation nur um der Innovation willen) <...>. Nachhaltige Entwicklung ist eine Zukunftsstrategie <...> die Dinge nach den Massgaben der Entwicklungschancen und der Zukunftsfähigkeit neu betrachten zu lernen."[53]

Weiter soll hier auf vier zentrale Ausprägungen von Nachhaltigkeit hingewiesen werden, welche die Wirtschaftswissenschaften unterscheiden:

- Von schwacher Nachhaltigkeit redet man, wenn es egal ist, in welcher ihrer drei Dimensionen Kapital erhalten bleibt oder geschaffen wird. So wäre es im Rahmen schwacher Nachhaltigkeit zum Beispiel möglich, dass Naturressourcen und damit Naturkapital erschöpft würden, wenn dem eine dafür angemessene Menge geschaffenen Human- oder Sachkapitals gegenüberstünde.
- Starke Nachhaltigkeit bedeutet, dass Naturkapital nur sehr beschränkt oder gar nicht durch Human- oder Sachkapital ersetzbar ist. Ein Beispiel dafür ist das „Leitplankenmodell", demzufolge die ökologischen Parameter, die langfristig stabile Lebensbedingungen auf der Welt sichern, einen Entwicklungskorridor bilden, der unbedingt zu beachten sei. Nur innerhalb dieses Korridors bestehe ein Spielraum zur Umsetzung wirtschaftlicher und sozialer Ziele.
- Absolute Nachhaltigkeit sucht Handlungen maximal nachhaltig zu gestalten, höchstmögliche nachhaltige Wirkung zu erzielen.
- Relative Nachhaltigkeit wählt jene Handlungsoption aus, die verglichen mit den anderen Möglichkeiten die nachhaltigste Wirkung erzielt.

In der Wirtschaft steht die Vorstellung der starken relativen Nachhaltigkeit im Zentrum der Diskussion.
Die Definition der Nachhaltigen Entwicklung beruht zentral auf dem sogenannten „Drei-Säulen-Modell", das besagt, dass die Konse-

quenzen des Denkens, Entscheidens und Handelns hinsichtlich der ökologischen, ökonomischen und sozialen Dimension gleichgewichtig zu berücksichtigen sind. Aus politischer Sicht sind soziale Ausgewogenheit, ökologische Tragfähigkeit und ökonomische Effizienz in ihrer wechselseitigen Abhängigkeit zu verstehen und als in konkreten Massnahmen integriert zu beachten. Im Rahmen eines nachhaltigkeitsorientierten Wirtschaftens geht es nach Biecker und Dyllick darum, diese drei Aspekte ebenfalls in die Entscheidungen und Massnahmen einfliessen zu lassen. „Dies kommt im *Konzept der dreidimensionalen Wertschöpfung* (Tripple Bottom Line) zum Ausdruck <…>. Nachhaltiges Wirtschaften bedeutet dabei in allen drei Dimensionen <…> Wert zu erhalten, aber auch zu schaffen. Dann geht es darum, wirtschaftliche Entwicklungen in zeitlicher Perspektive so auszurichten, dass sie auf Dauer aufrechterhalten werden können (‚*Prinzip der Dauerhaftigkeit*'). Eng verwandet damit ist schliesslich auch das *„Prinzip der Kapitalerhaltung"*, das verlangt vom Einkommen zu leben und nicht vom Kapitel. Während dieses Prinzip im wirtschaftlichen Bereich zum Allgemeingut gehört <…>, ist seine Anwendung auf das ökologische und soziale Kapital aber alles andere als selbstverständlich. Damit kommen wir zu einem *erweiterten Kapitalbegriff* als Kern des nachhaltigen Wirtschaftens <…>." [54]

Wichtig ist nun, was unter den drei genannten Kapitalarten verstanden wird. Biecker und Dyllick unterscheiden, hier neben dem Finanzkapital, zwischen „Humankapital und gesellschaftlichem Kapital"[55] und nehmen so eine individuelle und institutionelle Verortung des Sozialen vor. Was nun das Unternehmen betrifft, so wäre bei der Dimension der Fähigkeiten der Mitarbeitenden der Aspekt der Kultur zu bedenken, nämlich das Kapital, das in der Art des Umgangs mit Menschen liegt. Ähnliches gilt auch aus institutioneller Sicht: Das gesellschaftliche Kapital kann auch darin bestehen, wie man im öffentlichen Leben (Demokratie) und im Privatleben miteinander umgeht.

Im Laufe des Umsetzens der Idee der Nachhaltigen Entwicklung hat sich nun eine besondere Begriffsgeschichte ergeben, welche die genannten Unschärfen der Nachhaltigkeitsidee erhöhte. Das „Begriffsdreieck" ökologisch-ökonomisch-sozial verweist zunächst auf Prinzipien, auf das „wie" im Umgang mit bestimmten Dingen während des Entscheidungsprozesses. Diesen drei Dimensionen wurde aber im

Laufe der Zeit immer mehr auch das „Wo" zugedacht und in Anlehnung an allgemeine Vorstellungen von „Systemtheorie" auf abstrakte Weise verräumlicht definiert, also Orte, welche die menschliche Umwelt ausmachen und wo diese Prinzipien vor allem vorherrschen, nämlich in Natur, Wirtschaft und Gesellschaft. Was die drei Begriffe in diesem Zusammenhang bedeuten, soll hier kurz erläutert werden.

„Natur" wird oft als das Gewachsene, Gegebene verstanden, das, was der menschlichen Praxis vorausgeht, auch ohne menschliche Einflussnahme Bestand hat. Der Mensch ist ein Teil der Natur. Der Geist des Menschen schafft eine Polarität zwischen Natur und Geist, macht damit aber den Menschen erst zum Menschen und ihn so gesehen zu einem Gegenüber der Natur. Diese wird dann als „Umwelt" „verobjektiviert" und in ihrer materiellen Dimension von den Naturwissenschaften analysiert. In diesem Sinne umfasst die Natur die Gesamtheit aller Existenzen und stellt alle Dinge in gegenseitigen Bezug. Natur umfasst jenen Teil des Universums, der für den Menschen begreifbar, begrifflich fassbar und wissenschaftlich erklärbar ist. Jener Teil des Universums, der für den Menschen begrifflich unfassbar bleibt, wird das Übernatürliche genannt. Es ist für den Menschen nicht begreifbar, sondern umgekehrt: es ergreift ihn.

Mit dem Begriff „Gesellschaft" wird gemeinhin eine Bevölkerungsgruppe bezeichnet, die überindividuelle Zwecke und Ziele verfolgt und sich aus Gründen des gemeinsamen Bewusstseins, der Zusammenarbeit, der Sprache, der territorialen Verankerung, also der Kultur oder basierend auf Verträgen, zusammengeschlossen hat.

„Wirtschaft" wiederum meint als Begriff in erster Linie Handel, Geld- und Tauschwirtschaft und damit Kommunikation unter den Teilnehmern des Waren- und Dienstleistungsflusses. Wirtschaft steht in enger Beziehung mit der Bedürfnisbefriedigung und meint damit auch alle Massnahmen, die zu deren Erfüllung notwendig sind. Zudem ist die Wirtschaft abhängig von den jeweiligen Rahmenbedingungen und dem Umfeld des Standortes.

Ökologie und Ökonomie habe sprachlich die gleichen Wurzeln und meinen das Haushalten, im einen Fall den Haushalt der Natur und im anderen denjenigen einer Volkswirtschaft. Ökologie als Wissenschaft befasst sich mit den Beziehungen zwischen Lebewesen und ihrer

Umwelt. Die Wissenschaft der Ökonomie ihrerseits befasst sich mit den Beziehungen zwischen Unternehmen und Wirtschaftssubjekten im Markt und zwischen Volkswirtschaften. Die Soziologie wiederum behandelt die Beziehungen zwischen Menschen und ihrer gesellschaftlichen „Mitwelt". In allen drei Dimensionen der Nachhaltigen Entwicklung hat man es demnach mit Beziehungssystemen, Vernetzungen von Lebewesen und sozialen Gütern im Natur-, Gesellschafts- und Wirtschaftsraum zu tun, die zusammen einen Lebensraum bilden.

Je nach Weltbild, -anschauung und Modellvorstellungen werden die Begriffsbestimmungen von Natur, Wirtschaft und Gesellschaft anders ausfallen. Betrachtet man die Welt und den Raum im Sinne der relationalen Raumvorstellung, so werden Natur, Wirtschaft und Gesellschaft als sich gegenüberstehende Systeme wahrgenommen. Aus dieser Sichtweise heraus hat sich dann die Vorstellung des Nachhaltigkeits-Managements entwickelt, auf das nun weiter eingegangen wird.

*1.2.3.2 Nachhaltigkeits-Management*

Die Idee der Nachhaltigen Entwicklung stammt ja aus dem politischen und grossindustriellen Raum und war geprägt von einer institutionenorientierten Denkhaltung. Bei der Übertragung auf das einzelne Wirtschaftsunternehmen entstand der Begriff des „Nachhaltigkeits-Managements", den auch Biecker/Dyllick verwenden. Betrachtet man die Vorgeschichte des Nachhaltigkeits-Managements, so war dieses zunächst im Sinne des Umweltschutz-Gedankens vorwiegend um eine Steigerung der Ökoeffizienz bemüht, was durchaus als Management-Aufgabe begriffen werden konnte und mehr oder weniger konsequent umgesetzt wurde. Dabei galten und gelten folgende Regeln:

- Die Nutzung erneuerbarer Naturgüter, zum Beispiel Wälder oder Fischbestände, darf auf Dauer nicht grösser sein als ihre Regenerationsrate. Andernfalls ginge die Ressource für zukünftige Generationen verloren.
- Die Nutzung nicht-erneuerbarer Naturgüter, zum Beispiel fossile Energieträger, darf nach Möglichkeit und auf Dauer nicht grösser sein als die Substitution ihrer Funktionen (Beispiel: denkbare

Substitution fossiler Energieträger durch Wasserstoff aus solarer Elektrolyse).
- Die Freisetzung von Stoffen und Energie darf auf Dauer nicht grösser sein als die Anpassungsfähigkeit der natürlichen Umwelt (Beispiel: Anreicherung von Treibhausgasen in der Erdatmosphäre oder von säurebildenden Substanzen in Waldböden).

Die Übertragung der Idee der Ökoeffizienz auf das Unternehmen führte zu einem Umdenken bezüglich dem Umgang mit der Unternehmensumwelt. Sie wird seither bewusster wahrgenommen, und zwar nicht mehr nur als Markt, sondern auch als natürliches und gesellschaftliches System. Im Nachhaltigkeits-Management wird Nachhaltigkeit als Zusatzaufgabe und -zielsetzung von Firmen betrachtet und auch organisatorisch separiert – bis hin zur eigenständigen Berichterstattung. Die Separierung der Nachhaltigkeits-Idee führte aber immer mehr zu Lippenbekenntnissen, zum Abschieben der Verantwortung vom Individuum auf das Gegenüber der Institution (Nachhaltigkeits-Manager), zur Veräusserlichung und PR-Effekthascherei.

Diese Entwicklung wird sozusagen zementiert, indem die – grundsätzlich sinnvolle – Differenzierung in die drei Säulen der Nachhaltigen Entwicklung so umgesetzt worden ist, dass man je ein „Töpfchen" für je eine Dimension aufstellt und zu füllen versucht, wodurch der Koordinationsaufwand erhöht und das Integrierende der Idee der Nachhaltigen Entwicklung unterwandert wird. Sie bleibt dadurch etwas „Aufgesetztes", nachträglich Zugefügtes, Äusserliches. Das „Herunterbrechen" in den Arbeitsalltag bedeutet nämlich für das Füllen der „drei Töpfchen", entweder für die drei Themen „Verantwortliche" zu definieren, die diese Themen bearbeiten oder aber von jedem Einzelnen einen Rollentausch zu fordern, der dazu führt, dass jeder Teilnehmende von Sitzungen nacheinander den „Öko-, Sozio- und Ökonomen-Hut" aufsetzen müsste. Beide Wege überfordern Menschen und Unternehmen, vervielfältigen Rollenkonflikte.

Auf diesem Weg wurde die Nachhaltige Entwicklung in den letzten Jahren in den Unternehmen schleichend bürokratisiert und so ist dem Nachhaltigkeits-Management insgesamt bisher nur beschränkter Erfolg beschieden gewesen. In der Wirtschaft förderte die Diskussion über Nachhaltigkeit zwar einiges Nachdenken und hat vor allem positive Aktionen und Resultate im Bereich der Ökologie gebracht. Doch gemessen am diskursiven und politischen Aufwand sind die Erfolge im Umdenken gerade in den Bereichen „Gesellschaft" und „Wirtschaft" mager ausgefallen.

Die Scheu, hier die Konsequenzen für die Ausgestaltung der eigenen Weltbilder, der wissenschaftlichen Modellvorstellungen, vor allem aber die Konsequenzen für das eigene Denken, Entscheiden und Handeln zu ziehen, ist gross, auch bei Menschen, die Nachhaltigkeit grundsätzlich „wertvoll" finden. Hat das vielleicht damit zu tun, dass viele ahnen, dass bei konsequenter Umsetzung dieser Ideen mehr verändert werden müsste, als wozu man heute schon bereit ist?

*1.2.3.3 Das Beispiel des St. Galler Management-Modells*

Was hat nun die Betriebswirtschaftslehre zur raumtheoretischen Diskussion der letzten Jahre beigetragen? Schroer weist in diesem Zusammenhang auf eine empfindliche Lücke hin, wenn er schreibt: „Die zentrale Verbindung von Raum und Organisation dagegen wird zumeist vernachlässigt."[56] Denn eigentlich ist klar, dass sich durch das Errichten spezifischer Gebäude „die Konzentration bestimmter Funktionen an einem Ort erst möglich machen. <...>. Durch die räumliche Präsenz von Organisationen entsteht zudem auch eine Visibilität funktional differenzierter Gesellschaften, die bei Luhmann jedoch keinerlei Erwähnung findet."[57] Mit der hier vorliegenden Studie soll nun ein Beitrag dazu geleistet werden, die genannte Lücke bei der Verbindung von Raum und Organisation zu schliessen.

Weshalb entstand aber diese „Raumblindheit" zumindest der deutschsprachigen Betriebswirtschaftslehre? Dieser Frage soll in der Auseinandersetzung mit einem im deutschsprachigen Raum besonders wichtigen wirtschaftswissenschaftlichen Modell nachgegangen werden, nämlich dem St. Galler Management-Modell. Seine Bedeutung ist deshalb hoch einzuschätzen, weil es tausenden von Studierenden ein Bild der Zusammenhänge gab und gibt, das weit über die Zeit des Studiums hinaus wirkt und das seinerseits auf einem Weltbild basiert, das zum Ende des 20. Jahrhunderts in abendländischen Kultur- und Wirtschaftskreisen eine dominante Rolle spielte.

Das St. Galler Management-Modell wurde anfangs der siebziger Jahre des 20. Jahrhunderts entwickelt, 2002 überarbeitet und in einer

Publikation vom Schweizer Wirtschaftswissenschaftler Johannes Rüegg-Stürm herausgegeben und ausführlich dargestellt. Es basiert explizit auf der soziologischen Systemtheorie von Niklas Luhmann, der Strukturationstheorie von Anthony Giddens und den sozialkonstruktivistischen Perspektiven der angewandten Sozialwissenschaften, wie sie etwa von Hans Peter Dachler formuliert worden sind.[58]

Rüegg-Stürm weist zunächst darauf hin, dass dieses Modell „viele Gemeinsamkeiten mit einer Orientierungskarte für Managementfragestellungen"[59] hat. Landkarten geben bekanntlich nicht vor, was zu tun ist und repräsentieren nie ein Territorium, sondern stellen eine „Komplexitätsreduktion" dar.[60] Und sie beeinflussen die Wahrnehmung, Begriffsbildung und folgen implizit bestimmten Weltbildern, was man gut erkennt, wenn man historische Landkarten anschaut und mit den heutigen vergleicht. Mit der Metapher der Landkarte stellt Rüegg-Stürm ja schon einen ersten Bezug zum Thema „Raum" her, und zwar einen areal- und territoriumsbezogenen.

Welche Weltbilder stehen nun hinter den in den letzten Jahrzehnten dominanten Ansätzen der Betriebswirtschaftslehre und dem St. Galler Management-Modell? Der deutsche Wirtschaftswissenschaftler Peter H. Werhahn hat beim faktor-, entscheidungs- und systemtheoretischen Ansatz der Betriebswirtschaftslehre jeweils die Menschen- und Gesellschaftsbilder analysiert und das Menschenbild des Systemansatzes als das Abstrakteste der drei untersuchten bezeichnet. Beim Systemansatz wird nach Werhahn bezüglich dem Gesellschaftsbild „von einer *freiheitlich-liberalen sozialstaatlichen Ordnung* ausgegangen."[61] Wie er weiter ausführt, ist es generell das Ziel dieses Ansatzes, im Blick auf das Menschenbild „die einseitige wirtschaftliche Betrachtungsweise des betrieblichen Geschehens aufzuheben zugunsten einer ganzheitlichen Erfassung. <...> Damit kann das homo oeconomicus Modell durch eine Charakterisierung des Menschen ersetzt werden, die der realen *Komplexität* des Menschen besser gerecht wird <...>."[62]

Betrachtet man nun das St. Galler Management-Modell in seiner neuesten Fassung, wie es in der nächsten Abbildung dargestellt ist, so sieht man im Kern des Bildes das Unternehmen, welches als ein Zusammenspiel von Prozessen verstanden und von bestimmten Ordnungsmomenten und Entwicklungsmodi bestimmt wird. Dabei zeigen sich die Ordnungsmomente in der Strategie, den Strukturen und der Kultur eines Unternehmens. Diese durchdringen es, werden aber interessanterweise als nebeneinander liegend dargestellt. Im Blick auf die Zeitachse gibt es lediglich zwei Entwicklungsmodi: Erneuerung und Optimierung. In den Managementprozessen und ihren drei Kategorien (normativer Orientierungsprozess, strategischer Entwicklungsprozess und operativer Führungsprozess[63]) kommen dann im Alltag – nicht im Modell – Individuen zum Zuge.

Diese Unternehmensvorstellung steht inmitten von Umweltsphären. Die Verbindung zwischen Unternehmen und Umwelt erfolgt über sogenannte Interaktionsthemen (Ressourcen, Normen und Werte, Anliegen und Interessen), also über Kommunikation. Die Beziehungen zwischen den Anspruchsgruppen und den Unternehmen verlaufen demnach generell über Kommunikation und speziell über Prozesse des Aushandelns.

Die Umweltsphären sind so angeordnet, dass die Gesellschaft die äusserste Sphäre darstellt. Die Natur ist nicht das Gegebene, sondern ein „Produkt" gesellschaftlicher Vorstellungen: Die Gesellschaft definiert hier, was unter „Natur" verstanden werden soll. Die Natur wiederum wird über die Sphäre der Technologie für die Wirtschaft nutzbar gemacht. Die Wirtschaft ihrerseits stellt die dem Unternehmen nächstliegende Umweltsphäre dar. So ist die Natur als dem Menschen, dem Unternehmen und der Wirtschaft Gegenüberliegendes, Äusserliches zu vestehen, über die zu einem Teil verfügt werden kann. Sie bedeutet Umwelt im ökologischen Sinne.

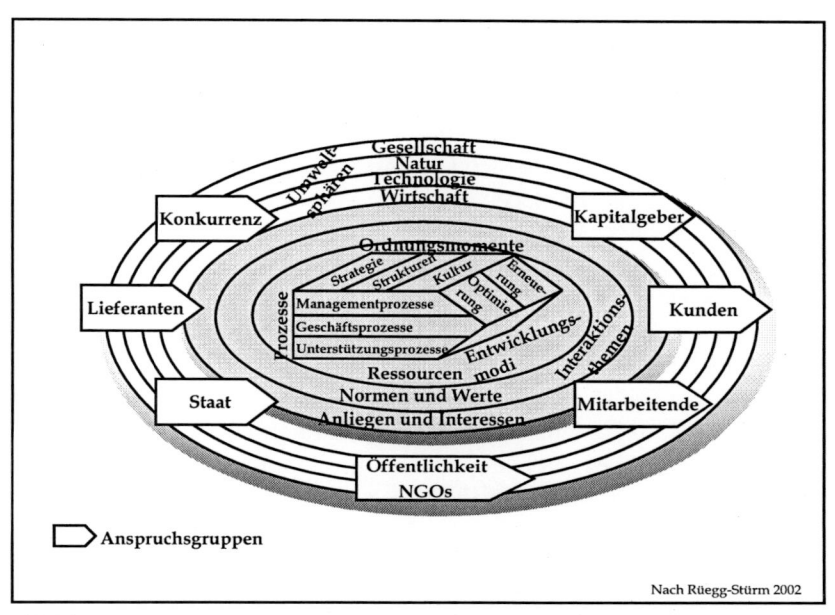

*Abbildung 7: Das neue St. Galler Management-Modell, nach Rüegg-Stürm, 2002, S. 22*

Das alles sind abstrakte, systemische Strukturierungsüberlegungen, bei denen der Mensch als Individuum nicht greifbar wird, dies ganz im Sinne von Luhmanns Vorstellung von funktionalen Systemen. Menschen kommen erst im Zusammenhang mit Anspruchsgruppen ins „Spiel". Diese Anspruchsgruppen werden pfeilartig dargestellt – richtungsweisend und prozessartig zugleich. Sie bringen prozess- und regelkreishaft ihre Ideen, Bedürfnisse und Ansprüche in die Prozesse eines Unternehmens ein.

Die Anspruchsgruppen liegen in der Abbildung auf den Umweltsphären, wobei Umwelt hier systemtheoretisch, nicht ökologisch, verstanden wird. Sie vertreten ihre Interessen, der Staat etwa und die Öffentlichkeit sowie NGO's (Nicht-Regierungs-Organisationen) jene der Gesellschaft und Natur. Alle Anspruchsgruppen stehen dem als prozessartig definierten Unternehmen gegenüber, sind also nicht Teil von ihm.

Das Modell besticht zunächst durch seine Übersichtlichkeit und Klarheit, was übrigens mit seiner Nähe zur Systemtheorie von

Luhmann und den anderen oben aufgeführten Vordenkern zu tun hat. Dadurch ist dieses Management-Modell in die Tradition der operativen und retiv-polyzentrischen Sozialsystemmodelle einzuordnen (siehe später) und eben das begründet aus der Sicht von Latka seine Schlichtheit: „Gerade weil operative Systemmodelle das System nur über den Operationstyp (sozial, psychisch etc.) definieren, und alles weitere als Umweltbedingungen aus dem Systemmodell entfernen, sind sie von eleganter Schlichtheit. <...> Operative Systemmodell sind daher wesentlich einfacher zu handhaben und entsprechen mehr als retive Systemmodelle dem modernen ‚Zeitgeist', und dies im doppelten Sinne des Wortes <...>."[64]

Es ist das Verdienst der Schöpfer und Weiterentwickler des aktuellen St. Galler Management-Modells, eine einheitliche Sichtweise und klare Begrifflichkeit gefördert zu haben. Gerade dazu eignen sich ja die benutzten Systemmodelle besonders, denn operative Systemmodelle erfüllen nach Latka „als klassifikatorische Ansätze weniger eine Erklärungsfunktion, sondern eher eine (Ein-) Ordnungsfunktion."[65] Doch entsteht nach dieser Klassifizierungsarbeit immer die Problematik des wieder Zusammenführens der Einzelteile. So gilt wie erwähnt auch hier: je schärfer und kleinteiliger die Einzelheiten beschrieben und eingegrenzt werden, desto unschärfer erscheint das Ganze. Zwar strebt das St. Galler Management-Modell nach „ganzheitlicher Unternehmensführung"[66], doch bleibt die Beziehung zwischen den Teilen, die Verbindungen zwischen den verschiedenen Prozessen im und um das Unternehmen herum, also zum Ganzen hin, klärungsbedürftig.

Mit der Beziehung zwischen den Teilen und dem Ganzen ist die zentrale Frage nach der – einem Systemmodell impliziten – eigenen Raum- und Zeitvorstellung angesprochen. Diese wird allerdings selten grundsätzlich reflektiert.[67] Und das Konzept der Anspruchsgruppen erschwert durch die Betonung der gruppenspezifischen Ansprüche generell eine ganzheitliche Betrachtungsweise. Hier stellt sich die Frage, wie Identifikation mit einer Institution/Organisation aufkommen kann, wenn man alle diese Elemente und Anspruchsgruppen als Sich-Gegenüberstehende betrachtet. Dies fördert eher die Denkweise, spezifische Eigeninteressen überzubetonen, um im Aushandlungsprozess mit Maximalforderungen ins Kommunikationsspiel zu treten. Die Eigentümer-Interessen spielen für die

Nachhaltigkeit wohl eine zentrale Rolle. Eigentümer können „Treiber" für Nachhaltigkeit sein. Dass hier Familienunternehmen prädestiniert sind, zeigen zahlreiche Beispiele, wohingegen bei grossen „societés anonymes" diese Interessenbekundungen und deren Durchsetzung erschwert werden.

Das Konzept der Anspruchsgruppen ist ja nicht unproblematisch, weil es dazu führt, dass in einer komplexer werdenden Welt sich innerhalb einer Anspruchsgruppe immer mehr Interessensuntergruppen formieren, die den Konsens und Dialog erschweren und die Entscheidungsfindung teilweise blockieren können. Ein exzessiv verstandenes Anspruchsgruppen-Konzept führt so tendenziell zu einem Kampf aller gegen alle. Dabei bleiben wegen den beschränkten Ressourcen von Aufmerksamkeit und Geld immer mehr und immer kleinere Interessensgruppen ungehört, was die Zahl der Randgruppen oder zumindest der Frustrierten erhöht.

Zusammenfassend kann festgehalten werden, dass bei dem von Rüegg-Stürm herausgegebenen und erneuerten St. Galler Management-Modell folgende Beziehungen unklar erscheinen:
- Jene zwischen den Unternehmensprozessen, Anspruchsgruppen, Umweltsphären und Interaktionsthemen,
- Jene zwischen Produktions- und Nutzungsprozessen,
- Jene zwischen der Wert- und „Schadschöpfung" (obwohl dieser Begriff in der Publikation vorkommt[68]) und letztlich
- Jene zwischen Natur (Körper) und Kultur (Geist und Seele) im Sinne einer hier „henadisch" genannten Ganzheitlichkeit.

Ferner werden die Modellkomponenten nicht im Leben verortet, denn, wie eingangs erwähnt, stellt das Modell eine Art „Landkarte" dar, welche nicht Orte abbildet, sondern nur eine Abstraktion von Landschaften wiedergeben kann. Orte stehen einer Landkarte ebenso gegenüber wie das Leben dem System im operativen und retivpolyzentrischen Sozialsystemmodell. Und gerade weil das St. Galler Management-Modell explizit auf Luhmann Bezug nimmt, entsteht durch dessen „Raum-Interesselosigkeit" (siehe oben) auch eine gewisse „Raumblindheit" dieses Management-Modells.

In einer solchen Art von „Reduktion von Komplexität" geht das Ganze verloren, das ja in dieser Betrachtungsweise additiv, als „Summe mit Mehrwert" verstanden wird. Denn wenn sich die Teile gegenüber stehen, können sie zwar durch Kommunikation in

Beziehung gebracht, aber das Ganze kann nicht in den Teilen als implizit (mathematisch verstanden als Produkt) begriffen werden. So hat das verwendete Sozialsystemmodell dazu geführt, dass die auf Ganzheitlichkeit zielende Idee der Nachhaltigkeit in ihre drei Dimensionen „auseinander gerissen" worden ist, weshalb viele Firmen die ökonomische, ökologische und soziale Dimensionen separat zu betrachten und bearbeiten begonnen haben.

Dies kritisieren auch die St. Galler Nachhaltigkeitsforscher Thomas Bieker und Thomas Dyllick, wenn sie betonen, dass Nachhaltigkeitsherausforderungen zumeist wahrgenommen werden „als eine operative und nicht als eine strategische Aufgabe <...>, weshalb das Management diese Aufgaben gerne an die Fachleute und ‚nach unten' delegiert."[69] So empfehlen diese beiden Autoren denn auch, „Nachhaltigkeitsziele und –verantwortung in die Kernprozesse des Unternehmens zu integrieren, weil man nur so dem Charakter der *Nachhaltigkeit als einer Querschnittsfunktion* gerecht werden kann, <...> von der Forschung & Entwicklung, über die Produktion bis zu Marketing und Verkauf <...>."[70] Insgesamt betonen sie die Wichtigkeit, das Thema Nachhaltigkeit sowohl in Strategie, Systeme und Strukturen zu integrieren. Schliesslich weisen sie darauf hin, dass eine zentrale Herausforderung darin liegt, „dass es nicht genügt, nachhaltige Produkte oder Problemlösungen (z.B. Solartechnik oder alternative Energien) zu entwickeln, sondern dass es oftmals zugleich auch darum geht, die dazu gehörigen nachhaltigen Märkte gleich mit zu schaffen. Dies ist aber zugegebenermassen eine recht anspruchsvolle Aufgabe."[71]

Die Gedankenführung von Biecker/Dyllick zeigt deutlich die Möglichkeiten und Grenzen des St. Galler Management-Modells im Umgang mit Nachhaltigkeit. Dies beginnt bei der Begrifflichkeit: So wird gleich zu Beginn des Aufsatzes von Nachhaltigkeits-Management gesprochen, was impliziert, dass Nachhaltigkeit ein weiteres Thema ist, das in das Management eines Unternehmens integriert werden muss, so wie zuvor schon zum Beispiel das Wissens- oder Qualitätsmanagement. Ferner wird damit auch angedeutet, dass man Nachhaltigkeit managen kann, indem man sie in die zentralen „Modell-Schubladen" des St. Galler Management-Modells einräumt. In dieser Logik beginnt dann der Suchprozess danach, in welche „Schubladen" sich das Thema verräumen lässt.

Und wie immer bei Themen, die in Haltungen und Softbereiche vorstossen, wird die Bedeutung der Unternehmenskultur und der Vorbildhaftigkeit des Managers und der Schulung beschworen. Das ist zwar alles richtig, hilft aber in der Praxis nicht recht weiter, weil die zentrale Frage, wie ein Privatmensch oder Manager hier zum Vorbild werden kann, was er selbst dabei tun muss, unbeantwortet und der Verfügbarkeit offenbar entzogen bleibt. Schliesst sich hier nicht der Kreis, zeigt sich nicht die oben angedeutete Problematik, dass – wegen jener, der luhmannschen Systemtheorie zu verdankenden, „Absenz des Menschen im Management-Modell" – diese Frage gar nicht gestellt und so auch nicht beantwortet werden kann? Ist dies der „blinde Fleck" des Modells?

All diese Überlegungen und die – ausserhalb der ökologischen Dimension – doch recht beschränkte Wirkung der Idee der Nachhaltigkeit auf den Unternehmensalltag lassen nach zwanzig Jahren der intensiven Diskussion des Themas die Fragen aufkommen: Sind bisher noch nicht die richtigen Wege gefunden worden, die ganze Idee umzusetzen? Oder muss die von Bieker/Dyllick genannte Sperrigkeit des Themas[72] nicht eher umgekehrt als Problem jener Management-Modelle gesehen werden, die sich der Idee der Nachhaltigkeit deshalb versperren, weil sie auf den Ebenen der Welt- und Raumbilder mit ihr nicht kompatibel sind?

Schon das präzis gewählte Bild, welches die Idee des St. Galler Management-Modells darstellt, nämlich das Bild des Modells als ein „Leerstellengerüst für Sinnvolles"[73] verweist implizit auf die retiv-polyzentrische Raumvorstellung, die dem St. Galler Modell zugrunde liegt (siehe später). Indem das Modell dem oben erwähnten relationalen Raumbild verpflichtet ist, muss man hier die Grundsatzfrage seiner Reichweite stellen. Denn so, wie die Quantenphysik die beschränkte Reichweite der klassischen Physik bewusst gemacht hat, so scheint heute das St. Galler Management-Modell aus der Optik der ganzheitlich-nachhaltigen Weltanschauung ein Modell von beschränkter Reichweite zu sein. Auf die Analogie zur Physik wird nachfolgend eingegangen.

## 1.2.4 Physik

Überblickt man die in den letzten Jahren veröffentlichten und oben erwähnten Darstellungen der historischen Entwicklung der Raumvorstellungen, so fällt auf, dass diese oft in der relationalen Raumauffassung kulminieren und dabei immer wieder auf die Erkenntnisse Einsteins hingewiesen wird. Doch Einsteins bahnbrechende Berner Arbeiten sind auch schon hundert Jahre alt. Die nach ihm entwickelten Ideen und Modelle haben interessanterweise die sozial- und wirtschaftswissenschaftliche Diskussion über Raum und Zeit nur beschränkt beeinflusst. Hier einen Schritt weiter zu gehen, ohne dabei die Kompetenzbereiche des Autors unzulässig zu überschreiten, ist zentrales Anliegen dieser Studie.

Wie namhafte Gelehrte und Forscher im „Potsdamer Manifest 2005" festhielten, legen die Einsichten der Quantenphysik eine Weltdeutung nahe, „die grundsätzlich aus dem materialistisch-mechanistischen Weltbild herausführt. Anstelle der bisher angenommenen Welt, der mechanistischen, dinglichen (objektivierbaren), zeitlich determinierten ‚Realität' entpuppt sich die eigentliche Wirklichkeit (eine Welt, die wirkt) im Grunde als ‚Potenzialität', ein nicht-auftrennbares, immaterielles, zeitlich wesentlich indeterminiertes und genuin kreatives Beziehungsgefüge, das nur gewichtete Kann-Möglichkeiten, differenziertes Vermögen (Potenzial) für eine materiell-energetische Realisierung festlegt."[74] Die Unterzeichner des Manifestes fordern deshalb: „‚Wir müssen lernen, auf neue Weise zu denken.' Wenn wir diese Forderung radikal ernst nehmen, müssen wir neue oder ungewohnte Wege des Lernens beschreiten. Aus neuer Sicht stellt sich die Welt, die Wirklichkeit, nicht mehr als theoretisch geschlossenes System heraus. Dies führt zu einer eingeprägten Unschärfe, die aus der fundmentalen Unauftrennbarkeit resultiert und in einer prinzipiellen Beschränkung des ‚Wissbaren' zum Ausdruck kommt. Wir sind dadurch gezwungen über die Wirklichkeit, streng genommen, nur in Gleichnissen sprechen zu können. <...> Damit zeichnet sich eine neue evolutionäre Ebene ab, in der eine komplexe, nicht fragmentierte Wirklichkeitswahrnehmung, so etwas wie ‚Ahnung', das Fundament unseres Denkens, Fühlens und Handelns bildet. So können wir unsere Ziele und Strategien in Muster und Bewegungen angepassten Wirkens verwandeln."[75]

Die Wirklichkeit in Gleichnissen wahrzunehmen ist etwas Anderes, als in Abbildern. Wie oben dargestellt repräsentiert das Abbild einen Ausschnitt des Ganzen, woraus eine Distanz, ein Gegenüberstehen von Gebildetem und Abgebildetem entstehen. Das Gleichnis hingegen zeigt, wie der Teil dem Ganzen gleicht, was eine Verbindung der Teile mit dem Ganzen erfordert. Das im Gleichnis durchscheinende, Verbindende ist das sich Gleichende, es durchdringende Ganze. Ganz im Sinne von Latka ist hier „das Verbindende zugleich das Durchdringende"[76].

Indem Gleichnisse den Sinn und Zweck des Ganzen vermitteln, sind sie Sinnbilder. Das Christentum betonte stets: Der Mensch ist ein Ebenbild Gottes, kein Abbild und soll sich kein Bildnis von ihm machen. Wenn das schon nicht zu verhindern war, so wurde, wie oben mit Verweis auf Meister Eckhart erwähnt, doch immer wieder die Wichtigkeit der „Ent-Bildung" betont. Man hat sich zwar Jahrhunderte lang solche Bilder gemacht, dabei oft eher einzelne Themen, Eigenschaften visualisiert wie Güte, Liebe, Gerechtigkeit. Das war eine zentrale Aufgabe der Malerei und Skulptur. Eine Fotografie hätte man natürlich nie machen können, obwohl diese Technik ja mit Licht arbeitet, was wiederum als Gleichnis verstanden werden kann. Das Ebenbild zeigt seine Energie, seine Wirkung in seiner Ausstrahlung, wird sozusagen zum Lichtbild. Das Unsichtbare durchdringt das Sichtbare indem es das Sichtbare durchscheint, seine Ausstrahlung bewirkt.

Gleichnisse zeigen in Analogien und Äquivalenzen auf das, was das Ganze mit den Teilen verbindet, indem es sie durchdringt. Sind die Teile autonome Systeme, wird dieses Sich-Durchdringen verunmöglicht, weil sie sich ja gegenüberstehen. Die Quantentheorie hat nun wieder die Möglichkeit eröffnet, das Durchdringen denken zu können, indem sie zeigt, dass zwei Systeme streng isoliert sein und sich dennoch räumlich durchdringen können, was Görnitz wie folgt beschreibt: „In allen Vorstellungen aus dem Bereich der klassischen Physik müssen bei der Zerlegung eines Systems in Teile diese unbedingt kleiner als das Ganze sein, denn dieses Ganze ist im Wesentlichen die Summe seiner Teile. *Ein Quantensystem besteht nicht aus seinen Teilen. Daher können die Objekte, aus denen ein Quantensystem zusammengesetzt werden soll, durchaus räumlich ausgedehnter sein als das entstehende Ganze.*"[77]

Das Gleichnis- und Ebenbildhafte zeigt sich in der relativitätstheoretischen Betrachtung, dass nämlich Masse äquivalent zu Energie ist und quantentheoretisch gesehen abstrakte Information (Geist, Gedanken) wiederum äquivalent zu Masse und Energie verstanden werden kann. Als abstrakte kosmische Information versteht Görnitz die vollständige und maximale Kenntnis *„über ein System, von dem nichts weiter als seine Existenz im Kosmos und damit seine Masse bzw. Energie vorausgesetzt werden. <...> Die abstrakte Information erlaubt wegen ihrer Abstraktion von allem Konkreten einen Verzicht auf Sender und Empfänger sowie auf Bedeutung und kann daher als objektiv angesehen werden."*[78] So führt der Abstraktionsprozess im Extremfall dazu, dass man sich keine inneren Bilder, keinen Begriff von diesem Extremfall, nämlich dem Ganzen, machen kann (siehe oben: Ent-Bildung). Umgekehrt zeigt sich im Konkretisierungsprozesse das Ganze implizit in den konkretisierten Themen und Aspekten. *„Im Normalfall wird ebenfalls derjenige Teil der abstrakten Information, der zu Materie oder zu Energie kondensiert ist, überhaupt nicht mehr als Information wahrgenommen."*[79] Analog zu diesen Überlegungen können später Brücken zwischen Energie, Information und dem Prozessmanagement, insbesondere zum Denkprozess, geschlagen werden.

Wenn man nun mit Görnitz „von der Information als Grundlage des Seienden startet, kann man von diesem Ausgangspunkt sowohl auf die Materie als einer abgeleiteten Grösse als auch auf die mentalen Zustände als einer Form von sich selbst erlebenden Information schliessen."[80] Im Selbst-/Körperraum stellt das denkende Selbsterleben einen individuellen Quantenprozess dar, der im Kern bis zum Tod nicht klassisch wird. Dieser den Lebensraum konstituierende Lebensprozess erscheint zeitlos („ewig"), ausser bei Unterbrechungen durch Aufmerksamkeitsänderungen, Bewertungen und Entscheidungen (Handeln), die Fakten schaffen. Görnitz versteht unter klassischer Information Etwas, „das in ‚Raum und Zeit' bewegt werden kann.' Das Bewegen im Raum ist sicher keiner Erklärung bedürftig <...>, bewegen in der Zeit meint z.B., dass Information wenigstens eine kleine Zeitspanne unverändert überdauern kann und nicht unmittelbar verschwindet. <...> In der Zeit und im Raum bewegbare und damit überdauernde Information muss <...> aus <...> mathematischen Gründen an einen energetischen Träger, wie elektronische Wellen, oder an ein materielles Substrat, wie z.B. Tinte und Papier gebunden sein."[81]

Die abstrakte Information zeigt sich mit Görnitz durch klassische Information, diese konkretisiert sich im Naturraum, im Gesellschaftsraum und im Wirtschaftsraum und kondensiert zu Materie, die vor Ort von beobachtenden, lebenden und erlebenden Menschen sinnlich wahrgenommen werden kann. Erlebte Information wird stets unmittelbar bewertet und somit bedeutungsvoll. Der Denkprozess (wahrnehmen/vorstellen, erinnern, schlussfolgern/ entscheiden, handeln) ist Mess-, Entscheidungs- und Wissenskommunikations-Prozess zugleich.[82] Denn denken heisst somit, das vor Ort Wahrgenommene mit dem Erinnerten, Erfahrenen, Begriffenen und Gelernten zu vergleichen, es an ihm zu messen, kurz: denken heisst auch messen.

Die Information steuert und liefert meist nicht die Energie zum Wirkungserfolg, sondern löst ein Wirksamwerden der bereitgestellten Energie aus. Auf die hier relevanten Zusammenhänge zwischen Energie, Information und Masse wird später eingegangen.

Eine weitere, zentrale und hier wichtige Ideen, welche die Physik im Zusammenhang mit Zeit- und Raumfragen entwickelt hat, betrifft das Feld. So schreibt Latka, dass die neueren Ergebnisse der Biophysik nahe legen, „dass lebende Organismen von einem Photonen-Feld durchdrungen werden und Zellen daher auch feldhaft miteinander kommunizieren können."[83] Diese Überlegungen belegen jene im 20. Jahrhundert immer stärker erkennbare Entwicklung, welche Görnitz wie folgt beschreibt: *„Der Abgrund zwischen Geistes- und Naturwissenschaften, der sich im Gefolge der klassischen Physik geöffnet hat, kann durch die Entwicklung der modernen Naturwissenschaften wieder überbrückt werden."*[84] So soll als Nächstes auf die hier relevanten Entwicklungen in der Geschichts- und Kunstwissenschaft eingegangen werden.

## 1.2.5 Geschichts- und Kunstwissenschaft

Die aus der Physik stammende Idee des Feldes hat nicht nur, wie gezeigt, für die Soziologie weitreichende Konsequenzen, sondern auch für die Geschichte und das Geschichtsbild. Entwicklunggeschichte wird so gesehen zu einer Entfaltung, Explizierung von

Feldern mit einheitlichem Ursprung – wenn man eine henadische Weltsicht vertritt.

Gleichnishaft gesprochen kann man es so formulieren: Das Haus der Geschichte verändert sich im Zeitverlauf nicht nur, indem ihm nach der neusten Mode eingerichtete Zimmer und Gebäudetrakte angebaut werden, sondern stärker noch, indem in den vorhandenen Zimmern neue Möbel oder Objekte aufgestellt und andere entsorgt werden. Die Etagen des Hauses kann man sich als Orte vorstellen, in denen eine gleiche Atmosphäre herrscht. Diese Etagen verändern sich auf Objektebene, bei den Einrichtungsgegenständen, und in der Bewohnerschaft/Menschen unterschiedlich, auch unterschiedlich rasch, bestehen aber stets neben- oder besser übereinander. Untersucht man alle Objekte (Wandgestaltungen, Lampen, Radiatoren, Textilien, Möbel, Zier- und Alltagsgegenstände etc.) in den Zimmern, so findet man in diesen historisch gewachsenen Zimmern alle kunsthistorischen Stilrichtungen, aber strategisch betrachtet anders angeordnet, in anderer Zusammen- und Akzentsetzung.

Die Objektauswahl-Strategie bezüglich zentraler Merkmale inklusive der je Etage unterschiedlich akzentuierten und interpretierten Themen (Raumaussagen) und Qualitätsansprüche ändern sich im Zeitverlauf kaum, denn sie zeigen das auf der „Etage" alles durchdringende Wert-/Normsystem. Innovation finden aber trotzdem statt, sie folgen der Logik der Geschichte der einzelnen Etagen und deren Weltbildern, Leitbildern, etc., werden aber auch von gemeinsamen Erfahrungen gerpägt.[85] So spielen zu bestimmten Zeiten bestimmte Themen eine grössere Rolle (Krieg, Hungersnot, Reichtum etc.) und wirken sich auf Form, Materialwahl und Raumgebrauchsfunktionen aus. Die Summe dieser Einflüsse kann man als „Zeitgeist" bezeichnen, der zeitlich und örtlich (z. B. Kunstlandschaften) begrenzt unterschiedlich stark auf die verschiedenen Etagen des „Hauses der Geschichte" einwirkt und sich am profiliertesten in den neu erstellten „Anbauten" dieses „Geschichts-Hauses" zeigt. Doch auch diese neuen Teile werden von Leben allmählich integriert: Ältere Objekte werden auch hier hineingestellt und die neuen altern, setzen Patina an.

Diese Vorstellung von Zeitgeist unterscheidet sich aber von einer verbreiteten Idee eines einheitlichen „Zeitgeistes", die besagt, dass eine modeschöpfende Elite weltweit diktiert, welche Schlüsselmerkmale (Farbe, Formen, Materialien etc.) und Stilwelten gerade

„en Vogue" sind. Eine solche Vorstellung von „absoluter" Modernität hat Neubauten immer hoch bewertet. Dass nie zuvor das Neue eine so grosse Präsenz gehabt hat wie heute, hängt damit zusammen, dass nie zuvor in der Geschichte soviel Neues gebaut worden ist wie im 20. Jahrhundert (Kriegszerstörung, Bevölkerungs- und Wirtschaftsentwicklung, Globalisierung).

Im Trendmodell der modernen Marketing- und Designwelt wirkt der Zeitgeist mit dem Ziel einer globalen Vereinheitlichung der Lebensraumgestaltung auf Objektebene. Doch dieser Trend dominiert nicht alle Menschen, sondern nur trend- und konsumorientierte sowie hochflexible, was ja nur einen gewissen Prozentsatz der Bevölkerung ausmacht. Je selbstbewusster und eigenständiger jedoch die Persönlichkeit eines Menschen entwickelt ist, desto mehr kommen die „zeitlosen", nachhaltig wirkenden Prinzipien zum Tragen. Denn die Zurückhaltung gegenüber der modernen Vorstellung von „Zeitgeist" schafft Kontinuität und Nachhaltigkeit im Denken, Handeln und in der Wirkung. Sie bewirkt Selbstähnlichkeit.

Die Höherbewertung des Neuen, welche dieses als „modern" bezeichnet und das Bisherige als überlebt, „démodé", versteht, setzt ein Welt- und Geschichtsbild voraus, das nicht Kontinuität, sondern auffällige Differenz bevorzugt. So kann man sagen, dass das Aktuelle dem Alten, die Kunst dem Leben, der Mensch der Geschichte so gegenüber stehen, wie dieser der Welt im relationalen Raumverständnis und im Sinne der operativen und retiv-polyzentrischen Sozialsystemmodelle, welch beide weltbildmässig betrachtet hinter diesem Geschichtsbild stehen.

Übertragen auf das Raum-Zeit-Verständnis der Geschichts- und Kunstwissenschaft zeigt die nachfolgende Abbildung (oben im Bild) den klassisch-modernistischen Ansatz des sogenannten „Gänsemarsches der Epochen und Stile" im Zeitraum und (unten in der Abbildung) die Entfaltung des feldhaften Lebensraums im Sinne der Dimensionen von Atmosphäre. Der Mensch wird in solche Felder hineingeboren. Sie prägen seine Bildung und die Art, wie er seinen Lebensraum wahrnimmt und – auch sinnlich – wahrnehmbar gestaltet.

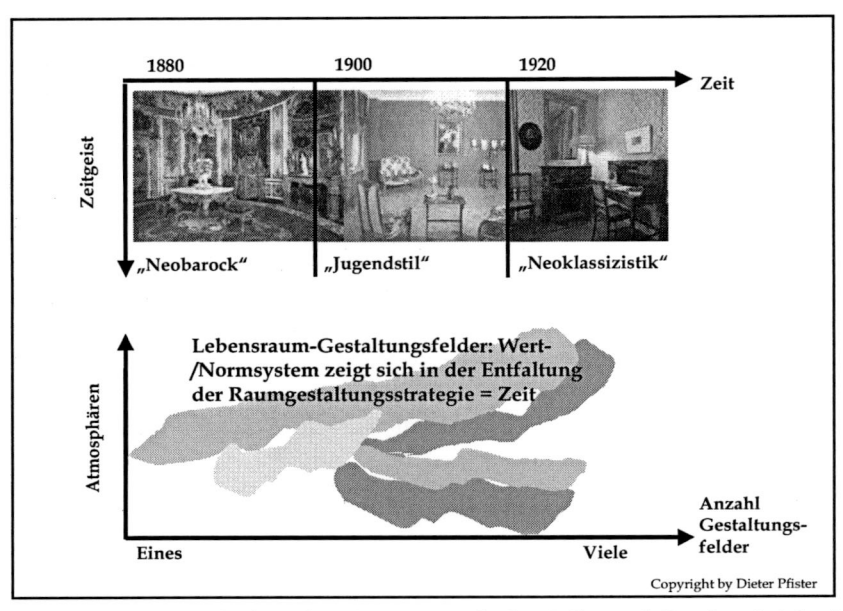

*Abbildung 8: Geschichte als „Gänsemarsch der Stile und Epochen" (oben) oder als Entfaltung von Lebensraum-Gestaltungsfeldern (unten)*

In der Gestalt/Form seines Lebensraumes und seines individuellen und institutionellen Eigenraums zeigt sich wiederum sein Wert-/Normsystem und dieses beschreibt die Verortung/Plazierung der Menschen/Lebewesen und sozialen Güter in seinem Kulturraum. Die Art des Denkens wiederum, verstanden als Prozess von der Wahrnehmung bis zur Handlung, ist analog zur Art des Erkennens von Welt und Leben. Die Intuition gibt dabei die Richtung vor im Sinne der Strategie der Lebensraumgestaltung (Atmosphäre, siehe später). Dies ist der strukturelle und prozessuale Aspekt. Er prägt auch den dynamischen, zeitbezogenen, nämlich die statistische Chance der Wiederholbarkeit. Denn da zeigt sich der sogenannte Lebens- und Konsumstil. Nicht darin, dass der eine Mensch immer und der andere nie bei XY das Produkt Z kauft, unterscheidet zwei Menschen voneinander, sondern wie oft sie dies pro Zeiteinheit tun, in der statistischen Häufigkeit der Wahl bestimmter Möglichkeiten/Optionen aus der Potentialität, die der Raum bietet.

Bezogen auf den Arealraum zeigt die nachfolgende Abbildung, wie sich das Konzept der Lebensraum-Gestaltungsfelder erkennen, analysieren und differenzieren lässt. Ausgehend von den materiell greifbaren Objekten kann ein Ort in Objektfelder (siehe oben in Abbildung) geordnet werden, so in Bausubstanz, Raumhülle, Mobiliar etc. Diese wiederum vermitteln Raumbilder, welche dann die Gestaltungsstrategie zeigen, die bestimmte Raumaussagen zum Ausdruck bringt, welche von Vorgaben der Eigner und Nutzer bestimmt sind.

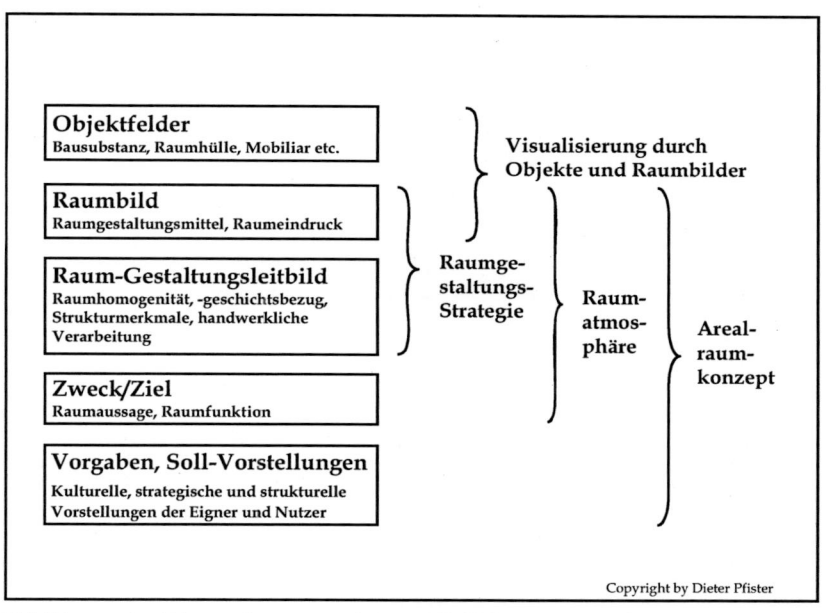

```
┌─────────────────────────────────────────────────────────────┐
│  ┌─────────────────────────────────────┐                    │
│  │ Objektfelder                        │ ⎫                  │
│  │ Bausubstanz, Raumhülle, Mobiliar etc.│ ⎬ Visualisierung   │
│  ├─────────────────────────────────────┤ ⎭ durch Objekte    │
│  │ Raumbild                            │     und Raumbilder │
│  │ Raumgestaltungsmittel, Raumeindruck │ ⎫                  │
│  ├─────────────────────────────────────┤ ⎬ Raumge-          │
│  │ Raum-Gestaltungsleitbild            │ ⎭ staltungs-  Raum-│
│  │ Raumhomogenität, -geschichtsbezug,  │    Strategie atmos- Areal-
│  │ Strukturmerkmale, handwerkliche     │ ⎫             phäre raum-
│  │ Verarbeitung                        │ ⎬                  konzept
│  ├─────────────────────────────────────┤ ⎭                  │
│  │ Zweck/Ziel                          │                    │
│  │ Raumaussage, Raumfunktion           │                    │
│  ├─────────────────────────────────────┤                    │
│  │ Vorgaben, Soll-Vorstellungen        │                    │
│  │ Kulturelle, strategische und strukturelle                │
│  │ Vorstellungen der Eigner und Nutzer │                    │
│  └─────────────────────────────────────┘                    │
│                              Copyright by Dieter Pfister    │
└─────────────────────────────────────────────────────────────┘
```

*Abbildung 9: Dimensionen und Begriffsfeld von Konzept und Strategie, welche die (Areal-)Raumgestaltung nach Massgabe des Lebensraum-Gestaltungsfeldes prägen*

Wichtig ist hier der Begriff der Atmosphäre, der in einer früheren eigenen Publikation vertieft behandelt worden ist.[86] Wenn im relationalen Raumverständnis der Raum primär durch die Objektfelder definiert wird, zeigt sich der Lebensraum ganzheitlich-ortsbezogen in der Atmosphäre.

Das modernistische „Gänsemarsch-Denken" und Trendmodell hat auch im Selbstverständnis der Entwicklung der Geschichtswissenschaft seine Spuren hinterlassen. So redet man sein Jahren von verschiedenen „turns", welche im wissenschaftstheoretischen Sinne betrachtet Historiker, Sozialwissenschaftler, ja überhaupt die Geisteswissenschaften, erfasst haben. Man spricht zum Beispiel von einem „lingustic turn" oder von einem „spatial turn", worauf etwa Dünne und Günzel hinweisen: „So wurde im Nachgang zu Edward Sojas Schrift *Postmodern Geographies* von 1989 vor allem in den Sozialwissenschaften der *spatial turn* ausgerufen, während die Geowissenschaften selbst eine ‚geografische Wende' des Wissens für sich reklamierten und historische und politische Theorien eine ‚Wiederkehr' bzw. ‚Permanenz' des (physischen) Raums in Erinnerung gerufen haben."[87]

Diese „turns" haben wohl viel mit einem bestimmten „turn" des Wissenschaftsbetriebs selbst zu tun, nämlich mit dessen verstärkter Hinwendung zu Markt und Medien. Wenn nämlich die Qualität und Wirksamkeit der Forschung stark an Publikationen und öffentlichen Auftritten gemessen werden, ist es eine logische Folge, dass sich die Wissenschaftler vermehrt dem zuwenden, was eben dem „Zeitgeist" entspricht und in der Praxis- und Medienwelt gerade unter den Nägeln brennt. Damit weckt man Aufmerksamkeit und erhöht seine Chancen auf dem „Beschaffungsmarkt der Drittmittel".

An diesem Beispiel – viele andere könnten problemlos beigefügt werden – zeigt sich der Zusammenhang zwischen Zeitgeist, Trend und Markt der Produkte und Meinungen. Die Idee des Zeitgeistes drückt ja die Problemlagen, Befindlichkeiten und Bedürfnisse/Wünsche zu einem bestimmen Zeitpunkt aus und ist umso einflussreicher, je mehr er „Verstärkung" durch die veröffentlichte Meinung erhält. Wie oben gezeigt, ist aber das Verhältnis von „Zeit" und „Geist" abhängig von Raumvorstellungen und letztlich Weltanschauungen. Es geht hier nämlich um die Frage des Verhältnisses von Kontinuität und Innovation. In der Epoche der „Moderne" hat sich der Pendelschlag der Geschichte – im Zeitgeist-Modell als Megatrend bezeichnet – in Richtung Innovation bewegt: Das Neue ist wertvoller als das Alte, Bisherige.

Hier könnte der „spatial turn" eine grössere Wende einläuten, worauf Schroer hinweist, wenn er schreibt: „Das räumliche Prinzip des Nebeneinanders hat die Raumtheorie gewissermassen selbst eingeholt. Wir haben es mit den verschiedensten Raumbildern, Raumkonzepten

und Raumauffassungen zu tun, die einander nicht mehr ablösen, sondern nebeneinander existieren."[88] Doch was bedeutet hier nebeneinander? Soll der Mensch je nach Situation ein anderes Raumverständnis haben – etwa wenn er in einen Kirchenraum tritt ein absolutes, im Büro ein relationales, soll er die Vorstellung wechseln, je nachdem, mit welcher „Raumart" er es zu tun hat?
Überblickt man nun die Entwicklungen von Welt- und Raumbildern in der hier behandelten Wissenschaftsdisziplinen, so erkennt man im 20. Jahrhundert eine zunehmende Dominanz der operativen und retiv-polyzentrischen Systemvorstellung und des relationalen Raumverständnisses. Zum Ende des Jahrhunderts sind aber auch neue Tendenzen, die in Richtung Feld und Raum-/Ortsbezogenheit weisen, zu beobachten.

## 1.3 Welt als Lebensraum

### 1.3.1 Analyse: Räume, Lebensraum und Ort

In den bisherigen Ausführungen wurden nicht nur verschiedene Raumauffassungen dargestellt, sondern auch unterschiedliche Raumausprägungen wie Natur-, Gesellschafts-, Wirtschafts- und Eigenraum erwähnt und behandelt. Wie diese Räume beschrieben und miteinander in Beziehung gebracht werden können, wird in den folgenden Ausführungen vertieft. Sie basieren auf den Überlegungen, die in den schon veröffentlichten beiden Studien[89] dieser Trilogie ausgeführt worden sind und orientieren sich am „topisch-henadischen Raumverständnis" als vierte Raumauffassung, auf die später noch ausführlich eingegangen werden soll. Im Blick auf diese Raumauffassung wird dann die Bedeutung des Ortes herausgearbeitet.

Räume und Orte sollen einerseits in einen kosmischen und andererseits in einen lebensbezogenen, makroskopischen Zusammenhang gebracht werden. Dazu ist in jenen Raum vorzustossen, den die Lebenswissenschaften erforschen müssten, wenn sie sich ganzheitlich-nachhaltig definieren würden: den Lebensraum. Doch was soll man sich darunter vorstellen?

Leben kann mit Görnitz charakterisiert werden als „ein Realwerden von Möglichkeiten unter einem einheitlichen Gesichtspunkt, nämlich dem des betreffenden Lebewesen."[90] Im real, im wirklich und wirksam werden kommt man der Definition von Energie als „das einer Wirkung Fähige" nahe, was dann wichtig wird, wenn es um die Lebensprozesse geht, die in diesem Lebensraum wirksam werden. In diesem Zusammenhang bezeichnet Görnitz Leben als *„einheitlichen Prozess"*[91] und makroskopischen Quantenprozess[92], welch Letzterer die Lebewesen ununterbrochen steuern und *„fernab vom thermodynamischen Gleichgewicht existieren. Sie benötigen daher eine ständige Zufuhr von Energie und von lebenswichtigen Stoffen, ohne die sie notwendig zerfallen müssten."*[93]

So kann vereinfacht festgestellt werden, dass Leben spezifische Eigenschaften aufweist, die in ihrer Gesamtheit ein Lebewesen definieren, nämlich:
- Energie-, Informations- und Materie/Stoff-Austausch mit der Mitwelt,
- Reaktionsmöglichkeit auf Veränderungen,
- Wachstums- und Fortpflanzungsfähigkeit.

Als Lebensraum soll der Raum dessen bezeichnet werden, was lebendig und für das Leben von Bedeutung ist, und zwar auch im Sinne der Nachhaltigen Entwicklung sozial, ökonomisch und ökologisch gesehen. In den Worten von Löw wird der Raum im relationalen Raumverständnis und als „relationale (An)Ordnung von Lebewesen und sozialen Gütern an Orten"[94] verstanden, der konstituiert wird „durch zwei analytisch zu unterscheidende Prozesse, das Spacing und die Syntheseleistung."[95] Im hier präsentierten Sinne kann dann der alles durchdringende Lebensprozess als In-Formations- und Trans-Formationsprozess des in einem Ort Befindlichen verstanden werden. Was Leben, Lebensraum und Lebewesen verbindet ist mit Latka das, was deren Masse/Materie durchdringend formt[96], nämlich Lebensenergie (physikalische, soziale und ökonomische Energie).

Im Lebensraum stehen – hier im Unterschied zum relationalen Raumverständnis – nicht Masse, Materie und Beziehungen im Zentrum, sondern das sinnlich nicht wahrnehmbare Ganze, das, wie die folgende Abbildung zeigt, gleichnishaft sichtbar gemacht wird durch eine unbegrenzte „Kugel". Das Ganze durchdringt alles, jeden Menschen, jedes Lebewesen und alle sozialen Güter vor Ort, indem „der Raum" als Lebensraum verstanden an derjenigen Stelle, am Ort, wo die Menschen/Lebewesen und sozialen Güter gegenwärtig sind, nicht verdrängt wird, sondern er das dort Präsente durchdringt.

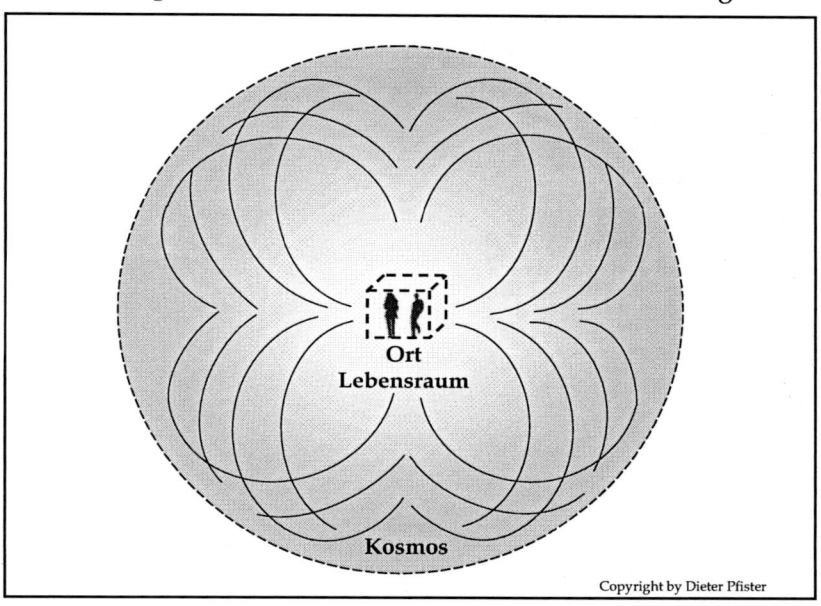

*Abbildung 10: Das Ganze durchdringt alles und zeigt sich implizit im Lebensraum*

Wie kann man sich nun vorstellen, wie sich der sehr vereinfacht skizzierte „Kugelraum" des Kosmos hin zum Lebensraum („Kubus" in Bildmitte) konkretisiert und strukturiert? Die nächste Abbildung zeigt zunächst links einen auf dem retiv-polyzentrischen Sozialsystemmodell basierenden Ansatz, der heute in den Wirtschaftswissenschaften implizit oft vorfindbar ist. Das Modell gliedert sich, anders als bei Luhmann, einerseits in die Teilsysteme wie Gesellschaft, Wirtschaft etc. und andererseits in den – dieser System-Welt als Gegenüber betrachteten – Menschen. Rechts in der Abbildung steht dann die Skizze einer ganzheitlich-nachhaltigen Weltanschauung, in die sich die Menschen integriert sehen. In der Mitte der Kugel ist der Ort, worin sich ein Mensch zusammen mit anderen Menschen, Lebewesen und sozialen Güter befindet und der in seiner Atmosphäre für ihn sinnlich und ganzheitlich wahrnehmbar wird. So sind in diesem Modell der Kosmos, Menschen und soziale Güter im

Lebensraum verortet. In der Abbildung sind übrigens die „Grenzen" zwischen den Eigen- und Themenräumen der Nachhaltigkeit sowie zwischen Themenräumen und Zeit-Raum/Sphärenraum deshalb besonders hervorgehoben, weil dort jeweils ein Fokuswechsel der Betrachtungsart stattfindet.

Menschen in die Kugel-Mitte zu setzen bedeutet keineswegs, sie als Hyper-Individualisten und Egomanen zu positionieren. Vielmehr ist damit gemeint, dass sie – eben sich selbst als Ganzheit erfahrend – dieses Selbst einbringen und in direkte Beziehung zur ganzen Mitwelt setzen, indem sie einen „Selbst-/Körperraum" und Eigenraum konstituieren. Dabei integriert das Selbst „die *Gesamtheit der psychischen Erscheinungen*, es umfasst die bewussten und unbewussten Anteile unserer Persönlichkeit, es bewertet und steuert sich und ist fähig, seine Beziehungen zu regulieren. Dies bedeutet, dass im Selbst das Ich sich zum Objekt der eigenen Wahrnehmung machen kann."[97] Dies geschieht durch Denken und Reflexion, womit ein Selbstbewusstsein entsteht, bei dem sich das Selbst einen Eigenraum schafft und diesen gestaltet und beseelt. Dieser Selbst-/Körperraum befindet sich immer an einem bestimmten Ort im Lebensraum.

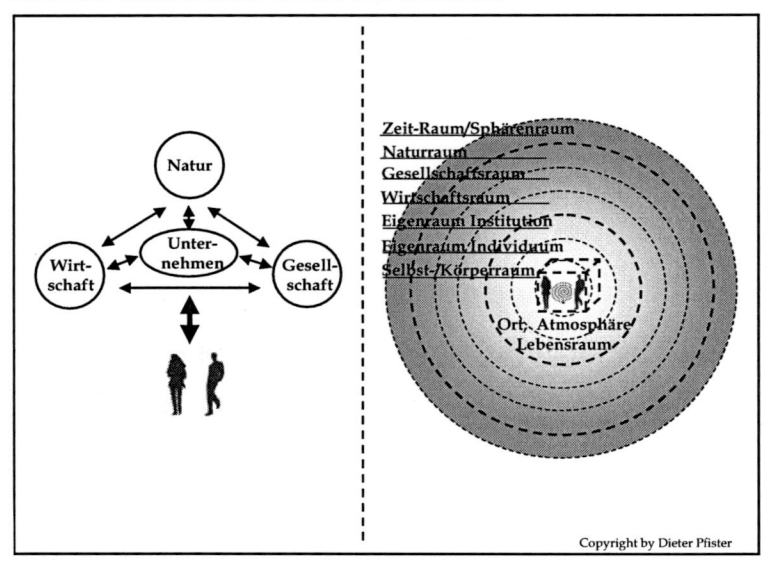

*Abbildung 11: Vereinfachte Darstellung der Welt als Gegenüber des Menschen (links) und als topisch-henadische Raumvorstellung mit konzentrischen Raumstufen (rechts)*

Die Spirale in der Kugelmitte der obigen Abbildung weist auf das die Menschen und Lebewesen Bewegende und Beseelende hin. Mit der Bewegung, Veränderung wird dort die Dimension „Zeit" verortet. Der Mensch bewegt sich im Zeit-Raum, indem er sich einerseits denkend zwischen Physisch-Nonverbalem, Geistig-Verbalem und Seelisch-Emotionalem bewegt. Diese drei hier sogenannten Hauptdimensionen des Raumes konstituieren die Orte, in denen sich die Menschen befinden. Das Zeit-Raum-Kontinuum all dieser auf ein Individuum bezogenen Orte soll als dessen individueller Lebensraum bezeichnet werden, als Raum, in dem sich der Mensch von der Geburt bis zum Tod bewegt und den er handelnd in seiner Breite, Tiefe und Höhe und als zeitlich erfährt.

Im Zusammenhang mit dem Körperraum weist Schroer auf die Analogie von Körper und Raum hin und bemerkt dabei, dass sich diese Analogie nicht nur in Stammesgesellschaften finden, sondern auch eine bedeutende Rolle spielen „in der Gestaltung der Städte bis in die Moderne hinein. Das ist jedenfalls die These von Richard Sennetts Arbeit über ‚Fleisch und Stein' <...>. Seine grundlegende These lautet, dass ‚urbane Räume weithin durch die Weise Gestalt annehmen, wie die Menschen ihre Körper erfahren."[98]

Nun sollen die hier vorgeschlagenen und in der obigen Abbildung aufgeführten Raumstufen abgearbeitet, zuvor aber überblicksmässig aufgelistet werden:

- Der als gegeben zu betrachtende Zeit-Raum/Sphärenraum, der den Kosmos konstituierend, allumfassend und einheitsstiftend wirkt.
- Die drei Themenräume der Nachhaltigen Entwicklung: der Natur-, Gesellschafts- und Wirtschaftsraum, dessen Fragestellungen und Gegebenheiten auf die nachfolgenden Raumstufen wirken.
- Die Eigenräume: der überindividuelle/institutionelle, der individuelle Eigenraum, der Selbst-/Körperraum und der Markenraum. Über sie können Institutionen und Menschen – verglichen mit allen übrigen Räumen – am meisten verfügen.
- Die Lebensräume des institutionellen Eigenraums: der Kultur-, Wissens- und Arealraum, dessen Fragestellungen und Gegebenheiten auf die Gestaltung des institutionellen Lebensraums wirken.

- Die Lebensräume des individuellen Eigenraumes: Beobachter- und Denkraum sowie Ort, wo sich alle nicht-lokalen Raumstufen zeigen, im örtlichen und zeitlichen Sinne präsent sind.

Kraft der einheitsstiftenden, alles durchdringenden Prinzipien des sogenannten Zeit-Raumes/Sphärenraumes, also durch Rückbindung hin zur äussersten Kugelstufe dieser Kosmos-Vorstellung ist das sich schichtenweise aufbauende Durchdringen möglich und damit, dass sich „Alles in Allem" zeigt. Denn in Menschen, Lebewesen und sozialen Gütern etc. vor Ort zeigen sich alle im Raum befindlichen Aspekte, zeigt sich implizit „der Kosmos".

Der gegebene Naturraum durchdringt alle anderen Räume, indem er in diese die ökologische Dimension einbringt, also eine optimale Relation zwischen Wert- und Schadstoffen an einem bestimmen Ort und in einer Zeitspanne fordert. Die Natur hat ein Eigenleben auch ohne menschliche Gesellschaft und Wirtschaft, die Gesellschaft auch eines ohne organisierte Wirtschaft – nicht aber umgekehrt. Das heisst jedoch, Natur, Gesellschaft etc. werden hier nicht als Systeme im Sinne von „Objektvernetzungen" verstanden, sondern als Räume des Gegebenen, gegebener Prinzipien und Verhaltensstrategien nämlich ökonomischer, sozialer und ökologischer.

Was nun die Eigenräume betrifft, so unterscheidet obige Abbildung zunächst individuelle und institutionelle Eigenräume. In ihnen ist die Verfügbarkeit, die Macht des Einzelnen, hoch: Der Mensch macht sich darin Raum zu Eigen. Die Machtspiele in diesen Räumen sind jedoch begrenzt durch die Macht des Gegebenen, des Nicht-Verfügbaren, des niemandem Eigenen, welches im Zeit-Raum/Sphärenraum und als Rückkoppelung im Selbst-/Körperraum verortet wird und auch in den Themenräumen wirksam ist. Sie zeigt sich im institutionellen Eigenraum in normativen Vorstellungen und Anordnungen sozialer und juristischer Art, über die das Individuum nicht verfügen kann, kurz: in der Kultur.

Wenn es nun darum geht, die Brücke in den Lebensraum zu schlagen, müssen jene Aspekte des Raumes ins Zentrum gerückt werden, über welche das menschliche Denken und Handeln überhaupt verfügen können, welche sozusagen „managebar" sind. Wiederum ausgehend von der grundlegenden topisch-henadischen Raumvorstellung kann der Lebensraum, wie erwähnt, analytisch in drei Themenräume des Lebens getrennt werden: den Kultur-, Wissens- und Arealraum. Im

Leben, vor Ort, in der „Reinen Erfahrung", also im Kernbereich der topisch-henadischen Raumvorstellung, wie es die nächsten beiden Abbildungen zeigen, sind diese drei Raumtypen untrennbar verbunden.

Die nächste Abbildung zeigt, wie sich der Wissensraum zwischen den seelisch-emotionalen (Achse nach oben im Bild) und den geistig-verbalen Strategie-Explikaten (Achse nach rechts unten) sowie den sogenannten Wissensfeldern (Achse nach rechts oben) aufspannt. Hier konkretisieren sich die seelisch-geistigen Strategien, nämlich die Weltbilder, Leitbilder, Lebensthemen etc. in der Wahl und Häufigkeit des Gebrauchs von Wörtern/Begriffen, Gedanken, im Zusammenbauen dieser Gedanken zu „Wissensgebäuden", kurz: in diese Wissensraumfeldern zeigt sich das „Wo", in dem sich die Raumstrategie, das „Was, Wie und Wozu," verwirklicht.

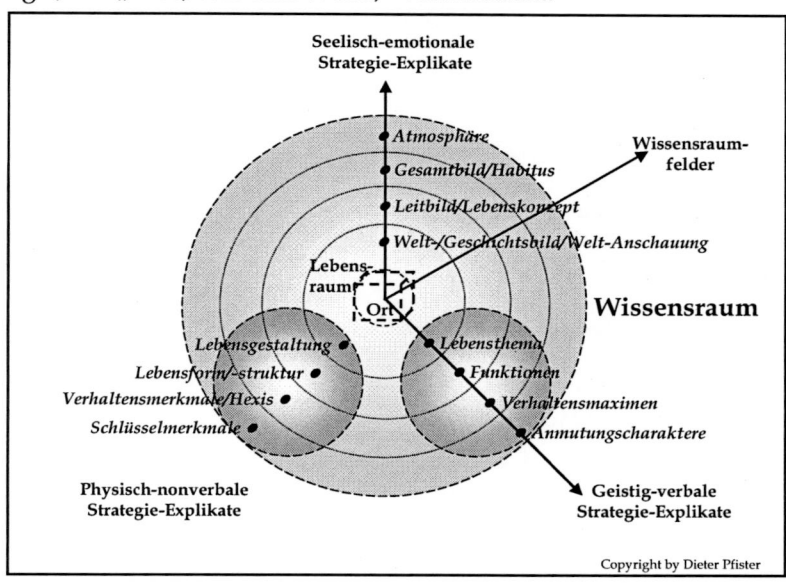

*Abbildung 12: Dimensionen des Wissensraumes in der topisch-henadischen Raumvorstellung (nach Pfister 2005/1, S. 197)*

Im Arealraum wiederum kann man sich, analog zu den eben dargestellten Wissensraumfeldern, Objektfelder vorstellen, wo sich die Strategie der Arealraumgestaltung realisieren. Wie die nächste Abbildung zeigt, geht es hier um die Materialisierung der

Gedankengebäude in physisch gebauten Gebäuden. Begriffe, Gedanken können analog zu Bildern, Möbeln etc. verstanden werden. Die Prinzipien und Verhaltensstrategien explizieren sich im Geistig-verbalen und Physisch-nonverbalen, wie sie die beiden anderen Achsen (siehe unten im Bild) darstellen.

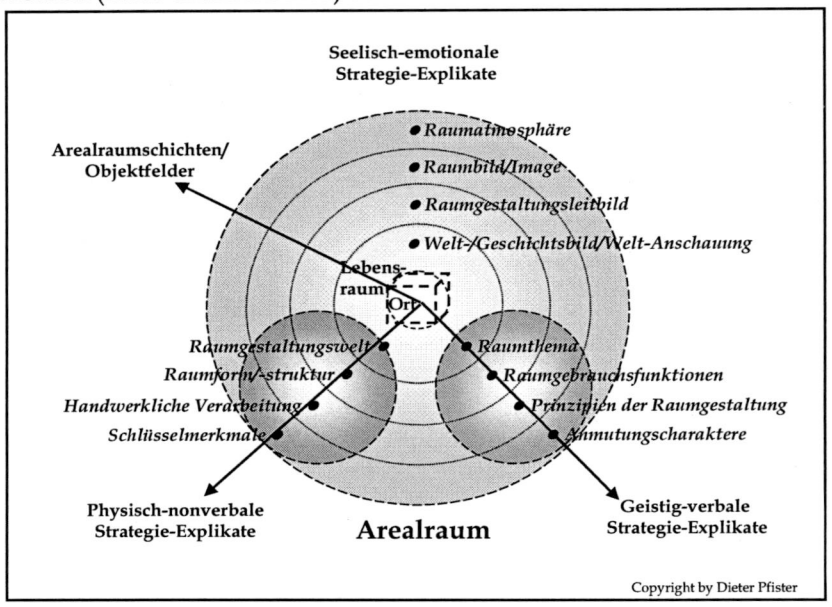

*Abbildung 13: Dimensionen des Arealraumes in der topisch-henadischen Raumvorstellung(nach Pfister 2004/1, S. 171)*

Der dritte, analytisch trennbare Raum ist der Kulturraum. Er „sorgt" dafür, dass die beiden anderen Räume kohärent und eins sind. Der Kulturraum umfasst den Areal- und Wissensraum und durchdringt beide. Er ist geprägt und durchdrungen von Prinzipien und Normen, welche ihrerseits durchdrungen sind von Werten, die vom Menschen geordnet werden und eine Werthierarchie bilden.

Die Frage des Brückenschlages zwischen der Wert- und Raumgestaltungsebene wurde in mehreren früheren Publikationen behandelt[99], sodass hier recht gestrafft darauf eingegangen werden kann.

Der wissenschaftliche Blick hat auch die Wertwelt analysiert und „seziert". So werden verschiedene Wertbereiche unterschieden, Grundwerte etwa, welche die Zwecke und letzte Ziele erstrebenswerter Lebenszustände umfassen (Friede, Freiheit etc.) und abgeleitete Werte, welche die Anwendung der Grundwerte in bestimmten Lebensbereichen (Wissenschaft, Wirtschaft etc.) betreffen.[100] Ferner können Tugenden (Gerechtigkeit, Weisheit, Tapferkeit, Nächstenliebe, Bescheidenheit etc.) und auch spezielle ethische Werte (Persönlichkeitswerte, Fernstenliebe etc.) differenziert werden.

In den Wirtschaftswissenschaften und der Unternehmenspraxis ist seit einigen Jahren das Interesse an Wertfragen stark gestiegen. Dabei wird – ganz im Sinne der relationalen Raumauffassung – die Wertwelt als Gegenüber des Individuums und der Institutionen wahrgenommen und die einzelnen Werte isoliert betrachtet. Und mit der schwindenden Bedeutung der Hierarchie im sozialen und organisatorischen Sinne ist auch die Idee der Hierarchie der Werte vielen Menschen fremd geworden. So werden in Unternehmens-Publikationen meist die Unternehmenswerte, also die von einer Firma als wertvoll erachteten Aspekte, gleichwertig nebeneinander gesetzt. Vergleicht man solche Publikationen miteinander, so fällt auf, dass oft ähnliche Werte genannt werden. Denn auf diese meist recht abstrakten Formulierungen lassen sich fast alle Mitarbeitenden problemlos festlegen. In der Umsetzung allerdings scheiden sich dann die Geister und unterschieden sich Individuen und Institutionen, denn die Bewertung der Werte ist individuell und nicht selten situativ und prägt die Normen und Verhaltensweisen.

Der Kulturraum zeigt die Bewertung der Werte in der Bewertung und Beurteilung der oben genannten Strategie-Explikate der Raumatmosphäre. Werte und Wertordnungen sind implizit in den Zweck- und Themenaspekte präsent, dann in den Prinzipien der Raumgestaltung (Homogenität oder Kontrast) und in der Sorgsamkeit, mit der man mit den einzelnen Strategie-Explikaten umgeht.

Im Gegensatz zu den gängigen Vorstellungen von Gesellschaft, Wirtschaft und Natur als dem Individuum gegenüberstehende Räume oder Systeme, deren Interessen durch Anspruchsgruppen vertreten werden, ist hier das Individuum untrennbarer Teil aller drei Räume und spürt – bei sensibler Wahrnehmung – unmittelbar deren „Interessen", falls diese verletzt werden („Wissen und Gewissen"[101]). Denn im Falle des Ungleichgewichtes der Interessensberücksichtigung werden alle drei Themenräume ihre „Unzufriedenheit" explizieren, durch Krankheiten, Depressionen etc. Der Mensch wird so zum Sensor für Suboptimales, weil sich alle genannten Räume in ihm „kreuzen", ihn durchdringen. Und das findet dort statt, wo er sich befindet, vor Ort in seinem Lebensraum.

Mit Latka hat das Wort „Ort" "im Wesentlichen zwei Bedeutungen: „Einmal bezeichnet es ein ‚Dorf' und ein anderesmal eine ‚Stelle', eine ‚Position'. Im ersten Fall sagt man: ‚Er wohnt in einem kleinen Ort.' Im Zweiten Fall heisst es z.B.: ‚Der Unfall passierte an einem unzugänglichen Ort.' <...> Da man das deutsche Wort ‚Ort' in dem hier verwendeten Sinne nur mit der Präposition ‚an' gebraucht, suggeriert dies, dass dem Ort etwas anhaftet, d.h. dieses Etwas, das sich an dem Ort befindet <...> kann zunächst einmal als gegenüber dem Ort Selbstständiges gedacht werden.. <...> Das deutsche Wort ‚Feld' zusammen mit der Präposition ‚in' kann diesen Gedanken der ‚Anbindung' wesentlich vermeiden, indem eine Entität sprachlich als etwas bestimmt wird, das sich ‚in' diesem Feld befindet."[102]

So bietet sich an, den Ort im Sinne der japanischen Raumphilosophie als feldhaft zu betrachten und mit dem „In-sein im Ort"[103] und dem „Durchlässig sein für den Ort"[104] eine Einheit im Kern der Raumvorstellung zu schaffen. Latka weist hier darauf hin, dass dem Ort eine „herausragende Rolle bei der Identitätsbildung eines Menschen"[105] zukommt. „Der Ort als Lokalität des Zwischenseins kann z.B. eine wirtschaftliche Organisationsform oder eine kulturelle Gemeinschaft sein."[106] Einer Lokalität kommt dabei besondere Bedeutung zu, dem Haus nämlich. „Die Lokalität des Hauses verweist <...> auf einen noch grundlegendere Lokalität unseres ‚Zwischenseins': dem Klima <...>. Das Klima ist nicht als Gegenüber des Menschen zu verstehen, sondern nur als Ort, *in* dem sich der Mensch befindet. <...> Um das Klima zu verstehen, ist die Redeweise von ‚Subjekt' und ‚Objekt' daher unangebracht."[107] In der hier vorliegenden Studie wird in diesem Zusammenhang der Begriff „Atmosphäre" verwendet.

Die Atmosphäre bringt zum Ausdruck, wie die drei genannten Themenräume des Lebensraumes konstituiert sind, und zwar bezüglich Energie, Information und Masse, die in ihrem Veränderungsprozessen das Leben formen. Dabei ist der Wissensraum fokussiert auf den Aspekt Information, der Arealraum auf Masse/Materie und der Kulturraum auf Energie/Lebensenergie. Auf das Verhältnis zwischen diesen drei Aspekten soll nun vertieft eingegangen werden.

*1.3.2 Synthese: Den Lebensraum durchdringenden Aspekte*

Energie ist ein abstrakter und umfassender Begriff, den man in unterschiedlichen Zusammenhängen verwendet. Im Alltag meint man damit oft den psychischen Antrieb und das körperliche Arbeitsvermögen eines Menschen, aber auch den elektrischen Strom.

In den Naturwissenschaften hat der Begriff Energie eine grosse Bedeutung erlangt. Ganz allgemein wird Energie dort als Fähigkeit/ Möglichkeit eines Körpers/Systems bezeichnet, Arbeit zu verrichten. In der Psychologie wiederum stellt man sowohl äusserlich Erkennbares („Leistungsvermögen, Handlungskraft") als auch innere Vorgänge (Motivation, Gefühle usw.) in einen Zusammenhang mit Energie.

Umfassend und ganzheitlich kann Energie mit dem deutschen Philosophen Heinrich Schmidt definiert werden als alles „eines Werkes <...> Fähige"[108]. Das Wort stammt vom griechischen „energeia" ab, ist zusammengesetzt aus „in" und „Werk/Arbeit", kann also mit „im Werk befindlich", „innewohnende Wirksamkeit" und „Wirksamkeit" übersetzt werden.

Schmidt weist weiter darauf hin, dass der Energiebegriff auch sprachphilosophisch von Bedeutung ist und zum Beispiel der Auffassung des deutschen Kulturwissenschaftlers und Staatsmanns Wilhelm von Humboldts zugrunde liegt, wonach „die Sprache kein blosses Werk" ist, „sondern als eine energetisch-geistige Tätigkeit gedeutet wird".[109]

Energie wird im geisteswissenschaftlichen Bereich seit je umfassend definiert, das heisst, das Werk/Wirken des „eines Werkes Fähigen" wird breiter aufgefasst. Es zählen nicht nur materielle Werke und Wirkungen, sondern auch immaterielle. Und ebenso werden die Fähigkeiten dazu ganzheitlich definiert. Dies kann als Ausweitung des Denk- und Begriffshorizontes vom Naturraum (Wirkungsfeld der physikalische Energie, Naturwissenschaften) auf den Lebensraum (ganzheitlich verstandene „Life sciences") betrachtet werden.

Im Bereich der Sozial- und Wirtschaftswissenschaften wurde der Begriff „Energie" ebenfalls schon früh ganzheitlich verwendet. In der Soziologie spricht zum Beispiel Simmel von „seelischer Energie"[110], von „personalen Energien"[111] und von „physisch-psychischen Energien"[112]. Er weist auf die Bedeutung der „Intuition" hin, wenn er schreibt, dass „zwar die grossen Entscheidungen zwischen den Menschen von den überintellektuellen Energien ausgehen, der tägliche Kampf um das Sein und Haben aber durch das einzusetzende Mass von Klugheit entschieden zu werden pflegt."[113] Weiter beschreibt er eine „naturgegebene Energie"[114], redet von „lebendigen Energien"[115] und kommt zum Schluss: „Indem der Mensch die Objekte kultiviert, schafft er sie sich zum Bilde: insofern die transnaturale Entfaltung ihrer Energien als Kulturprozess gilt, ist sie nur die Sichtbarkeit oder der Körper für die gleiche Entfaltung *unserer* Energien."[116]

Diese Überlegungen Simmels aufgreifend und vom Raum zum ganzheitlich-nachhaltig gedachten Lebensraum fortschreitend, kann man in Zukunft den Oberbegriff der „Lebensenergie" verwenden, die zum Beispiel in den drei Dimensionen der Nachhaltigen Entwicklung erkennbar wird, nämlich als

- Ökonomische Energie – Geld,
- Soziale Energie – Gedanken und Emotionen,
- Physikalische Energie – mechanische, elektrische, thermische Energie etc.

Ausgehend vom physikalischen Energiebegriff soll in der Folge dargestellt werden, wie man sich die anderen beiden Energiebegriffe in Analogie erschliessen kann. Gemäss dem „Satz von der Energieerhaltung" bleibt die physikalische Energie eines Systems bei allen Umwandlungen dem Mass nach gleich. Der „Energie-Masse-Satz" wiederum besagt, dass Energie in Masse umgewandelt werden kann. Energie geht also insgesamt betrachtet nicht „verloren", sie ist vor Ort/im System da, kann deshalb physikalisch betrachtet weder erzeugt, gespart noch verschwendet werden. Sie „spaziert" – verstanden als „sich ergehen" – durch Systeme, so beispielsweise durch Maschinen. Allerdings braucht der Prozess der Transformation selber auch Energie, sodass die umgewandelte Energie dem Masse nach nicht gleich ist wie vor der Umwandlung.

Lebensraum, Ort und System sowie das darin Befindliche sind von Energie „durchdrungen." In offenen Systemen neigt Energie dazu, den zur Verfügung stehenden Raum gleichmässig auszufüllen. Die dabei auftretenden physikalischen Gesetzmässigkeiten führen zur Entropie.

Die Quantenphysik erkannte die Äquivalenz von Energie, Masse und Information. Dies bedeutet, dass man Leben und Raum unter verschiedenen Gesichtspunkten betrachten und beobachten kann. Die Quantenphysik hat hier den Betrachtungshorizont im Sinne der Ganzheitlichkeit erweitert. Sie begreift den Quantenprozess, wie Görnitz schreibt, als etwas, was „den *Kern des Lebendigseins* darstellt", nämlich „der Prozess der *Bedeutungserzeugung für Information. Leben ist das Schaffen von Bedeutung aus bedeutungsloser Information.*"[117]

So hat die Quantenphysik den Blick auf die Zusammenhänge zwischen Raum, Zeit und Materie geschärft und verändert. Sie betrachtet nicht nur die Materie im makroskopischen Zustand, so wie sie für den menschlichen Beobachter wahrnehmbar ist, sondern auch im mikrokosmischen sowie kosmischen und bringt diese Zustände in eine Beziehung zueinander.

Was nun das Messen von Energie, Information und Masse betrifft, so kann es am einfachsten bezüglich der physikalischen Energie bei der Materie vorgenommen werden, indem man zum Beispiel die Aussenmasse (Höhe, Breite, Tiefe) eines Objektes misst sowie Volumen, Struktur, Stoffmenge und Wärmeenergie. Ein Mass für die Information in einem System oder Eigenraum stellt die Entropie dar. Dieser Begriff stammt aus dem Griechischen („entropia", en = ein/in und tropi = Wendung, Umwandlung). Entropie wird verstanden als „Mass an Unwissenheit" bezüglich einem System, das heisst: je grösser die Entropie, desto geringer die Information. Grundsätzlich gilt, dass bei ideal verlaufenden, reversiblen Prozessen ohne Reibungsverluste die Entropie eines geschlossenen Systems unverändert bleibt, und weiter: je mehr Entropie, desto geringer wird die Arbeitsfähigkeit einer Energiemenge.

Lebensenergie ist am eindeutigsten als ökonomische Energie messbar. Geld stellt das Mass dar, mit dem soziale Güter und Arbeitsleistungen von Menschen und Lebewesen bewertet werden. Auch die Information über ökonomische Energie ist stets in Relation zum Beobachter zu sehen, hängt von dessen Wertsystem ab. Soziale Energie schliesslich ist indirekt messbar und zeigt sich etwa im Zustand der sozialen Beziehungen wie in der Arbeitsatmosphäre. Auch die physikalische Energie kann übrigens nicht direkt gemessen, sondern muss über Hilfsgrössen berechnet werden.

Leben kann aus energetischer Sicht als Trans-Formationsprozess im Eigenraum verstanden werden. In den Umwandlungen zeigt sich der Zeitverlauf. Jeder Umwandlungsprozess braucht Energie und oft wird auch Energie von anderen Eigenräumen zugeführt. Dabei verändert sich das Verhältnis der Energieanteile der drei Energieformen und damit die Lebensenergiebilanz.

In einer ganzheitlich-nachhaltigen Energiebilanz zeigen sich dann die Veränderungen, Gewinne und Defizite in den drei Dimensionen der Nachhaltigen Entwicklung. Indem sich diese in der Lebensenergiebilanz in den drei Dimensionen „verräumlicht" (anders als die oft juristisch geprägte Vorstellung der „Systemgrenzen" von Individuen/ Institutionen), schafft sie eine gemeinsame Basis der Betrachtungsweise. Im Eigenraum werden Verfügbarkeit und Verantwortlichkeit verbunden und der Bereich der rechtlichen Normen um jenen der sozialen Normen erweitert.

Doch was heisst es nun konkret, Energie ganzheitlich als Lebensenergie zu verstehen? Das soll am Beispiel und Ort eines Ladengeschäfts verdeutlicht werden. Betrachtet man einen geschlossen, unbeleuchteten Laden von aussen durchs Schaufenster, erhält man durch den Anblick der Ladenmöbel/Produkte und Beschriftungen, Preisschilder (Masse/Materie) Informationen. Geht man dann ins geöffnete, schön beleuchtete Geschäft (physikalische Energie: Bewegung, Licht etc.), strahlt einen dort eine gutgelaunte Verkäuferin an und informiert über das Angebot, so fühlt man sich in guter Atmosphäre wohl (soziale Energie) und kauft gerne ein (ökonomische Energie: Geld gegen Geist/Emotionen und physisches Produkt). Von der Steckdose bis zur Ladenbeleuchtung findet hier eine physikalische Energie-Umwandlung statt, beim Kaufakt eine Umwandlung von Geld zu Ware. Die ganzheitliche Energiebilanz (alle drei Dimensionen) ist im geschilderten Fall für alle Beteiligten ausgeglichen.

Die beiden nachfolgenden Tabellen wollen nun die eben behandelten Zusammenhänge im statischen und analytischen Sinne veranschaulichen. Die erste Abbildung ist als die obere Hälfte der zweiten zu verstehen, zeigt den Aspekt der Information und die eben nachfolgende Abbildung jenen der Masse und Materie. In der

Matrixdarstellung durchdringen sich Lebensraum und Lebensenergie (Feld in Mitte der Abbildung). Die zweite Tabelle ist matrixartig (querliegend) zur oberen zu verstehen, das heisst, die Themenräume (in erster Tabelle) durchdringen die Eigenräume (unten). Bei solchen tabellarisch-differenzierenden Darstellung ist stets zu beachten, dass dies alles zwar analytisch „auseinander dividiert" werden kann, im Leben aber untrennbar verbunden wirkt.

Die Matrix ist weiter so aufgebaut, dass die Lebensenergie im Lebensraum über beide Abbildungen gesehen nach unten hin sinnlich wahrnehmbar wird, indem sie sich materialisiert. Die dortige Form der Materie zeigt das Resultat der Energieumwandlungsprozesse im Lebensraum. *In* dieser Form erkennt der Beobachter die geistige und emotionale Dimension (*En*ergie, „*in*ne-wohnende Wirksamkeit"), die *In*formation in der Form, Farbe, dem Material etc. der Materie. So gesehen kann das Verhältnis von Energie zu Information und zu Materie jeweils als eines von implizit zu explizit verstanden werden. Energie und Information sind implizit in Masse/Materie vorhanden – die drei Ausprägungen durchdringen und verbinden einander.

| Zeit-Raum/ Sphärenraum | Lebensenergie | | |
|---|---|---|---|
| *Themenräume* | *Wirtschaftsraum* | *Gesellschaftsraum* | *Naturraum* |
| Lebensenergie-Form | Ökonomische Energie: Geld | Soziale Energie: Gedanken, Gefühle, Ideen, Vorstellungsfähigkeit, Kreativität, Charisma, emotionale Wärme/Kälte | Physikalische Energie: Arbeitsfähigkeiten, thermische Energie, elektrische Energie etc. |
| Lebensenergie-Bilanzierung | Ökonomisches Eigen-/Fremd-Kapital | Kulturelles und soziales Kapital | Energiereserve, Gesundheits-Bilanz/Check, Ökobilanz |
| | Mass: CHF, Euro etc. | Mass: Arbeitsatmosphäre, Konsumklima | Mass: Joule, kWh, Temperatur im Raum/Körper |
| Prozess der Lebensenergie-Verteilung | Reversible Lebensprozesse: Cash-Managementprozesse | Reversible Lebensprozesse: Denk- und Handlungsprozesse, Geschäfts- und Management-Prozesse, Kultur-/Change-Prozesse | Irreversible Lebensprozesse: Physikalische Energie-Umwandlungsprozesse |
| Gestalt | Gestalt des Geldes | Mimik, Gestik, Stimmlage, Körpergestalt und -haltung, Raumatmosphäre | Form, Farbe, Material, Oberflächenbeschaffenheit etc. |

Copyright by Dieter Pfister

| Zeit-Raum/ Sphärenraum | Lebensenergie | | | | | |
|---|---|---|---|---|---|---|
| *Themenräume* | *Wirtschaftsraum* | | *Gesellschaftsraum* | | *Naturraum* | |
| *Eigenräume* | *Individuell* | *Überindividuell, institutionell* | *Individuell* | *Überindividuell, institutionell* | *Individuell* | *Überindividuell, institutionell* |
| Orte der "menschengestützten" Lebensenergie-Verteilung | Persönliche Geldübergabe (an Kasse z.B.) | Filialnetz von Banken, IT-Netzwerke | Privates Beziehungsnetz | Berufliches Beziehungsnetz | (Kabel-) Netze im Gebäude | Nationale/ regionale Netze ausserhalb Firmengebäude |
| Orte der Lebensenergie-Umwandlung / Nutzung | Haushalt, Kauf- und Verkaufsorte | Produktionsanlagen, Kauf- und Verkaufsorte | Mensch, Gehirn, Wohnräume | Mitarbeitende, Kunden, Arbeitsräume | Menschlicher Körper | Universum, Getriebe, Generator etc. |
| Orte der Lebensenergie: Träger und Speicher | Geldschein, Münze, gedrucker Privatkonto-Auszug, Sparheft/-strumpf | Geldschein, Münze, gedruckter Geschäftskonto-Auszug | Individueller Eigenraum, Lagerraum, Speicherplatte, private Bibliothek, Sprache, Bilder | Institutioneller Eigenraum, Lagerraum, Speicherplatte, öffentliche Bibliothek, Sprache, Bilder | Körper, Nervenstränge, Nahrungsmittel, Vitamine etc. | National/ regional vorhandene Naturstoffe: Uran, Kohle, Erdgas etc. |
| Ort im Lebensraum | Lebensraum Menschen/Lebewesen, soziale Güter, Atmosphäre | | | | | |

Copyright by Dieter Pfister

*Abbildung 14/15: Ganzheitlich-nachhaltiger Energiebegriff im statisch-analytischen Sinne betrachtet*

Wie obige Betrachtungen zeigen, bedeutet Äquivalenz von Masse/Materie, Energie und Information ins Räumliche übertragen eine Äquivalenz der drei Energieformen und der drei Themenräume bezogen auf einen feldhaft verstandenen Ort im Lebensraum. Wenn sich nun also, wie in der nächsten Abbildung dargestellt, an einer Stelle im Stufenraum vor Ort eine Masse (Kernbereich der Kugel in Abbildung) zeigt, diese äquivalent ist mit Energie und Information, dann heisst das, dass an der Stelle die Masse von klassischer Energie und Information durchdrungen ist (siehe "Schlitz" in Kugel-Abbildung), dass diese Äquivalente gleichzeitig und –wertig das Verbindende darstellen mit dem, worin die Masse an der Stelle vor Ort ist. Das „Worin" des feldhaft verstandenen Ortes bedeutet also immer die beiden Äquivalente, die nicht im Beobachtungs-Fokus liegen: Wenn der Fokus Masse und Materie ist, wäre das „Worin" Lebensenergie und -information.

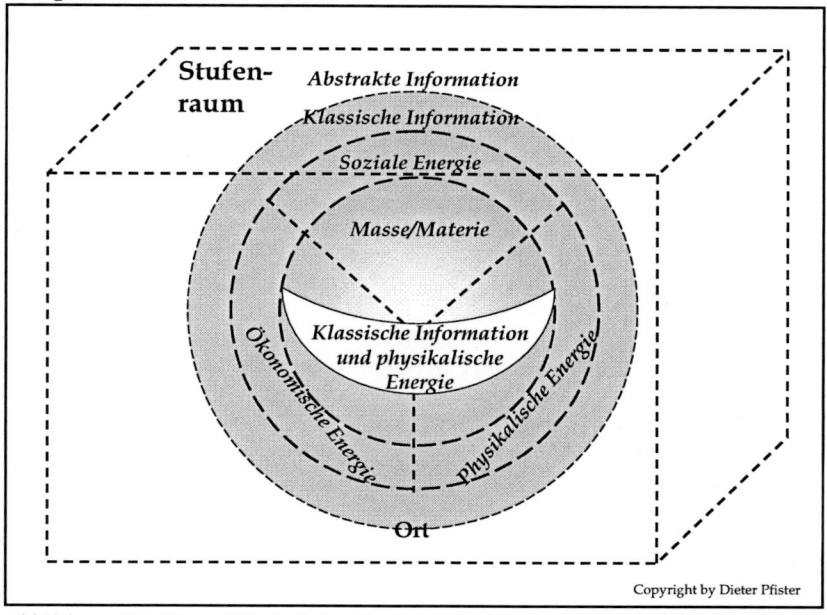

*Abbildung 16: Das „Worin" des Ortes und jene die Materie (Kernbereich der Kugel) durchdringende Lebensenergieformen und Informationsarten*

Erweitert man nun den Begriff der Energie zur Vorstellung von Lebensenergie und – wie mit Görnitz gezeigt – jenen von Information in Richtung klassisch und abstrakt, so zeigt die Abbildung nun die Zusammenhänge des sich Durchdringens dieser Dimensionen.

In der Folge soll nun der Brückenschlag von diesen europäisch-amerikanischen Vorstellungen der Physik zu jenen der japanischen Raumphilosophie erfolgen, woraus dann eine vierte Raumauffassung konkretere und praxisrelevante Konturen erhält.

### 1.3.3 Topisch-henadische Raumauffassung

In der europäischen und amerikanischen Philosophiegeschichte ist im letzten Viertel des 20. Jahrhunderts das Interesse und Verständnis für asiatische, zumal japanische Raumphilosophie, gewachsen, worüber in einer eigenen Studie bereits ausführlich berichtet wurde.[118] Kann es Zufall sein, dass dies zur gleichen Zeit geschieht, zu der die quantenphysikalischen Erkenntnisse immer mehr an Tiefe und Einfluss gewinnen? Dieser Frage nachzugehen ist eines der Hauptmotive gewesen, die vorliegende Studie zu verfassen.

In dem Zusammenhang sind die ausführlichen Analysen und interkulturellen Vergleiche von Latka aufschlussreich. Er unterscheidet drei Sozialsystemmodelle: das „operative", das „retiv, polyzentrische" und das „retiv, topische"[119]. Im Blick auf operative Systemmodelle betont er, dass diese auf der Basis einer zeitlichen Grundkonstruktion beruhen. „Luhmanns eigentliche Leistung besteht demnach darin, von der Substanz auf Zeit als zentrale Grösse zu wechseln. Nicht mehr die simultan agierenden Individuen sind als Substanzen Gegenstand der Soziologie, sondern das zeitliche Nacheinander der kommunikativen Operationen."[120] Doch welche Rolle spielt hier der Raum? Ist er eher Zwischen-Raum, Beziehungs-Raum oder Lebens-Raum? Für die Sozialsystem-Modellierung erschien er offenbar lange Zeit wenig attraktiv und, wie oben erwähnt, konnte Luhmann mit ihm wenig anfangen.

Andere Wege der Raum-Wahrnehmung sind im retiv-topischen Systemtyp erkennbar, der philosophisch betrachtet nicht vom Raum, sondern vom Ort (japanisch „basho") ausgeht. Im Blick auf die Systemmodellierung schreibt Latka dazu: „In Anlehnung an die Unterscheidung zwischen einem polyzentrischen und topischen Netzverständnis soll hier zwischen einem relationalen und einem topischen Raumverständnis unterschieden werden."[121] Der relationalen Raumvorstellung ordnet er als bildhaftes Modell das

Netz zu und bezeichnet demgemäss diesen Systemtyp als „retiv, polyzentrisch".[122]

Die in der vorliegenden Studie präsentierte Weiterentwicklung des Raumverständnisses hin zu einer vierten Raumvorstellung soll auf der Grundlage der Ausführungen und der Begriffsbildung von Latka, „topisch-henadische Raumauffassung" genannt werden.[123] Dadurch wird der Aspekt der Ganzheitlichkeit noch stärker herausgestrichen. Sie wird nicht nur in der durchdringenden Verbindung von Körper, Seele und Geist in den Eigenräumen gesehen, sondern auch im Sinne der Nachhaltigen Entwicklung gedacht. Das heisst, sie wird auch in der durchdringenden Verbindung der ökonomischen, sozialen und ökologischen Dimensionen in den sogenannten Themenräumen betrachtet. Weiters berücksichtigt sie die Äquivalenz von Information, Energie und Masse/Materie. Dadurch wird das in der japanischen Raumphilosophie entwickelte „topische Raumverständnis" durch abendländische Erkenntnisse erweitert, weshalb es zur begrifflichen Unterscheidung „topisch-henadisch" genannt werden soll.

Bei diesem Raumverständnis sind Raum und Körper/Masse/Materie nicht, wie im absoluten Raum, dualistisch zu verstehen und auch nicht lediglich als relationale Anordnung von Körpern, mit Löw von Menschen/Lebewesen und sozialen Gütern[124] im Raum. Das retiv-topische Modell verweist vielmehr mit Latka „auf einem sozial erlebbaren Raum, welcher als soziales Feld bzw. Atmosphäre erfahrbar wird. <…> Die Feld-Metapher des Raumes soll verdeutlichen, dass die Raumpunkte selbst vom Raum durchdrungen werden können, d.h. das Verbindende zugleich das Durchdringende ist."[125]

Die nächste Abbildung zeigt nun die Veränderung vom relationalen Raumverständnis (links im Bild) zum topisch-henadischen, bei dem Menschen, Lebewesen und soziale Güter als Teil eines Feldes betrachtet werden – als das „Feld, in dem man sich befindet".[126] In dieser auf der japanischen Lehre des Ortes[127] basierenden Feldvorstellung verlaufen die Beziehungen zwischen den Knotenpunkten („Ich", „Du" etc.) nicht ketten- oder netzartig direkt (siehe links im Bild), sondern über den Ort, in dem man sich gemeinsam trifft. Japanische Philosophen und Sozialpsychologen verstehen das „Im Ort sein" eines Einzelnen als „Durchlässig-Sein für den Ort" und alles in ihm Befindlichen und lehnen somit die

Vorstellung von einem Gegenüberstehen von Einzelnem und Ort ab.[128]

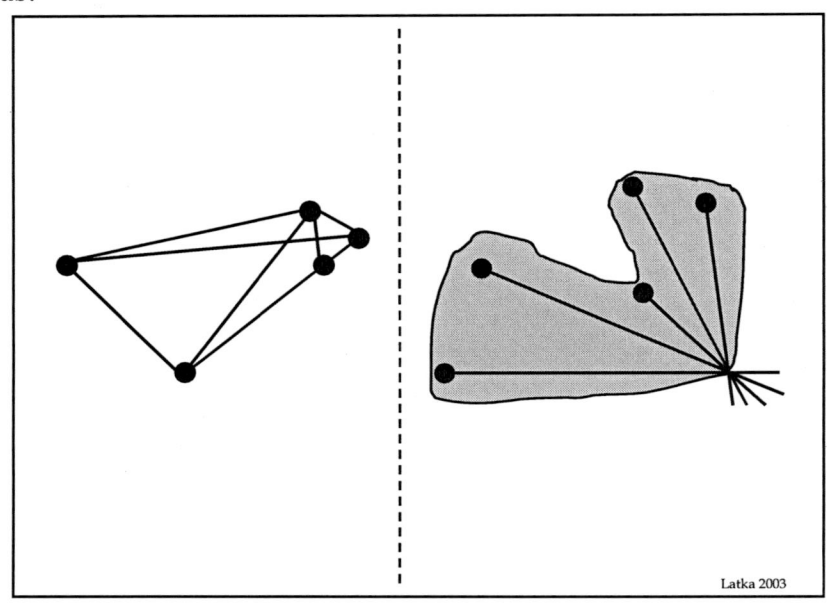

*Abbildung 17: Polyzentrisches Netz (links) und topisches Netz als Feld (rechts), nach Latka, 2003, S. 227 und 245*

Die folgende Abbildung zeigt nun im Überblick die skizzierten vier Raumverständnisse gleichnishaft gedacht in „künstlerischen" Darstellungen: Oben der absolute Raum mit seinen festen Grenzen, dicht gefüllt und in der christlichen Vorstellung von Gott als Schöpfer geschaffen und von seinem Geist und Segen durchdrungen; im Gegenuhrzeigersinn daneben der relative Raum, der zwar im Einzelnen noch feste Grenzen kennt, aber sich ins Unendliche „verliert" und wo zwischen den einzelnen Räumen eine Leere und damit die Denk-Möglichkeit des leeren Raumes entsteht; dann folgt der relationale Raum, bei dem eine Verortung des Einzelnen nur in Relation zu anderen Lebewesen und sozialen Gütern erfolgen kann, wodurch die Vernetzung von Knotenpunkten das Einzelne als Gegenüber des Vielen und der Welt, Umwelt erfahren wird; und schliesslich rechts aussen die feldhaft vernetzte, topisch-henadische Raumvorstellung, bei der das Einzelne sozusagen aus dem Ganzen hinauswächst (grosse Steine), sich expliziert, im Feld befindet und über das Feld (im Bild als gestalteter Kieselstein-Grund gezeigt) mit anderen Einzelnen und dem Ganzen verbunden ist. [129] Das Feld wird dabei erkennbar als Atmosphäre, welche den Ort auszeichnet und das im Ort Befindliche durchdringt. Hier sind die Dinge nicht direkt miteinander verbunden wie beim Atomium, sondern über ein gemeinsames räumliches Feld in Beziehung zueinander gestellt. Jedes Element hat selber ein Feld (kreisförmige „Umrahmung" der grossen Steine), wie auch die Gesamtheit eines hat. Wie Latka betont, geht es also nicht um ein Vereinnahmen des Einzelnen durch das Ganze (Kollektivismus).[130] Das Einzelne kann vielmehr in der Gesamtheit seine Einzigartigkeit bewahren.

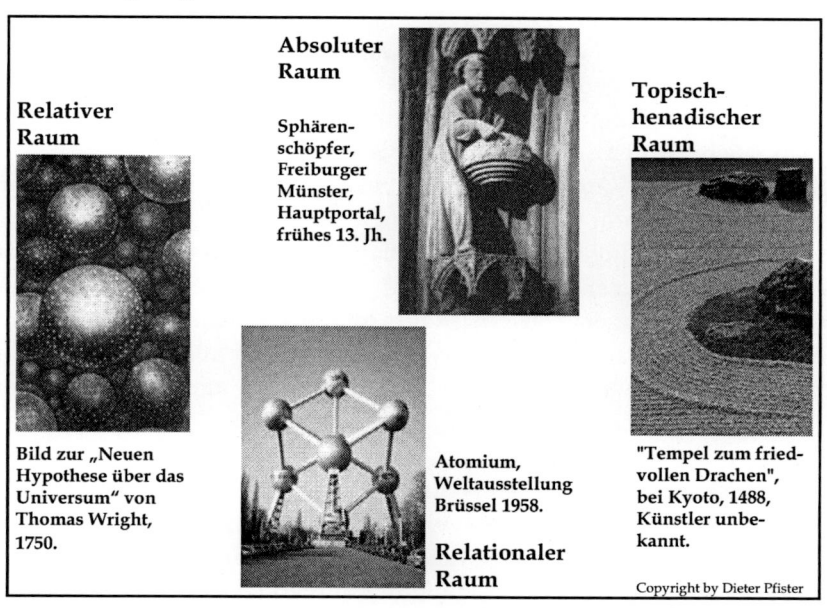

| Relativer Raum | Absoluter Raum | Topisch-henadischer Raum |
|---|---|---|
| Bild zur „Neuen Hypothese über das Universum" von Thomas Wright, 1750. | Sphärenschöpfer, Freiburger Münster, Hauptportal, frühes 13. Jh. | "Tempel zum friedvollen Drachen", bei Kyoto, 1488, Künstler unbekannt. |
| | Atomium, Weltausstellung Brüssel 1958. Relationaler Raum | Copyright by Dieter Pfister |

*Abbildung 18: Künstlerische Metaphern für die vier zentralen abendländischen Raumvorstellungen*

Diese vier zentralen abendländischen Vorstellungen von Raum sind zum Teil nacheinander entstanden, aber bis heute nebeneinander wirksam. So wirkt die absolute behälterartige Raumauffassung im Bereich des Arealraums (Zimmer in Wohnung) nach, die relationale in der Strukturierung des Wissensraums etc. Wie die Quantenphysik die klassische Physik ja nicht ersetzt, sondern nur in ihrem Geltungsbereich begrenzt, so können auch hier für Teilräume verschiedene Auffassungen nebeneinander wirksam sein. Wichtig dabei ist aber, sich bewusst zu bleiben, dass diese Vorstellungen einen begrenzten Geltungsbereich haben und dass man das ausserhalb Liegende damit nicht erfassen kann, was aber nicht heissen darf, es zu ignorieren.

Die nächste Abbildung soll zeigen, worin sich die vier Raumauffassungen zentral unterscheiden, und zwar bezogen auf die drei Äquivalenzbereiche der Quantentheorie: Information (Achse links im Bild), Energie (Achse nach hinten) und Masse/Materie (Achse nach rechts). Dabei kann man erkennen, dass die behältermässige Vorstellung, in der die absolute Raumvorstellung den Kosmos sieht (links vorne), in der relativen Raumauffassung auf Teilräume übertragen worden ist (durch Pfeile zwischen den Raumauffassungen dargestellt). Diese Behältervorstellung lebt in der klassischen Netz-Knoten-Vorstellung im Alltagsverständnis bis heute weiter, obwohl man sich durch die mikroskopischen Erkenntnisse über die Spaltbarkeit der Atome und die Welle-Teilchen-Vorstellung davon schon seit längerem verabschieden musste.

Neuere Überlegungen zum relationalen Raumverständnis[131] erkennen das feldhafte immer mehr. Verbindet man nun die skizzierten japanischen Vorstellungen von Ort, Raum und Durchdringung mit Kernelementen der Nachhaltigen Entwicklung und vor allem der Quantentheorie, so kommt es sozusagen zu einem „Quantensprung" in der Raumauffassung (oben im Bild). Reduzierte sich der Energiebegriff immer mehr (Achse nach hinten), so wird er nun wieder umfassend und ganzheitlich, den Lebensraum durchdringend gesehen, wie die Information. Diesbezüglich entsteht eine gewisse Nähe zu Vorstellungen des absoluten Raumes. So zeigt auch die Abbildung, wie die Theorie dazu, dass die vierte Raumauffassung (oben im Bild) nicht einen Bruch vollzieht, sondern als Weiterentwicklung der Bisherigen zu verstehen ist.

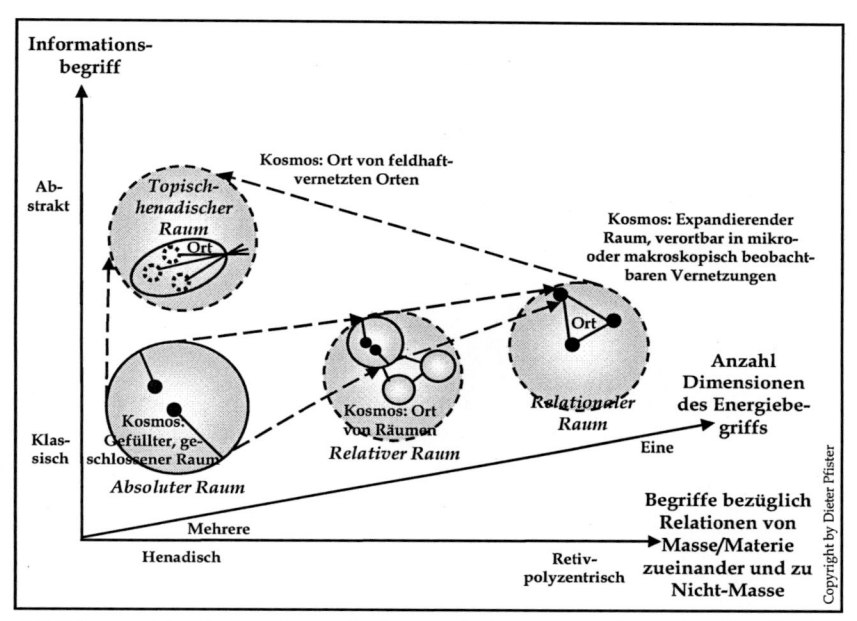

*Abbildung 19: Entwicklungslinien zwischen zentralen abendländischen Raumauffassungen*

Welche Konsequenzen haben nun diese raumphilosophischen Überlegungen für die Wirtschaft und die Praxis der Unternehmen – vor allem auch im Blick auf das Realisieren von mehr Nachhaltigkeit und Ganzheitlichkeit? Darauf soll in der Folge eingegangen werden und zwar insbesondere in Bezug auf Organisation, Prozesse und betriebliche Funktionen.

## 2. Zur Weiterentwicklung von Organisations- und Management-Modellen

Wie der deutsche Soziologe Thomas Drepper betont, machen sich Organisationen durch Organigramme „einen formalen Plan, eine Karte des Selbst. <...> Festhalten möchte ich, dass all die in der Strukturfrage verwendeten Begriffe wie *Breite, Tiefe, Aufbau, Position, vertikale* vs. *horizontale* Arbeitsteilung und *Über-* und *Unter*ordnung raumbezogene Begriffe und Unterscheidungen sind <...>."[132]

Wie aber verhält sich das Prozessdenken zum Raum? Ihm kommt ja gemäss Biecker/Dyllick beim nachhaltigkeitsorientierten „Ausfüllen des Leergerüstes" des St. Galler Management-Modells eine zentrale Rolle zu. Denn wenn es darum geht, die Teile mit dem Ganzen in Verbindung zu bringen, müssen ja die dynamischen Elemente eines Modells einbezogen werden, weil die statischen Teile ja jene sind, die „im Geteilt-Sein" verharren. Wie aber die Prozesse entsprechend gestaltet und gesteuert werden, dafür ist der Einzelmensch verantwortlich, weshalb seine Aufgaben und Funktionen genauer zu betrachten sind.

### 2.1 Grundmodell des ganzheitlich-nachhaltigen Managements

Das in dieser Studie entwickelte Grundmodell des ganzheitlich-nachhaltigen Managements will das St. Galler Management-Modell bezüglich folgenden Aspekten weiterentwickeln:
- Die im Kern zweidimensionale Vorstellung des St. Galler Modells wird durch eine räumliche Betrachtungsweise erweitert, was sich auch in der grafischen Darstellung zeigt.
- Das Modell wird in eine umfassende Raumvorstellung, in einen Stufenraum eingebettet, „endet" also nicht mit dem Gesellschaftsraum.
- Das im Zentrum des St. Galler Modells abgebildete, prozesshaft gesehene Unternehmen wird durch das, ebenfalls prozesshaft

gedachte, verantwortungsvolle Individuum ersetzt, das allerdings deshalb nicht als Egomane verstandenen werden darf. Indem der Mensch und die menschlichen Beziehungen ins Zentrum gerückt und die Produktions- und Nutzungsprozesse „rückwärts" in den individuellen Eigenraum verlängert werden, wird dessen Mit- und Eigenverantwortung wieder klar verortbar.

- Das Modell ist im Lebensraum verortet, die oben dargestellte Differenz und Gegenüberstellung von Lebens-Welt und „Landkarte" davon überwunden.
- Die Räume stehen nicht als Systeme nebeneinander, sondern durchdringen sich hin zum Lebensraum. Das Masse/Materie vor Ort Durchdringende ist dann auch das Verbindende und wie oben dargestellt: Energie und Information.
- Die Prozesse der Anspruchsgruppen und des Unternehmens stehen sich und dem Ganzen nicht gegenüber, sondern die Beziehungen der Prozesse untereinander können ebenfalls als sich durchdringend verstanden werden.
- Die Managementprozess-Vorstellung wird um die Dimension des Denkprozesses erweitert, verstanden als individueller Wahrnehmungs-, Entscheidungs- und Kommunikationsprozess. Er verbindet in den Unternehmen die Primär- mit den Sekundärprozessen.

Was nun die im St. Galler Management-Modell wichtigen Systeme betrifft, so sind diese im topisch-henadischen Raumverständnis mit Raumstufen in Verbindung zu bringen und im Lebensraum zu verorten.

Unter „System" wird im soziologischen Sinne ganz allgemein gesprochen ein „einheitlich geordnetes Ganzes" verstanden, das „ein gewisses Mass von Integration und Geschlossenheit im Verhältnis seiner Elemente zueinander (Struktur)" besitzt sowie „eine es von anderen Systemen, d. h. von der Umwelt, abhebende Grenze, eine gewisse Ordnung in den Beziehungen mit anderen Systemen, eine gewisse Kontinuität und Regelmässigkeit in den Beziehungen zwischen den Elementen des Systems".[133]

Systeme können ganz unterschiedliche Grössen haben, von kleinen Lebewesen über die Familie, das Unternehmen, über Gesellschaft, Wirtschaft bis zum Rechtssystem etc. Systeme sind Beobachtungs- und Gestaltungseinheiten, die als Ganzheiten verstanden werden und sich in der Art ihrer Elemente, deren Beziehungen zueinander und zum Ganzen unterscheiden. Sie können als Orte im Eigenraum betrachtet werden, wo sie der direkten sinnlichen Wahrnehmung verborgen bleiben, deren Grenzen wiederum als Orte, wo Umwandlungen bei In- und Transformationsprozessen stattfinden.

Man kann sich Systeme als dynamische Gebilde vorstellen, welche die In- und Transformationsprozesse auf ihrem Weg zur Verwirklichung im Lebensraum prägen, durch ihre Struktur, ihre Art der Definition der Elemente und Begrenzungen verdichten. Sie stellen sehr abstrakt betrachtet Beschreibungen der Eigenheiten, Qualitäten von Lebensraum-Gestaltungsfeldern dar.

In der Weise, wie man sich die Strukturierung eines Systems, deren Begrenzung sowie des Verhältnisses der Elemente zueinander und zum Ganzen vorstellt, unterscheiden sich Systemtheorien und die sie beeinflussenden Weltbilder und Raumvorstellungen. Letztere strukturieren, systematisieren ja ihrerseits die Art unserer Beobachtung, unseres „Ich-Welt-Bezugs".

Systeme werden themenbezogen konkretisiert. So spricht man von Sozialsystemen, Wirtschaftssystemen etc. Ein einzelner Beobachter wendet in der Regel im Zeitverlauf stets die ihm eigene Systemmodellierung an, auch wenn er in verschiedenen Themenfeldern arbeitet.

Die Art der Systemmodellierung betrifft aber nicht nur die Strukturierung „innerhalb" eines Systems, sondern auch jene des Verhältnisses der Systeme zueinander und damit auch der Teilräume des Raumes zueinander. Im Sinne des retiv-topischen Sozialsystemmodells stellt man sich diese nicht als Gegenüber vor, sondern als verortetes Feld.

Systemmodelle und Systeme zeichnen sich, wie erwähnt, durch eine „Reduktion von Komplexität" aus. Und wenn sie der Raumstufe der Eigenräume zugeordnet werden, so auch deshalb, weil im Erkennen von Elementen und Strukturen ja oft auch die Absicht liegt, über solche Zusammenhängen verfügen zu wollen. Das „Worin" der Raumstufe des Eigenraums wiederum stellen gemäss dem topisch-henadischen Raumverständnis die Themenräume dar, die in dieser Studie im Sinne der Nachhaltigen Entwicklung auf die Dimensionen Natur, Gesellschaft und Wirtschaft fokussiert worden sind.

Wenn sich ein System im retiv-topischen Sinne verstanden sich zum Ort im Lebensraum hin realisiert, zeigt es seine Besonderheit in den Begrenzungen, die es im Kulturraum (Grenzen der Identifikation), im Wissensraum (Grenzen des Wissens) und im Arealraum (zum Beispiel Landesgrenzen, Fabrik-Arealgrenzen etc.) setzt. Ein System wiederum wirkt im Lebensraum vor Ort im Muster der Gestaltung zum Beispiel zwischenmenschlicher Beziehungen (als Muster/Strategie des durch den individuellen Denkraum geprägten Handelns und damit als Aspekt einer Unternehmenskultur); dann in der Gestaltung der Beobachterräume (Muster/Strategie der Wahrnehmung) und zeigt sich in der Atmosphäre. Die Differenz zwischen Systemen wird dann im Unterschied von Atmosphären feldhaft erkenn- und spürbar. Der Unterscheid zwischen Systemen besteht zum Beispiel in einem anderen gesellschaftlichen Umgang miteinander: Gesellschaft, Wirtschaft etc. sind also im retiv-topisch verstandenen Systemmodell wirksam und stehen ihm nicht als Umwelt gegenüber. Denn die Themenräume durchdringen die Eigenräume und Systeme.

Wert-/Normsysteme wiederum prägen den Kulturraum. Das Muster, die Strategie der Hierarchisierung der Werte zeigt sich dann vor Ort durch die Wirkung der Trans- und In-Formationsprozesse. Die jeweiligen systembezogenen Eigenheiten/Begrenzungen durchdringen diese Prozesse und mit ihnen die Räume ihrer Wirksamkeit.

Ausgehend von Darstellungen, die oben im Rahmen der Analyse der Zusammenhänge von Welt und Bild sowie Raum und Zeit entwickelt worden sind, soll zunächst erklärt werden, wie im Weltbild des St. Galler Management-Modells die Trennung zwischen Eigenraum und den verschiedenen Beobachterpositionen vorgenommen worden ist. Wenn der Mensch als Beobachter ausserhalb des Themen- und Eigenraumes steht und diese für weitgehend verfügbar hält, so kann man dies in der Art darstellen, wie es die nächste Abbildung zeigt. Je nach seinem Standpunkt steht für ihn der Arealraum im Fokus, das zu bauende Infrastrukturelle, die Maschinen, die Hardware; oder eben der Wissensraum, die informatischen Zusammenhänge, Strukturen und Begriffe; oder schliesslich das Soziokulturelle, die Machtstrukturen etc.

Der Beobachterraum umgibt so den Eigenraum, „die Welt" wird sozusagen von „aussen" betrachtet. Dies erklärt, worin sich eigentlich das St. Galler Management-Modell befindet, oder beantwortet umgekehrt die Frage, was dort ausserhalb der äussersten Umweltsphäre liegt: der Beobachterraum nämlich, wo sich der Wissenschaftler und Analyst befindet, der sich so als „autonomer" Schöpfer seines Weltbildes sieht.

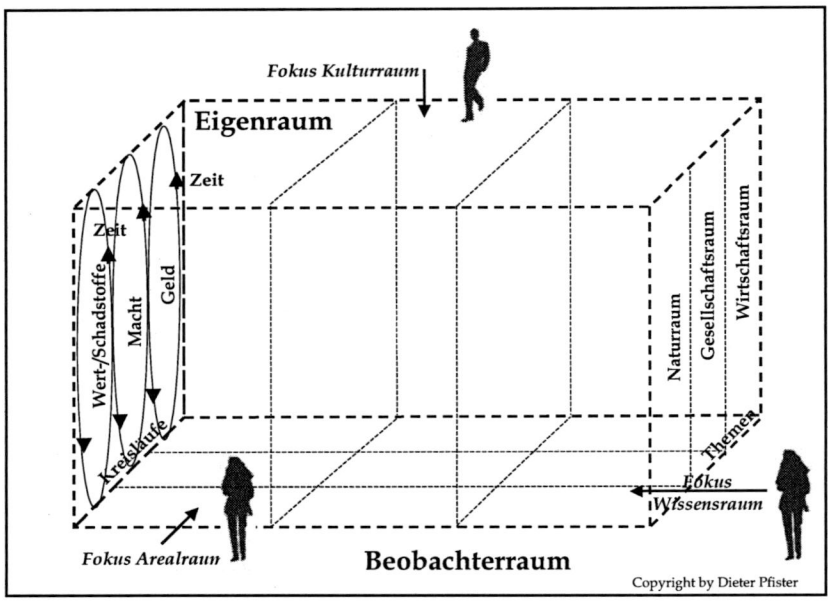

*Abbildung 20: Mensch und Raum/Eigenraum und Gegenüber*

Der Eigenraum wird hier differenziert, segmentiert und schliesslich durch Prozesse und Kreisläufe/Regelkreise (links im obigen Bild) dynamisiert, aber nicht zwischenräumlich verbunden. Denn lebende Systeme organisieren sich selbst: Durch negative Rückkoppelung werden Kreisprozesse reguliert und Störungen und Grenzüberschreitungen verhindert. Dabei bewirkt ein Regler die Angleichung zwischen dem Ist- und Sollwert, welch Letzterer im Plus oder Minus stehen kann. Die nachfolgende Abbildung zeigt die Zusammenhänge bezogen auf Stoff und Materie im physikalischen Sinne.

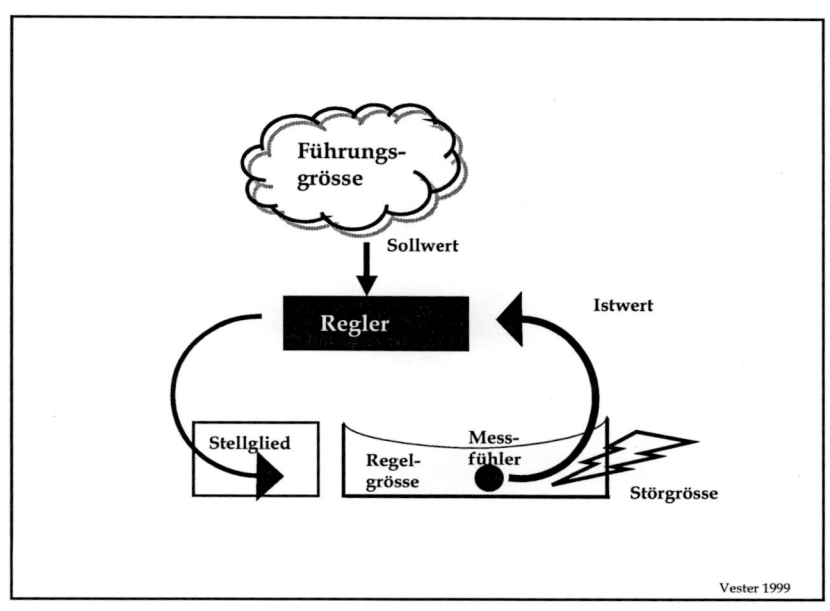

*Abbildung 21: Regelkreis, aus: Vester, Frederic: Die Kunst vernetzt zu denken, München 1999, S. 159*

Fehlt die Reaktion auf diese Rückkoppelung, kann der Nutzen eines Wertschöpfungsprozesses im Laufe der Zeit durch Schadschöpfungsprozesse vermindert werden, sowohl im institutionellen Eigenraum (innerhalb der Bilanzierungs-System-Grenze), als auch in anderen Räumen. So kann es geschehen, dass ein kurzfristiger Gewinn langfristig, ganzheitlich-nachhaltig betrachtet, zu einem Verlust wird. Denn werden zuviel Schadstoffe pro Ort und Zeit produziert und deponiert, dann braucht die Behandlung dieser Schadstoffe viel Energie (geistige, seelische und physikalische), die dann anderswo fehlt.
Das gilt für Lebewesen und für Organisationen. Wie Werhahn im Blick auf Organisationen ausführt, wird die Führung „als informationsverarbeitender Prozess der *Gestaltung und Lenkung* von Systemen betrachtet und analog dem kybernetischen *Regelkreismodell* dargestellt. <...> Die Regelung basiert auf der Rückkopplung, die den Output eines Systems erfasst und nach Vergleich des Output-Wertes mit dem vorgegebenen Zielwert den Input und die Aktivitäten des Transformationssystems variiert. <...> In Weiterentwicklung dieser

Lenkungsmodelle wird das Konzept der *organischen Lenkung* entworfen, das Lenkung als nicht lokalisierbare oder personifizierbare, über das ganze System verteilte Systemeigenschaft betrachtet, die es dem System ermöglicht, seine Struktur aufrechtzuerhalten."[134] Der Markt stellt eine solche organische Lenkung dar.
Gerne wird diese Idee dann so verstanden, dass eine solche Entpersonifizierung der Lenkung bedeutet, dass sich kaum jemand persönlich verantwortlich fühlen muss, zumal bei Fehlleistungen in der Lenkung, bei der man stets dem Markt als unpersönliche Macht die Schuld zuschieben kann – auch eine Auslegung der Verantwortlichkeit in der „societé anonyme".
Wertschöpfungsprozesse produzieren und vermarkten Hauptprodukte im Sinne der Zielsetzung einer Organisation zum Zweck ihres Überlebens. Bei diesen Wertschöpfungen werden auch Produkte anderer Prozesse und anderer Themenräume genutzt. Dabei kommt es, wie schon erwähnt, zur Herstellung von Nebenprodukten (Abfall, Müll) materieller, aber auch immaterieller/kultureller Art, die entweder recycelt oder deponiert werden. Das Recycling im klassischen Informationsbereich kann verstanden werden als sich erinnern, verarbeiten von Erfahrung und die Deponierung als verzeihen, loslassen. All das umfasst dann das nicht Verwertbare, nicht Verstehbare, Unverzeihliche, das vergessen oder verdrängt wird. Je nachdem, wie viel solcher Nebenprodukte hergestellt, wie sie behandelt werden und vor Ort wirken, entstehen dann Schadschöpfungen von unterschiedlichen Ausmassen. Wenn sie ausserhalb des institutionellen Eigenraums entstehen, gibt es externe Kosten. Nachhaltigkeit bedeutet hier, Kostenwahrheit zu erlangen und externe Kosten zu integrieren.
Wie kann nun sichergestellt werden, dass die Regelkreise funktionieren und rechtzeitig über den Regulierungsbedarf für Kreisprozesse informieren? Hier ist der Wahrnehmungs- und Denkhorizont des Menschen angesprochen und seine Fähigkeit des Denkens im Sinne von Regelkreisen und Kreisprozessen – kurz: seine Fähigkeit zu ganzheitlich-nachhaltigem Denken und seine Bereitschaft, persönlich Verantwortung zu übernehmen. Im ganzheitlich-nachhaltigen Management-Modell wird der Denkprozess – verstanden als Verbindung eines Entscheidungs- und Wissenskommunikationsprozesses – sozusagen zum Messfühler und Regler des „Regel-

kreisprozesses", zum Ort des Risikomanagements. Er kann im St. Galler Management-Modell dem sogenannten Managementprozess zugeordnet werden.

Im Sinne der Ganzheitlichkeit muss nun der Mensch den Eigenraum betreten, wie dies die nächste Abbildung zeigt, indem er ihn denkend durchdringt. Er soll sich von den vor Ort befindlichen anderen Lebewesen/Menschen und sozialen Gütern einstimmen lassen, sich kein Bild der Welt machen, sondern „wie ein Radargerät" sich um die eigene Achse drehend die drei Äquivalente Energie, Information und Masse/Materie in seinen Wahrnehmungshorizont integrieren. Der Beobachter wird so zu einem Teil des Eigenraumes: Alles was er beobachtet, wird erst durch ihn für ihn „wirklich" und wirkungsvoll und verändert sich seinerseits durch das Beobachtet-werden, wird zum Lebensraum.

Diesen „Mehrfach-Blick" könnte der Beobachter aber auch haben, wenn er selber – sozusagen um das „goldene Eigenraum-Kalb" tanzend – es von allen Seiten her beobachten würde. Das integrierende Modell jedoch betrachtet im Unterschied dazu den Eigenraum nicht als Gegenüber und aus der Perspektive einer Anspruchgruppe, die Ansprüche an „die Wirtschaft", „die Gesellschaft" etc. stellt, sondern vielmehr an sich selber, weil der Mensch und Beobachter weiss, das alles, was er Anderen (an-)tut, er sich selber (an-)tut.

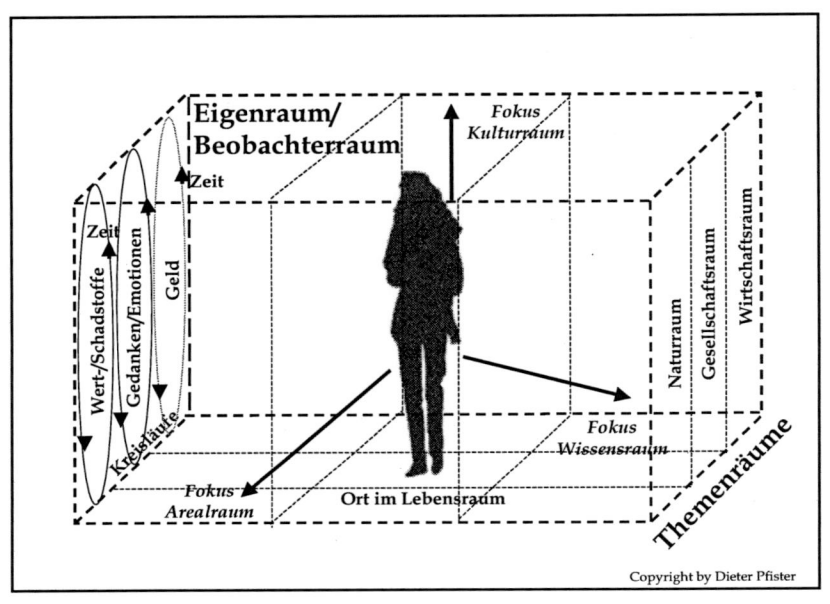

*Abbildung 22: Der Mensch im Eigenraum/Beobachterraum*

Die nächste Abbildung zeigt das Grundmodell des ganzheitlich-nachhaltigen Managements. Im Sinne des topisch-henadischen Raumverständnisses und der damit zusammenhängenden Integration des Menschen im Raum wird nun der Lebensraum ins Zentrum des Modells gesetzt. Wo ihn der Mensch mitgestaltet, ist er gleichzeitig auch Kulturraum. Der Lebensraum steht ferner an der Nahtstelle des Areal- und Wissensraumes. Hier im Lebensraum durchdringen sich Masse/Materie und Information.

Der Lebensraum wiederum kann durch Denkarbeit aus der Perspektive des Eigen-/Beobachterraumes durchdrungen werden. Indem sich der Mensch als Teil des Lebensraumes denkt und fühlt, begibt er sich in den Ort, lässt sich von der Atmosphäre einstimmen. Andererseits kann er die Atmosphäre mitbestimmen, indem er die Lebensraum-Gestaltungsfelder erkennt und verändert. Die Konsequenzen im Blick auf den Denkprozess werden später noch ausführlich dargestellt, vor allem der Aspekt, dass der Denkprozess gleichzeitig als Entscheidungsprozess betrachtet wird. Das Zusammenfallen von Beobachter- und Eigenraum und das Durchdrungen-werden von den

Themenräume bedeutet nämlich, Eigenverantwortung zu übernehmen für den Lebensraum, für sich und das Ganze.

Äquivalent zu den im Lebensraum Masse/Materie gestaltende und verändernde In-Formationsprozessen wirken im analytisch getrennt betrachteten Eigenraum Trans-Formationsprozesse energetischer Art. Im Durchdringen der Räume wird die Äquivalenz von Information, Masse und Energie im Grundmodell berücksichtigt. Sie bedeutet im Blick auf die Prozesse Gleichzeitigkeit im Ablauf der zwei Prozesstypen, nämlich des

- In-Formationsprozesses und
- Trans-Formationsprozesses.

Die nachfolgende Abbildung zeigt die komplexen Zusammenhänge.

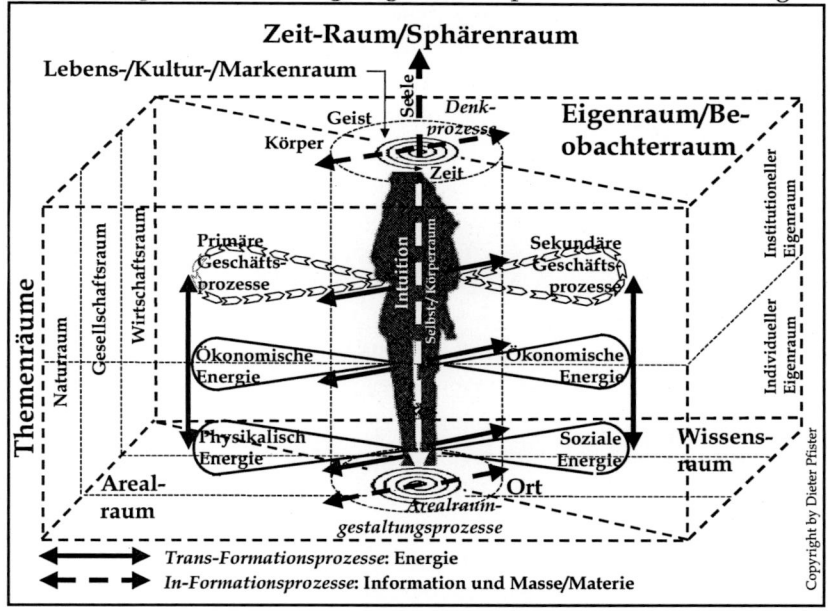

*Abbildung 23: Mensch und Prozesse im Lebensraum: Grundmodell des ganzheitlich-nachhaltigen Managements*

Es kann, im Bild von oben nach unten betrachtet, ein Gestaltungsprozess erkannt werden, der an der am oberen Ende des „Lebensraum-Zylinders" beginnt und sich nach unten zum Ort hin entwickelt, also von der abstrakten Information (siehe oben) hin zur in Materie und Masse kondensierten Information. Nach unten wird also aus Information die Form der Masse/Materie, von unten nach oben zeigt Masse/Materie die implizite Information.

Im Denkprozess (zuoberst im Lebens-/Kulturraum als Spirale sichtbar) durchdringt der Mensch analytisch den Lebensraum. Der querliegende gestrichelte Pfeil gibt an, dass er im ganzheitlichen Denken Körper, Seele und Geist verbindet und denkend in die Eigen- und Themenräume vorstossen kann. Dadurch erkennt er allmählich, von der Intuition geleitet, in dem vor Ort Sichtbaren das dort implizit vorhandene Ganze.

Analog und gleichzeitig verlaufen die sogenannten Trans-Formationsprozesse im Eigenraum. Im individuellen Eigenraum (untere Hälfte des „Raum-Kubus" im Bild) können zunächst die Transformation bezüglich physikalischen Energieformen (vorne links im Bild) innerhalb des Arealraumes erkannt werden. Weiter kann man analytisch den Trans-Formationsprozess von sozialen Energien im individuellen Eigenraum unterscheiden (unten vorne rechts angegeben). Hier geht es um Umwandlungen innerhalb der individuellen Gedanken- und Gefühlswelt und deren Wirkungen auf die menschlichen Beziehungen.

Die Transformation der ökonomischen Energie ist wie der Denkprozess querverbindend angelegt. Die Trans-Formationsprozesse von ökonomischer Energie sind deshalb im Modell an der Nahtstelle zwischen dem individuellen und institutionellen Eigenraum verortet, weil sie die Themenräume verbinden. Geld wirkt in beide Richtungen, nach oben und unten (Kaufakt und Lohnauszahlung) und fördert den Einsatz oder Nicht-Einsatz der anderen Trans-Formationsprozesse (Kauf von Strom zum Zweck der Herstellung von Produkten etc.).

Im institutionellen Eigenraum (über dem individuellen liegend) wiederholen sich die gleichen Prozesse. Was im individuellen Eigenraum als physikalischer Prozess im Arealraum abläuft, Menschen, Lebewesen und soziale Güter materiell verändernd, ist auch im institutionellen Eigenraum erkennbar (primäre Geschäftsprozesse), ebenso die Trans-Formation von sozialen Energien, die dort sekundäre Geschäftsprozesse genannt werden.

Wichtig ist nun, diese Prozesse nicht getrennt voneinander zu verstehen. Sie alle durchdringen sich gegenseitig. Deshalb sind die Trans-Formationsprozesse bewusst die „Grenzen" des Lebensraumes berührend eingezeichnet, denn die In-Formationsprozesse im Lebensraum laufen gleichzeitig ab und sind verbunden mit den Trans-Formationsprozessen im Eigenraum und diese wiederum von den Prozessen im nichtlokalen Bereich (Themenräume, Zeit-Raum/Sphärenraum). So ist auch bezüglich der Prozesse „alles mit allem verbunden", alle Trans-Formations- und In-Formationsprozesse laufen gleichzeitig miteinander verbunden ab. Indem Lebensenergie in den drei Formen den Lebensraum durchdringt, verändert sich dort Materie und Information. Genau das entspricht ja der oben dargestellten Äquivalenz von Energie, Information und Masse, nun übertragen auf die zentralen raumgestaltenden Prozesse.

Wie die obige Darstellung zeigt, steht der Mensch an der Nahtstelle aller drei Hauptdimensionen des Raumes (kurz: Körper, Seele, Geist genannt) und ist in der Lage, in seinem Denken die Eigenräume mit dem Selbst-/Körperraum und alle Themenräume zu verbinden. Das Bewusstsein für diese Verortung betont und fördert die Ganzheitlichkeit, weshalb für die Begriffswahl sowohl bei „ganzheitlich-nachhaltigem Management" wie bei „topisch-henadischer Raumauffassung" dies explizit herausgestrichen wird.

Die vom Menschen besetzte „Nahtstelle" ist jeweils jene zwischen Vergangenheit und Zukunft, also Gegenwart vor Ort. Der Denkprozess (Spirale oben) nimmt das sinnlich Wahrnehmbare auf, verarbeitet dies geistig. Diese „Gegenwarts-Scheibe", die den individuellen Lebensraum quer „durchschneidet" ist der Ort, wo die Bilder des Wissensraumes, sozusagen von „hinten" auf diese „Projektionsfläche" abgebildet und mit jener konfrontiert werden, welche vom Arealraum her projiziert worden sind. Je unschärfer dieses Bild ist, desto grösser ist die Differenz zwischen Leitbildern und Raumbildern, desto mehr Unstimmigkeit herrscht im Raum, desto mehr „Unheil" ist vorhanden.

Nachdem das Grundmodell des ganzheitlich-nachhaltigen Managements ausführlich hergeleitet und dargestellt worden ist, sollen nun die zwei Prozesstypen vertieft behandelt werden.

## 2.2 Ganzheitlich-Nachhaltige Weiterentwicklung des Prozessmanagements

Zwei raumgestaltende Prozesstypen wurden eben unterschieden, die Trans-Formationsprozesse:
- Im Wirtschaftsraum – ökonomische Energien betreffend.
- Im Gesellschaftsraum – bezogen auf soziale Energien.
- Im Naturraum – physikalische Energien betreffend.
- Jeweils sich horizontal, „innerhalb" der eigenen Energieform oder vertikal, hin zu einer anderen Energieform im Eigenraum transformierend.

Und dann die In-Formationsprozesse:
- Im Selbst-/Köperraum: persönlichkeitsbasierte Prozesse/Denkprozesse des Durchdringens des individuellen und überindividuellen Lebensraumes und des Durchdrungen-werdens von den übrigen Räumen, was sich insgesamt in der gefühlten und analysierten Atmosphäre zeigt.
- Im Lebensraum: Menschen, Lebewesen und soziale Güter betreffende Prozesse der Informations-Kondensation von abstrakter zu klassischer Information bis zur Masse/Materie und zurück, also von der Formation, Formierung, Gestaltentwicklung von Masse/Materie „zurück" zur gestaltimpliziten Information.

Auf beide Prozesstypen wird nun gesondert eingegangen.

### 2.2.1 Trans-Formationsprozesse

#### 2.2.1.1 Trans-Formationsprozesse im individuelle Eigenraum

Physikalische Energieformen können bekanntlich umgewandelt werden, und zwar zum Beispiel mechanische Energie über einen Generator in elektrische, elektrische Energie über einen Elektromotor in mechanische Energie, chemische Energie über einen Muskel in mechanische Energie etc. Analog dazu kann man aber auch Umwandlungsprozesse des „eines Werkes, einer Wirkung Fähigen" (siehe obige Definition) je innerhalb der beiden anderen Energieformen erkennen, von einer Geldwährung in eine andere bei ökonomischen Trans-Formationsprozessen oder von Gedanken in Worte etwa bei sozialen Energieprozessen, ganz im oben zitierten Sinne Humboldts, der ja die Sprache als eine energetisch-geistige Tätigkeit betrachtet.

Diese Trans-Formationsprozesse können so innerhalb des Naturraumes (physikalische Energie), der Gesellschaftsraumes (soziale Energie) und des Wirtschaftsraumes (ökonomische Energie) verstanden werden. Was aber passiert, wenn, wie oben erwähnt, die Prozesse und Räume sich durchdringen und verbinden? Hier stellt sich die Frage, wie die Energie-Umwandlungen zwischen den sogenannten Themenräumen aus dem Blickwinkel des Individuums oder von Institutionen ablaufen. Das Durchdringen/Verbinden dieser Prozesse und Räume soll anhand des folgenden Beispiels veranschaulicht werden:

- Umwandlung Geld – Raumwärme – Körperenergie: Ein Teil des Monatslohns wird zum Beispiel in Miete/Heizung und Nahrungsmittel umgewandelt.
- Umwandlung Körperenergie – Gedanken – Wissen: Die dadurch gewonnene physikalischen Energie im menschlichen Körper kann in Gedanken und zu Wissen umgewandelt werden.
- Umwandlung Wissen – Sympathie – Geld: Die menschliche Ausstrahlungs-/Anziehungskraft kann durch Wissenszuwachs/ Erfahrung/Kompetenz gesteigert werden. Dadurch erhöht sich der Wert im Arbeitsmarkt und der Mensch erhält mehr Geld. Der Lohn wird dann wieder für Nahrungsmittel etc. ausgegeben.

Dann kann der Trans-Formationsprozess wieder von vorne beginnen, ohne natürlich gleich ablaufen zu müssen.

Da diese Umwandlungsprozesse selbst Energie brauchen, „fliesst" meist ein Teil der Energie zu „Dritten", was man dann – physikalisch betrachtet unkorrekt – als Energieverlust bezeichnet.

Betrachtet man nun diese Trans-Formationsprozesse etwas genereller, so sieht man, wie sich die drei nachhaltigen Prozesse und Kreisläufe durchdringen, indem sie in andere Themen-/Eigenräume hineinwirken und den nächsten Prozess sozusagen „anschieben". Der Prozess der physikalischen Energie betrifft alle drei Themen- und Eigenräume. Die sozialen Energien wiederum werden in zwei Themen- und drei Eigenräumen transferiert und die ökonomischen Energietransfers beschränken sich auf den Wirtschaftsraum und zwei Eigenräume. Die Austauschbewegungen erfolgen je gegenläufig, also zum Beispiel Nahrung oder Wärme gegen Geld etc.

Was nun die Prozesse je Dimension (ökonomisch, sozial etc.) einzeln betrifft, so erkennt man, dass es sich um drei Kreisläufe, die Geld-,

Wissens- und Wert-/Schadstoff-Kreisläufe handelt, die „ineinander verschachtelt" verlaufen. Diese Kreisläufe abstrakter als Energieumwandlungen zu betrachten ermöglicht es, in deren Durchdringung Verbindungen zwischen ihnen zu schaffen und sie ganzheitlich verstehen zu können.
Der Gesellschaftsraum nimmt dabei eine Mittelstellung ein, das heisst, bei ihm zeigen sich die Machtverhältnisse, die aus der Verfügungsmacht über Geld, physikalische Energien und Naturschätze resultieren. Diese Machtverhältnisse prägen die Lebensenergiebilanz, die sich im Laufe der Zeit verändert, weil sich der Anteil der ökonomischen, ökologischen und sozialen Energie verändert. Dieses Mischverhältnis prägt seinerseits das „Lebensgefühl" eines Menschen. Beim oben genannten Beispiel mit den drei „energetischen" Trans-Formationsprozessen handelt es sich um einen Wachstumsprozess („Wertschöpfung"). Vor Ort können aber auch Schrumpfungsprozesse auftreten („Schadschöpfung"). Zentralster und wirkungsmächtigster Gradmesser für eine optimale Energiebilanz ist der ganzheitlich verstandene Gesundheitszustand eines Menschen. Der menschliche Körper, sein Geist und seine Seele sind die subtilsten Sensoren. Folgendes fiktives Alltagsbeispiel zeigt die Zusammenhänge zwischen Räumen, Prozessen und Kreisläufen:

- Im individuellen Eigenraum (Privatleben): Konsumrausch verstopft die Wohnräume und die vielen konsumbezogenen Informationen immer mehr auch den Wissensraum. Der Mensch wird unzufrieden und überfordert.
- Im institutionellen Eigenraum/Unternehmen (Berufsleben, Betriebswirtschaft): Der unzufriedene Mensch beeinträchtigt die Atmosphäre im Team. Die Produktivität sinkt, weil er den übrigen Teammitgliedern soziale Energie „absaugt" und der Kunde wird schlechter behandelt, weil für ihn ebenfalls zuwenig soziale und ökonomische Energie „übrig bleibt". Das Profit-Center wird defizitär und lebt somit parasitär vom Gesamtfirmengewinn.
- Im Wirtschaftsraum (Volkswirtschaft): Dieser Unzufriedene und etwas träge gewordenen Konsument muss zwar wegen ökonomischem „Energieverlust" den Gürtel enger schnallen, definiert sich aber trotzdem über Konsum. So muss er – um das Konsumrauschniveau zu halten – auf den Kauf von Billigpro-

dukten umstellen. Diese überschwemmen den Markt und bedrängen ihn und gefährden gleichzeitig Arbeitsplätze. Die Berufstätigen werden verunsichert, unzufrieden im Kaufrausch und weil ihr Lohn zu sinken droht.

- Im Gesellschaftsraum: Durch Migration und Globalisierung wird immer mehr Fremdes eingeführt und der schon Unzufriedene nun auch kulturell bedrängt, fühlt sich nicht mehr daheim im eigenen Land. Die Unzufriedenheit nimmt auch politisch zu.
- Im Naturraum: Um das Konsumniveau von immer mehr Menschen zu erhöhen, steigt der Energie- und insbesondere Erdölverbrauch. Die Umwandlung in Wärme und Abgase führt zu Reaktionen des Restsystems. Die Natur wird ebenfalls unzufrieden und beginnt, sich anzupassen oder zu „wehren", sowohl auf dem Globus (zum Beispiel Klimawandel) wie auch beim einzelnen Menschen.
- Im Körper(-raum) des Menschen: Wuchernde Krebszellen und andere Krankheiten breiten sich aus, der Körper insgesamt wird „unzufrieden" und erkrankt. Die Krebszellen ziehen physikalische Energie ab, was den gesunden Zellen dann fehlt, diese schwächt etc.

Im Körper des Einzelmenschen zeigt sich der Prozess, der im Globalen abläuft, im Lokalen, zuerst mikroskopisch, dann makroskopisch. So reagiert der Einzelköper gleich wie der Kosmos: der Mensch steht in gleichnishaftem Verhältnis zu ihm, er und das Einzelne sind Ebenbild des Ganzen.

In einer lebensnahen Energiebilanz muss aufgezeigt werden, wo, bei welchen Energieformen und Orten die Wert- und Schadstoffe bzw. die Gewinne und Defizite sich ansammeln. Das besser zu erkennen, ist das Anliegen der Idee der Nachhaltigen Entwicklung. Was nun die Erneuerbarkeit der sozialen Energien angeht, so hängt diese von der Wahrnehmung und dem Wertsystem eines Individuums ab (Erwartungshaltung, „positives Denken"). Denn so, wie Masse/Materie nicht grundsätzlich ein Wert- oder Schadstoff *ist*, sondern erst durch eine gewisse Konzentration eines Stoffes an einem Ort während einer bestimmten Zeitdauer schädlich *wirkt*, so gibt es auch keine positive oder negative soziale Energie „an sich".

Der Kulturraum durchdringt (siehe Lebensraum-Gestaltungsfeld) den Eigenraum. Sein Wert-/Normsystem prägt die Wertung, die sich im

Materiellen monetär ausdrücken lässt. Diese Bewertung steuert das Verhalten, löst Handlungen oder Unterlassungen, Kauf oder Nicht-Kauf etc. aus. Das Wert-/Normsystem drückt seinerseits die Weltsicht, das Ich-Welt-Verhältnis aus: Das Ich steht dann „über" der Welt (Extremfall: Hyper-Individualist) oder „unter" der Welt (Extremfall: stetige Opferrolle). Im topisch-henadischen Raumverständnis ist es nun einfacher, Ganzheitlichkeit zu denken, weil alle drei Prozesstypen und alle Räume gleiches Gewicht haben.

In einer Lebensenergiebilanz werden diese Zusammenhänge berücksichtigt. Sensor ist der Mensch (Körper, Seele, Geist) und die Messgrösse heisst Atmosphäre, Klima. Diese Bilanz besteht dann aus drei Teilen:

- Ökonomische Energie: Monetär gemessene Bilanz und Erfolgsrechnung.
- Soziale Energie: Arbeitsklima, Konsumklima, Innovationsklima, Atmosphäre/Klima in Familie, Life-Work-Balance etc.
- Physikalische Energie: Erdatmosphäre, Klima in Arbeitsräumen, Klima in Wohnräumen, Körpertemperatur, Körpermasse/-gewicht etc.

Hier erkennt man, weshalb, wie oben erwähnt, in der japanischen Ortslogik dem Klima, der Atmosphäre eine so hohe Bedeutung zukommt. Wie nun können diese Überlegungen und Zusammenhänge aus dem individuellen Eigenraum in den institutionellen „gehoben" werden? Darauf soll in der Folge eingegangen werden.

*2.2.2.2 Trans-Formationsprozesse im institutionellen Eigenraum von Organisationen*

In den gängigen Vorstellungen über das betriebliche Prozessmanagement unterscheidet man grundsätzlich zwischen Primär- und Sekundärprozessen. In den Primärprozessen werden diejenigen Aktivitäten einer Wertkette betrachtet, welche einen direkten Beitrag zum Kundennutzen leisten. In der güterproduzierenden Industrie sind dies: Eingangslogistik, Produktion, Ausgangslogistik, Marketing/Vertrieb, Services. Den Sekundär- oder Supportprozessen wiederum sind jene Aktivitäten zugeordnet, welche die Ausführung der primären unterstützen: Beschaffung, Forschung & Entwicklung, Führung, Personal, Finanzen, Controlling.

Nach dem Modell des amerikanischen Wirtschaftswissenschaftlers Michael Porter werden bei den Sekundäraktivitäten Führung, Finanzen und Controlling nicht explizit aufgeführt, jedoch wird die Unternehmensinfrastruktur zusätzlich genannt. Das St. Galler Management-Modell wiederum geht einen Schritt weiter und fasst die Aspekte der Führung (von der Planung bis zum Controlling) in einer dritten Prozesskategorie zusammen, den Managementprozessen.[135] Die Primärprozesse materialisieren und vor allem monetarisieren sich sozusagen in den – in Sekundärprozessen entwickelten – konzeptionellen Informationen („Design") zum Markt hin, und zwar in steter Wechselwirkung beider Prozesskategorien, werden im Sinne von Görnitz kondensierte Information. Diese Prozessmodelle werden in der Theorie und Praxis meist zweidimensional nebeneinander dargestellt, selten in räumlichem Sinne miteinander in Beziehung gebracht.

Wenn man diese Parallel-Prozess-Überlegungen nun aber mit den obigen Gedanken über den Raum verbindet und am Beispiel des institutionellen Eigenraums vertieft, so kann man das Feld zwischen den Primär- und den Sekundärprozessen, als das Feld der (Wissens-) Kommunikation betrachten, was normalerweise mit dem Wort „Unternehmenskultur" bezeichnet wird. Wie die nächste Abbildung darstellt, „pflanzt" sich das konzeptionelle, geistig-verbale „Design" (Strategie, Struktur etc.) des Unternehmens sozusagen in den Supportprozessen weiter und wird mittels den Denk- und Handlungsprozessen der beteiligten Menschen im seelisch-emotionalen Kulturfeld in das „Design" der physisch-nonverbalen Primärprozesse übertragen (Design des Produktionsbereichs und der Produkte). So gestalten die den Arbeitsmarkt, „Wissensmarkt" und Finanzmarkt prägenden sozialen und ökonomischen Energien das Design der Produktion, des Marketings etc. und deren materielle Gestalt (physikalische Energie) mit – und umgekehrt.

Im Sinne der oben skizzierten, ganzheitlich-nachhaltigen Weltanschauung der topisch-henadischen Raumvorstellung dürfen die Prozessstufen jedoch nicht isoliert betrachtet werden. Wie nachfolgende Abbildung zeigt, sind diese einerseits „eingebettet" in die hier kugelförmig dargestellte Mitwelt des institutionellen Eigenraumes und andererseits in die Themenräume der Nachhaltigkeit der topisch-henadischen Raumvorstellung, was aus Platzgründen in der Abbildung weggelassen werden muss. Aus dieser Mitwelt werden die ökonomischen, sozialen und physikalischen Energien sowie Materie und Information „beschafft", weshalb die Pfeile über die Ränder des institutionellen Eigenraumes hinausreichen.

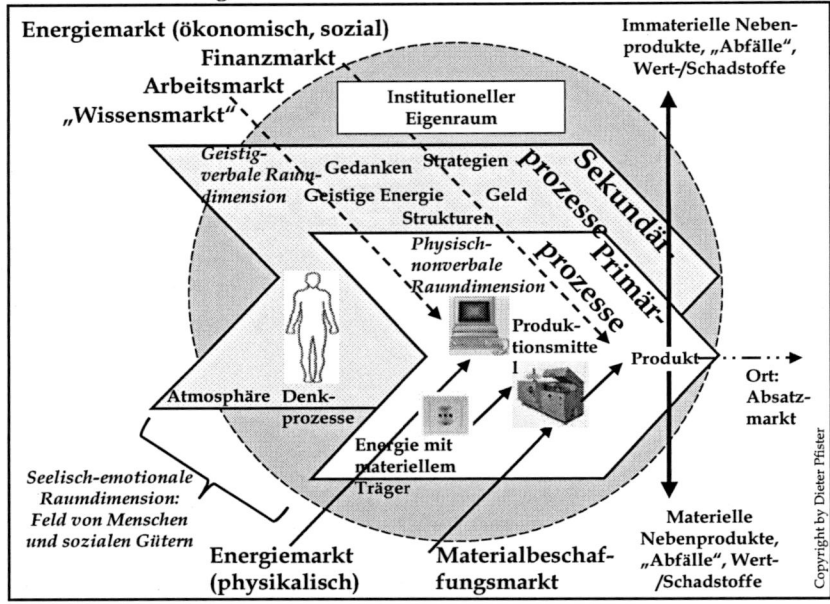

*Abbildung 24: Primär- und Sekundärprozesse, die als Parallelprozesse das Feld der Unternehmenskultur flankieren*

Wie aber kann man sich den Brückenschlag zwischen den beiden Prozesskategorien vorstellen? Im Unterschied zu vielen gängigen Prozessmodellen, welche die Brücke zum Menschen, zum verantwortlichen Individuum und dessen Prozessabläufen nicht direkt schlagen, soll hier der Mensch zentral wirken. Anders als beim St. Galler Management-Modell liegt nämlich der Fokus auf dem ganzheitlich-nachhaltig denkenden Menschen als verantwortliches und gebildetes Individuum.

Der Brückenschlag zwischen den Prozesskategorien und zum Menschen erfolgt nun über den Denkprozess. Hier kann an die St. Galler Überlegungen zu den Managementprozessen angeknüpft werden. Indem sie eine „zweckorientierte soziotechnische Organisation"[136] gestalten, lenken und entwickeln, vernetzen sie die Geschäftsprozesse mit den Unterstützungsprozessen. Den Kernprozess dieses Managementprozesses stellt aus der Sicht dieser Studie der Denkprozess dar.

Die im Grundmodell des ganzheitlich-nachhaltigen Managements dargestellte Analogie zwischen den Transformationsprozessen in den Eigenräumen kann man sich folgendermassen vorstellen: Im individuellen Eigenraum der Familie und des Privaten gibt es ebenfalls diese doppelte Prozessführung, also Primärprozesse (Leistungserstellung im Privatleben) und Sekundärprozesse (Unterstützendes, Konzipierendes). Dem Feld der Unternehmenskultur in der Firma entspricht im individuellen Eigenraum die persönliche, familiäre und partnerschaftliche Kultur oder Bildung des Menschen.

So gesehen können die betrieblichen Funktionen auch ins Private übertragen werden, ohne dass man damit einem Ökonomismus das Wort redet. Denn jeder Mensch konzipiert, produziert, nutzt und recycelt auch ausserhalb des Berufslebens und muss sich über sein „Marketing" und seine „Logistik" etc. Gedanken machen. So kann festgestellt werden, dass die Prozessvorstellung sowohl im institutionellen, als auch im individuellen Eigenraum wirksam ist.

Was aber passiert ausserhalb der Eigenräume? Wie können die Prozesse in Wirtschaft, Gesellschaft und Natur berücksichtigt und antizipiert werden? Um das zu erreichen ist ganzheitlich-nachhaltiges Denken erforderlich, Selbstreflexion und Persönlichkeitsbildung – denn dafür hat der Mensch seine Geistesgabe erhalten – oder mit Görnitz: *„Die Notwendigkeit, alle diese Beziehungen zur Umwelt und besonders die zum sozialen Umfeld präsent zu haben und zu bearbeiten, hat beim Menschen die Bewusstseinsbildung so angeregt, dass sie bis zur Herausbildung des reflexiven Bewusstseins geführt hat."*[137] Und nochmals: Im Denken durchdringt der Mensch die Welt – und umgekehrt.

Auf die modellmässigen Voraussetzungen dafür, diesem persönlichkeitsbildenden Denkprozess mehr Beachtung verschaffen zu können, soll nun ausführlich eingegangen werden.

### 2.2.2 In-Formationsprozesse

*2.2.2.1 In-Formationsprozesse im Selbst-/Körperraum: Human Spacing*

Die Schöpfung der Form und Gestalt im Gestaltungsprozess zeigt die Schöpfung des Denkens – es ist hier ein doppelter, analog verlaufender, sich gegenseitig durchdringender Formationsprozess zu beobachten. Wie schon im zweiten Band der Trilogie ausführlich dargestellt,[138] heisst Denken aktives Schalten und Walten mit den eigenen Vorstellungen, Begriffen, Erinnerungen, Erwartungen, Gefühls- und Willensregungen etc. mit dem Ziel, eine zur Meisterung einer Situation brauchbare Direktive zu gewinnen, eine Entscheidung zu fällen, um handeln zu können. Denken kann unter Anderem als stummes, unbeobachtetes, innerliches Sprechen und Reden als lautes Denken verstanden werden, womit „Denken" nahe an den Begriff der Kommunikation geführt wird (siehe später), nämlich einerseits zur intra- und andererseits zur interpersoneller Wissenskommunikation. Im Denkprozess sind also die Prozesse des Entscheidens, der Wissenskommunikation und intuitionsgestützter Prozesse verortet. Alle diese Aspekte sind untrennbar miteinander verbunden und nicht als ein Nach- oder Nebeneinander von Prozessen zu verstehen.

Denkart und Denkraum
Man kann idealtypisch verschiedene Arten des Denkens unterscheiden, so zum Beispiel konvergentes und divergentes Denken. Beim konvergenten Denken greift der Denkprozess auf bereits Gedachtes und Erlebtes zurück und kommt so zu neuen Erkenntnissen. Das Vorgehen ist logisch, planmässig und streng rational, sucht die eine, richtige, vernünftige Lösung für ein Problem. Beim divergenten Denken ist das Vorgehen offen, unsystematisch, spielerisch, geht davon aus, dass es mehrere Lösungen für ein Problem gibt. Der Denkprozess führt zu innovativen Resultaten, weil der Gegenstand in einer Art und Weise betrachtet wird, die nicht üblich ist. Daher eröffnen sich neue Sinneszusammenhänge und ermöglichen so eine unerwartete, einmalige Lösung des Problems.
Weiter kann man kohärentes und inkohärentes Denken beobachten. Letzteres stellt das normale Denken im Alltag der Gesellschaft dar. Es geht in alle möglichen Richtungen, Gedanken widersprechen sich und heben sich gegenseitig auf. Beim kohärenten Denken werden die Differenzen zwischen Erwartungen und Handlungen, Denken, Reden und Handeln beseitigt (siehe später). Ferner wäre der Vernetzungsgrad des Denkens zu betrachten, meist verstanden als Denken in Kreisläufen und Relationen, das auf einem retivpolyzentrischen Systemmodell basiert.
Weiter gibt es im Blick auf Denkarten vor allem in der populären Management-Literatur verschiedene Modellvorstellungen, so etwa

das „6-Farben/Hüte-Modell" des britischen Mediziners und Psychologen Edward de Bono.[139] Bei diesem Denken soll vermieden werden, dass jemand bei einer einzigen Denkweise bleibt, normalerweise dem schwarzen Hut, der vor Risiken und Gefahren warnt.[140] Schliesslich kann man ein sogenanntes „Bild- und ein Textdenken" unterscheiden, Denkarten, die mehr bildlich oder mehr verbal sprachlich aufgebaut sind. Der in dieser Studie vorgeschlagene Ansatz müsste in diesem Zusammenhang eher als „Raumdenken" bezeichnet werden.

Denken als „aktives Schalten und Walten" kann man sich demnach modellhaft als Prozess in einem Raum vorstellen, dem Denkraum, bei dem unterschiedliche Dimensionen zu unterscheiden sind, nämlich dessen Reflexionshöhe (Zweck- bis Umsetzung), dessen -breite (Einbezug aller Eigen- und Themenräume) und die Reflexionstiefe (Zeit: Erinnerung, Vergangenheit, Zukünftig zu Tuendes).

Wie nachfolgende Abbildung zeigt, durchdringt der Denkraum die Eigen- und Themenräume (Achse unten im Bild) und ist eingebettet im Zeit-Raum/Sphärenraum. In einer Institution durchdringt dieser letztgenannte „Raumteil" der topisch-henadischen Raumvorstellung den Denkraum, bestimmt die Ausrichtung des Denkraums, die Orientierung, dessen Seele. Der Ort, wo das Denken stattfindet, ist der Selbst-/Körperraum, der wie auch der Lebensraum aus Gründen der Übersichtlichkeit in der Abbildung nicht erscheint. Der Denkraum ist räumlich ausgedehnter als der Selbst-/Körperraum und der Lebensraum.

Das nicht-nachhaltige Denken zeichnet sich durch Verkürzungen in allen drei Dimensionen aus. So können Zweckbetrachtungen aus dem Blickfeld fallen. Indem nämlich nur über Ziele gesprochen wird, Ziel und Zweck also gleichgesetzt werden, kommt es dazu, dass Ziele zum Selbstzweck werden, die Frage nach Sinn und Zweck unbeantwortet bleibt und sich damit das Gefühl der Sinnlosigkeit verbreitet. Weiter werden oft die Themenräume ausserhalb der Wirtschaft ignoriert und der Zeithorizont nur eng betrachtet, und zwar was Vergangenheit und Zukunft betrifft. Diese Beschränktheit des Denkraumes zeichnet den „Halbgebildeten" aus und wird leider oft mit dem Begriff des Pragmatismus „geadelt" und mit allgemeiner Zeitknappheit begründet.

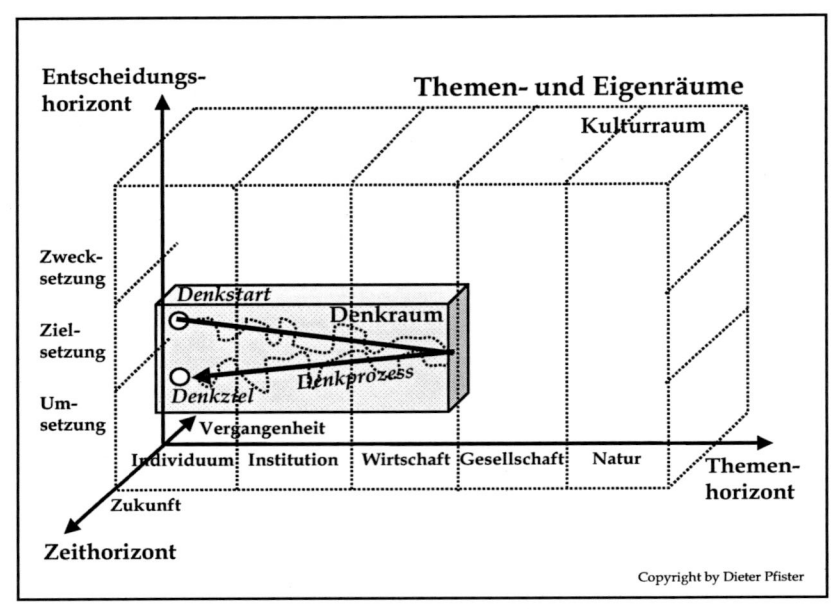

*Abbildung 25: Denkprozess im nicht-nachhaltigen Denkraum*

Ein ganzheitlich-nachhaltiger Denkprozess jedoch geht, wie die nächste Abbildung darstellt, weiter. Er umfasst im Idealfall alle Themenräume, hat einen tieferen Blick in die Zeit und integriert stets die Zweckebene, indem er den Zeit-Raum/Sphärenraum berührt, die Prinzipien der Einheit und Ganzheit aufspürt und im Erkennen des Unvermögens, das Ganze zu Denken in jener „äussersten" Raumsphäre auch die Grenzen des Denkraums, des Denkbaren erreicht.

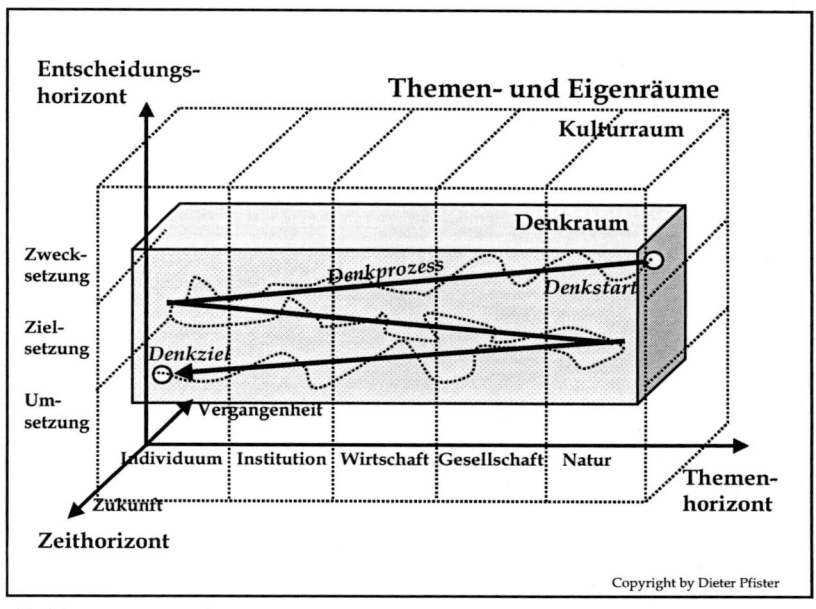

*Abbildung 26: Denkprozess im ganzheitlich-nachhaltigen Denkraum*

Ganzheitlich-nachhaltiges Denken ist demnach recht anspruchsvoll, setzt eine hohe Sensibilität voraus und eine Haltung, die Komplexität als Chance und nicht als Bedrohung betrachtet. Der Komplexität „ins Auge zu schauen" ist schwieriger, als einem simplifizierenden Reduktionismus nachzuleben, der nicht selten aus Angst vor Versagen gegenüber Komplexität zu Überheblichkeit und Rechthaberei im Sinne eines „Banal-Pragmatismus" führt.

Bedeutung der Persönlichkeitsbildung
Ganzheitlich-nachhaltiges Denken kann zu Demut und Bescheidenheit führen. Und wenn der Hang zu banalisierenden Vereinfachungen meist Halbbildung, seltener Halbwissen verrät, setzt ganzheitliche Nachhaltigkeit Persönlichkeits- und Herzensbildung voraus, die, wie in der genannten eigenen Studie ausführlich dargestellt[141], als Gestaltung des Eigenraumes und Selbst-/Körperraums verstanden werden soll. Sie führt zu einem bewussten Gestalten des Denkraumes, der Denkhaltung, der Denkwege und der weiterführenden Prozesse hin zu einem ganzheitlich-nachhaltigen Denken (siehe später). Diese

Eigenraumkonstituierung setzt Selbstreflexion voraus und auch das Nachdenken darüber, aus welchen Elementen dieser Eigen-, Selbst- und Körperraum und die ihn konstituierenden Prozesse eigentlich bestehen. Es gilt also, über das Denken nachzudenken.

Wie nun konstituiert sich die Persönlichkeit im Eigenraum? Bezüglich sozialen Gütern wurde dies in der Studie über „Raum – Gestaltung – Qualität" (Pfister, 2004/1) ausführlich dargestellt und in jener über „Wissen – Bildung – Qualität" (Pfister 2005/1) im Blick auf Menschen erweitert. Ausgehend von der Theorie der Ortlogik des japanischen Philosophen Kitaro Nishida und in Weiterentwicklung der Ideen zum Prozess der Raumkonstituierung[142] wird der Raum als topisch-henadisch verstanden und strukturiert. Wie die nachfolgende Abbildung zeigt, sind die drei Hauptdimensionen des Raumes als sich durchdringende, konzentrische „Kugeln" dargestellt, aber nur aus analytischen Gründen getrennt gezeigt, denn sie fallen in der „Reinen Erfahrung" (Nishida), also im Leben und Erleben, ineinander. [143] Die Lebewesen und Dinge zeigen sich dem Menschen in den drei Hauptdimensionen des Raumes. Der umfassende, seelisch-emotionale Kugelraum kann ebenfalls strukturiert werden, und zwar in konzentrische Sphären, die sich von aussen nach innen durchdringen. Die umfassendere Kugel stellt implizit die Voraussetzungen für die nächste Kugel dar.

Je grösser die Kohärenz zwischen den drei Hauptdimensionen des Raumes ist, desto höher wird die Qualität des Denkens und dessen Resultate, was sich in der Persönlichkeitsbildung manifestiert. Diese Qualität zeigt sich in der Kohärenz der Relationen der Explikate zueinander, so zum Beispiel – in der von innen her gesehen zweiten Kugel – in der Höhe der Kohärenz der Beziehungen zwischen den Weltbildern, in der Lebensgestaltung und in den Lebensthemen. Das heisst, der Persönlichkeit liegen im Kern implizit Vorstellungen über „die Welt" (Weltbilder) zugrunde – weshalb in dieser Studie auch viel Wert auf die Reflexion darüber gelegt worden ist. Je mehr Kohärenz hier vorhanden ist, desto mehr ist der Mensch mit sich „im Reinen", „ganz in sich ruhend", was als Voraussetzung für Gesundheit gesehen werden kann. Die nächste Abbildung zeigt die Zusammenhänge.

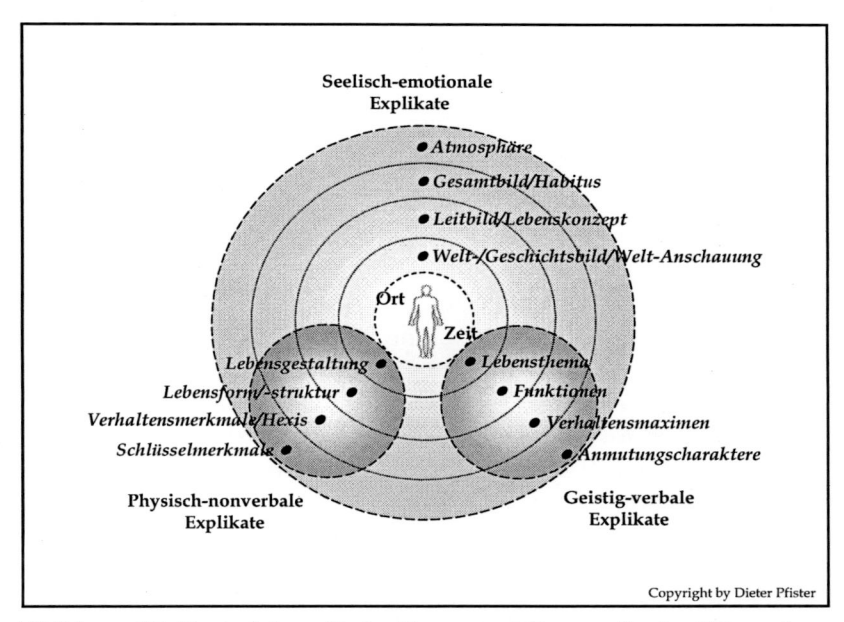

*Abbildung 27: Topisch-henadische Raumvorstellung mit vier Dimensionen (3 Hauptdimensionen und Dimension Zeit), nach: Pfister, 2005/1, S. 181*

Was nun die sogenannten Explikate betrifft, so sind dies Möglichkeiten, in denen sich die menschliche Persönlichkeit ausdrückt, eben expliziert. Je nach Denkweg (siehe später) nimmt man zunächst die Gesamtausstrahlung wahr, die Atmosphäre, die Stimmung, in der sich ein Mensch befindet, erhält so einen Eindruck des Ganzen und setzt das Einzelne dazu in Beziehung. Oder aber man analysiert gleich das Einzelne, seine Schlüsselmerkmale (Form, Farbe etc.), das, was ein Mensch sinnlich-wahrnehmbar ausdrückt. Da man das ja sieht, hört riecht, ertasten und relativ einfach beschreiben kann, legt man oft mehr Wert darauf, zu analysieren, was dies alles für Eindrücke hinterlässt, wie es einen anmutet. Je tiefer man dann eine Persönlichkeit analytisch durchdringt, desto grösser wird das Verständnis. Im Kern erkennt man dann die Weltanschauung oder Weltbilder, die einen Menschen und sein Denken, Reden und Handeln prägen. Wie obige Abbildung zeigt, kann man sich diesen Denk- und Wahrnehmungsprozess spiralförmig vorstellen (siehe Spirale in Bildmitte).

Wie unterscheiden sich nun Menschen in ihrem Verhalten im Denkraum, oft als Einstellung bezeichnet? Darauf soll anschliessend eingegangen werden.

Denkwege, Denkzeit und Denkprozessstufen
Bei der ganzheitlich-nachhaltigen Denkhaltung wird vom Ganzen ausgegangen, von der Atmosphäre (siehe in nächster Abbildung den spiralförmigen Prozess, der zunächst auf diese zielt) ausgegangen, um dann das darin Implizite schichtweise aufzuspüren. Man lässt das vor Ort Anwesende allseitig auf einen wirken, setzt sich in den Lebensraum, der einen durchdringt und (be-)stimmt. Nicht-nachhaltige Denkwege wiederum sind verkürzt und bewegen sich oft gleich auf die Sphäre des Physisch-nonverbalen zu (siehe in der nächsten Abbildung den nach unten weisenden geraden, gestrichelten Pfeil). Sie erkennen zunächst die Schlüsselmerkmale des sinnlich Wahrnehmbaren, charakterisieren verbal deren Anmutung, machen sich ein Bild von Verhaltensmerkmalen, Funktion und Gestaltung des Erlebten. Die übrigen aufgeführten Explikate werden öfters kurz oder gar nicht verarbeitet.

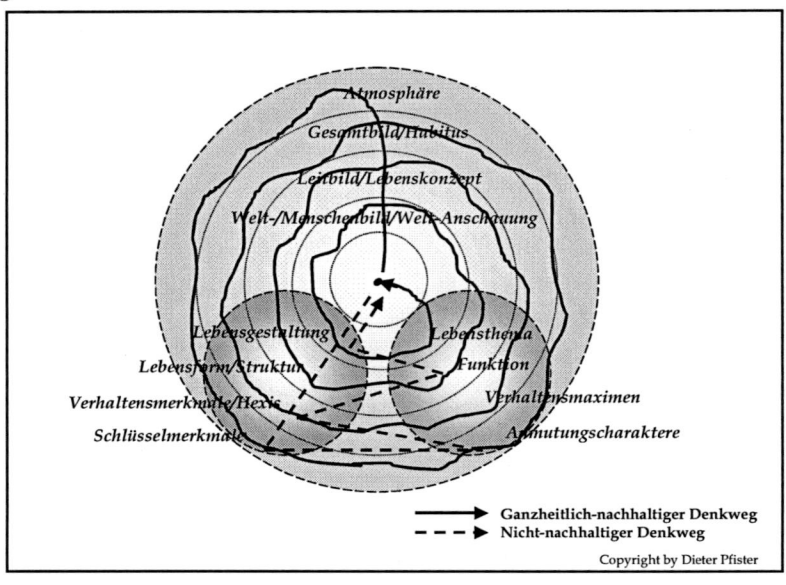

*Abbildung 28: Nachhaltige und nicht-nachhaltige Denkwege in der Wahrnehmung von Raum und dem sich darin Befindlichen*

Auf diesen Wegen wiederholt sich der Denkprozess immer wieder in seinen Phasen, die folgendermassen strukturiert werden können:
- Wahrnehmen/Vorstellen: Analyse,
- Erinnern/Bewerten: Einordnung, Bewertung,
- Schlussfolgern/Planen: Konzeption,
- Entscheiden/Handeln: Umsetzung, Produktion, Nutzung (für sich) und Recycling (für andere) und
- Erneutes Überdenken: Kontrolle.

Hier zeigt sich, dass der Denkprozess vergleichbar ist mit den Prozessvorstellungen der gängigen Management-Modelle, insbesondere mit dem Managementprozess.

Betrachtet man nun den Zusammenhang der Denkbewegungen in der Echtzeit, so ergibt sich ein spiralförmig ineinander verflochtenes Gebilde, wie es in der nächsten Abbildung skizziert ist. Die im Zentrum der Abbildung des topisch-henadischen Raumverständnisses eingezeichnete Spirale kann, in der Echtzeitachse betrachtet, zu einer Art Wellenverlauf „auseinander gezogen" werden. Um die grosse Wellenbewegung des Ausgreifens und Zurückkommens des Denkens bezüglich den Themen- und Eigenräumen schlingen sich die „kleinen Spiralbewegungen" der Ganzheitlichkeit und darum herum schliesslich die Spiralbewegung des Denkprozesses in einem abstrakten, grundsätzlichen Sinne des genannten Prozessverlaufs vom Wahrnehmen bis zum Handeln. In welche grundsätzliche, nur durch langfristige Beobachtung erkennbare Richtung das Denken sich bewegt, ist gegeben durch Intuition.

*Ganzheitlichkeit:*
Bewegung zwischen den
drei Hauptdimensionen
des Raumes: Seele-Körper-
Geist

Echtzeit

Intuition

*Nachhaltigkeit:*
Bewegung im
Themenraum: Natur,
Gesellschaft,
Wirtschaft und im
institutionellen und
individuellen
Eigenraum

*Prozesshaftigkeit:*
Bewegung in der Zeit als intra- und
interpersoneller Kommunikationsprozess:
Wahrnehmen/vorstellen, erinnern/bewerten,
schlussfolgern/planen, entscheiden/handeln

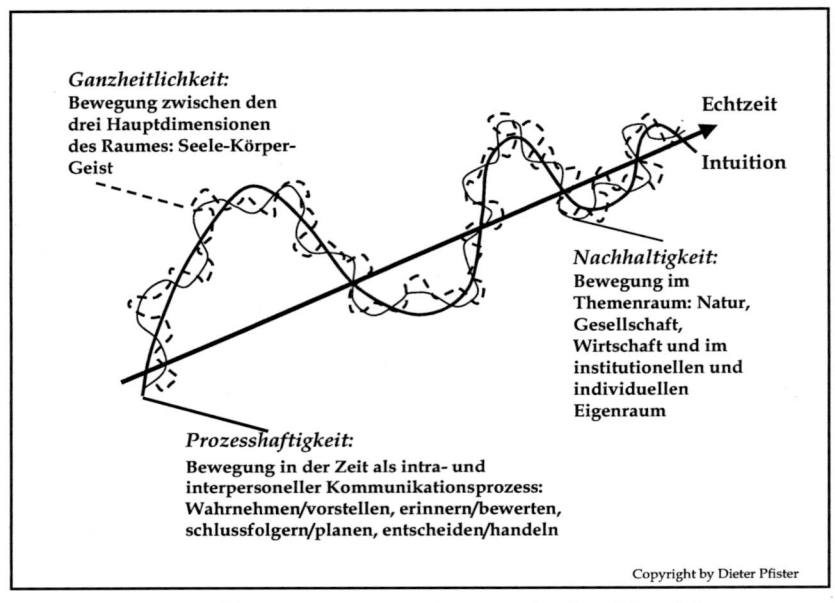

Copyright by Dieter Pfister

*Abbildung 29: Denkbewegungen im Echtzeitverlauf und Intuition*

Die nächste Abbildung zeigt nun den Denkprozess als Kernprozess des Managementprozesses in seinen zentralen Phasen. Er geht stets vom Erleben einer Situation an einem Ort aus, kann sich dann aber in seiner ganzheitlich-nachhaltigen oder nicht-nachhaltigen Ausprägungen deutlich unterscheiden. Im zweit-genannten Fall (rechte Spalte in Abbildung) springt das Denken, wie in der vorletzten Abbildung gezeigt, gleich ins Detail, betrachtet Einzelheiten wie etwa Schlüsselmerkmale. Im ganzheitlichen-nachhaltigen Denken geht man vom Ganzen, von der Atmosphäre aus und lässt beides auf sich wirken.

Diese Unterschiede haben viel mit dem Aufwand an Zeit und Sorgsamkeit zu tun. Denn in den einzelnen Denkprozess-Phasen kann man unterschiedlich lang verharren. Der Eine ist stark im Wahrnehmen, der Andere hat ein phänomenales Gedächtnis, der Dritte durchschreitet rasch die ersten Phasen und kommt schnell zum Handeln etc.

| Stufen des Denkprozesses | Ganzheitlich-nachhaltig | Nicht-nachhaltig |
|---|---|---|
| Erleben | Im Ganzen, im Leben sein und fliessen | Sich vom Ganzen/Leben ein Bild machen |
| Wahrnehmen / Vorstellen Anschauen des Objekts/Raums, begreifen und Begriffe festlegen | Ganzheitliches Aufnehmen der Signale (Körper-Seele-Geist), Begriffsfelder überblicken | Selektive Wahrnehmung mit Fokus auf materiell/monetäre oder immaterielle Ebene. Enge Begriffsführung |
| Erinnern / Bewerten Erlebtes / Erfahrenes erinnern, Gegenwärtiges damit vergleichen | Weiter Zeithorizont, das Gegenwärtige/Künftige vor dem Hintergrund der Erfahrungen bewerten | Engerer Zeithorizont, starke einseitige Zukunfts-, Gegenwarts- oder Vergangenheitsorientierung |
| Schlussfolgern / Planen Ausbreiten der Gedanken und anschliessende Verengung auf Lösung | Weiter Denkraum, alle Themenräume durchschreiten und Zweckebenen berücksichtigen | Begrenzter Denkraum, einseitige Zielorientierung mit weniger Sinn-Zweck-Reflexion |
| Entscheiden / Handeln Entscheiden, Information objektivieren / materialisieren, Fakten schaffen, umsetzen | Fokus auf langfristige Systemerhaltung, Maximen des nachhaltigen Managements beachten | Fokus auf kürzere Bemessungsfristigkeit bei Bedürfnisbefriedigung und Erfolg. Selbstverwirklichung beachtend |
| Erleben | Im Ganzen, im Leben sein und fliessen | Sich vom Ganzen/Leben ein Bild machen |

Copyright by Dieter Pfister

*Abbildung 30: Stufen ganzheitlich-nachhaltiger und nicht-nachhaltiger Denkprozesse*

Besonders viel Zeit und Sorgfalt muss aus ganzheitlich-nachhaltiger Sicht der ersten Phase des Denkprozesses zukommen, denn dort werden die Grundlagen gelegt, dort geht es um die wichtige Frage des Begriffsfeldes, worauf nun eingegangen wird.

Denken und Wissen: Ganzheitliche Begriffswelt
Begriffe können als Knotenpunkte in einem retiv-polyzentrischen Systemmodell verstanden werden oder als Orte, Begriffsfelder im retiv-topischen Sinne.[144] Dem Ort im Lebensraum entspricht der Ort im Raume der Behauptungen und Gründe[145], weshalb Löw das Spacing auch und vor allem als das Plazieren von Informationen bezeichnet und als Prozess versteht.[146] Spacing soll hier also betrachtet werden als Plazierung im Raum der Gründe (siehe später).
Es ist interessant zu beobachten, wie im Laufe des 20. Jahrhunderts eine schleichende Aufspaltung von ehedem breiter gefassten Begriffen erfolgt ist, und zwar stets in Richtung der Reduktion auf den sinnlich wahrnehmbaren Ausdruck, also einer „Ein-Dimensionalisierung" und

121

„Materialisierung". So zum Beispiel verengte sich das Wahrnehmen des Gehaltes bei den Begriffen
- Wertschöpfung, Gewinn, Reichtum auf monetär Messbares
- Bildung auf Fachwissen
- Kultur auf Kunst
- Energie auf Strom etc.

Begriffe, verstanden als Orte in einem ganzheitlich wahrgenommenen Raum der Gründe, können aber ebenfalls prozesshaft als Kontinuum betrachtet werden, welches die polaren Ausprägungen eines Begriffes feldhaft verbindet und mit Nachbarbegriffen in Beziehung bringt. Nachfolgende Abbildung zeigt die Zusammenhänge.

| Begriff | Materielle Dimension des Begriffsfeldes | Immaterielle Dimension des Begriffsfeldes | Gegenbegriff |
|---|---|---|---|
| Kultur | Werke der Kunst, Literatur, Musik bewertet in CHF | Religiöse, philosophische Wissensbestände | Barbarei |
| Wertschöpfung | Schaffung von Wert für den Kunden in Form eines Produktes/einer Dienstleistung gemessen in CHF (z.B. Versicherung) | Schaffung von immateriellen/kulturellen Werten durch Produkte/Dienstleistungen (z. B. Sicherheit) | Schadschöpfung |
| Gewinn | Differenz von Aufwänden und Ertrag in einem Geschäftsjahr in CHF | Immaterieller Gewinn (z.B. Erkenntnisgewinn, Lustgewinn) | Verlust |
| Wachstum | Steigerung des Umsatzes, Ertrages, Brutto-Sozialproduktes, Mass = CHF | Steigerung der geistigen/seelischen Fähigkeiten (Bildung), Steigerung der Sozialkompetenz | Schrumpfung |
| Reichtum | Viel materielle Güter besitzen (z.B. Geld, Häuser, Kleider, Autos), Mass = CHF | Viele immaterielle Güter besitzen (z.B. Wissen, Familienglück, Gesundheit) | Armut |

Nachbarbegriffe
Nachbarbegriffe

Copyright by Dieter Pfister

*Abbildung 31: Ganzheitlich-nachhaltiges Begriffsfeld*

Manche Diskussionen würden in Wirtschaft und Politik anders verlaufen, wenn man zum Beispiel die in der obigen Abbildung aufgeführten Begriffe umfassend definieren würde.

Zum Abschluss dieser Betrachtungen über den Denkprozess soll nun auf den Zusammenhang zwischen dem Denken, Entscheiden und Handeln eingegangen werden.

Denken und Entscheiden: Handeln
Denken hier also verstanden als „Kernprozess" des sogenannten Managementprozesses, ist implizit in allem Entscheiden und Kommunizieren präsent. Der ganzheitlich-nachhaltige Kommunikationsbegriff sieht diese zwei Aspekte nicht als sich gegenüberstehende Begriffe, sondern als sich feldhaft durchdringende. Das Denken ist ein permanenter bewusster Entscheidungsprozess: Im Wahrnehmen entscheidet sich, was wahrgenommen werden soll, dann, welche Begriffe damit verbunden werden können, welche Erinnerungen aufkommen sollen und welche Handlungen erfolgen müssen. Das Denken, die Reflexion vermisst so den Denkraum, oder wie Görnitz schreibt: „Aus physikalischer Sicht stellt sich die Reflexion als Messvorgang dar. Der Quantenprozess, der sowohl bewusste als auch unbewusste Anteile umfasst, wird unterbrochen durch die Fragestellung nach dem, was im Moment in ihm vorgeht. Das Stellen einer solchen Frage, ihre Formulierung, gehört physikalisch gesehen zum Bereich der klassischen Physik, da damit ein Faktum gesetzt wird."[147]
In diesem „In-Frage-stellen" wird der Mensch zum Betrachter und Beobachter. Er identifiziert Themen, in ihnen expliziert sich das implizite Ganze des unteilbaren Lebens vor Ort. Deshalb übrigens beginnen alle Spacing-Prozesse mit dem Themenaspekt (siehe später). Im nicht-bewussten Teil des Denkprozesses, der Intuition, wird die Verbindung zum Zeit-Raum/Sphärenraum „hergestellt". Hier gibt die Seele intuitiv Orientierung.
Betrachtet man nun einen Entscheidungsprozess genauer, so zeigt die nächste Abbildung den Unterschied zwischen dem klassisch-nachhaltigen (siehe Nachhaltigkeits-Management) und dem ganzheitlich-nachhaltigen Entscheiden. Oben im Bild wird der Entscheidungsprozess als ein Optimieren des Austauschprozesses von Anspruchsgruppen dargestellt, die meist als Maximalforderungen formuliert werden. Jede Gruppe bringt ihre Vorstellungen ein und zwar in Form eines Verkaufsgespräches. Dies beeinflusst oft schon den Beginn des Entscheidungsprozesses stark. Der sich ausbreitende Ökonomismus hat nämlich dazu geführt, dass in immer mehr Lebensbereichen die zwischenmenschlichen Beziehun-gen als Kundenbeziehungen betrachtet werden: Die Schüler sind Kunden der Lehrer, die Kinder Kunden der Eltern geworden. Im Unternehmen wiederum werden viele Diskussionen zu Verkaufsveranstaltungen,

bei denen die Ideen attraktiv verkauft werden müssen. Dazu bemerkt der Schweizer Marketing-Wissenschaftler Christian Belz kritisch: „Bereits 1985 meinte Neil Postman: „Mit ‚Schnellschüssen' wird das Niveau laufend gesenkt. <...> Wir vergnügen uns zu Tode. Er schilderte in seinem Buch, wie sich die sprach- und lesedominierte Gesellschaft zur bilddominierten Unterhaltungsgesellschaft entwickelt. Diesen Prozess ermöglichte im Management besonders Power Point."[148]

So werden die Mitarbeitenden der eigenen Firma zu internen Kunden, die man umwerben und bei denen man für die eigenen Anliegen Akzeptanz schaffen muss. Sie werden als Gegenüber verstanden – es besteht kein gemeinsames Feld, von dem man durchdrungen ist. Nachhaltigkeit wird hier „von aussen", vom Nachhaltigkeits-Verantwortlichen eingebracht. Die Diskussion ist um einiges länger und am Schluss entsteht oft eine allseitige Verlust-Frustration, denn alle haben, verglichen mit ihren Maximalforderungen, verloren.

Anders verläuft der ganzheitlich-nachhaltige Entscheidungsprozess (nächste Abbildung, unten im Bild). Gebildete Unternehmer und Manager berücksichtigen schon zu Beginn des Denk- und Entscheidungsprozesses die Anliegen des Ganzen, machen keine egoistischen Vorschläge. Dadurch wird die Verkaufssituation überwunden und ein Dialog möglich, denn man befindet sich im gleichen (Eigen-)raum. Ergänzungen der eigenen Ideen durch andere Anwesende und Andersdenkende werden als Bereicherung und Verbesserung verstanden, nicht als „Verlustgeschäft" und „Dreinreden". Diese Andersdenkenden können sich auch hier als Gruppen organisieren, wobei der Begriff der „Anspruchsgruppen" wohl nicht verwendet werden sollte, denn der Andere ist kein Gegenüber, sondern befindet sich im gleichen Feld.

So kann der Entscheidungsprozess effizienter und effektiver, kürzer und qualitätvoller werden und in besserer Atmosphäre stattfinden. Nachfolgende Abbildung zeigt die Zusammenhänge.

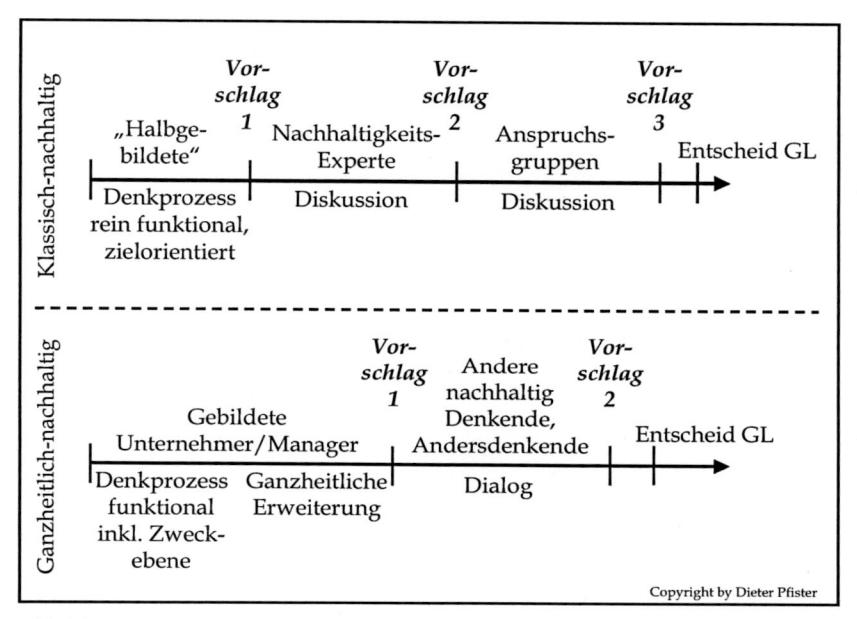

*Abbildung 32: Klassisch-nachhaltiger (oben) und ganzheitlich-nachhaltiger Entscheidungsprozess (unten)*

Denkprozess und Human Spacing
Das Nachdenken über den Denkraum, sein besseres Verständnis, ist Voraussetzung für eine bewusste und ganzheitlich-nachhaltige Gestaltung des eigenen Denkraumes. Ihn zu formen bedeutet, wie oben dargestellt, Persönlichkeitsbildung/-entwicklung, Entwicklung des Selbst-/Körperraumes, was hier als Human Spacing bezeichnet werden soll. Es ist untrennbar verbunden mit den Spacing Prozessen im Lebensraum und zeigt die Persönlichkeit des Raumeigners im Raum.

Nachdem die Auswirkungen des topisch-henadischen Raumverständnisses und der ganzheitlichen Nachhaltigkeit auf die Denkprozesse im Selbst-/Körperraum dargestellt worden sind, gilt es nun, auf diese zweite Gruppe von Spacing Prozessen, vor allem das Private und Corporate Spacing einzugehen.

## 2.2.2.2 In-Formationsprozesse im Lebensraum: Private und Corporate Spacing

In der obigen grafischen Darstellung des Grundmodells des ganzheitlich-nachhaltigen Managements durchdringt der Lebensraum sowohl die individuelle, als auch die institutionelle „Etage" des umfassenderen „Eigenraum-Kubus". Wenn am oberen Ende dieses „Zylinders" in der Kopfgegend der skizzierten menschlichen Figur die Denkprozesse eingezeichnet sind und ein senkrechter Pfeil nach unten zum Ort und nach oben zu den nicht-lokalen Räumen weist, so ist damit gemeint, dass die beiden In-Formationsprozesse verstanden als Lebensraum-Gestaltungsprozesse untrennbar miteinander verbunden sind. Je mehr der denkende Mensch sich in den Ort „versenkt", ihm seinen Aufmerksamkeit widmet, ihn denkend durchdringt, desto mehr durchdringt er damit das, was im Lokalen implizit vom Nicht-lokalen präsent ist und mit dem nach oben weisenden Pfeil angedeutet wird.

Wenn nun der Mensch handelt, gestaltet er den Lebensraum im individuellen und institutionellen Sinne mit, verändert ihn, was – wie oben erwähnt – untrennbar mit energiebezogenen Trans-Formationsprozessen im Eigenraum verbunden ist und im Sinne der Ganzheitlichkeit dort eben alle drei Energieformen betrifft und verbindet.

Die Äquivalenz von Information und Masse/Materie zeigt sich prozesshaft verstanden in der analogen Struktur des Denk- und Raumgestaltungsprozesses. Die Analyse und Gestaltung der Raumatmosphäre folgt den acht Explikaten, die das Raumgestaltungsfeld definieren, dies gemäss dem oben beschriebenen Grundmodell der topisch-henadischen Raumvorstellung, nämlich

- Raumthema,
- Raumgestaltungswelt,
- Raumgebrauchsfunktion,
- Raumform/-struktur,
- Prinzipien der Raumgestaltung,
- Handwerkliche Verarbeitung,
- Anmutungscharaktere in Raumeindruck,
- Schlüsselmerkmale in Raumgestaltungsmittel.

Ein Raumanalyseprozess verläuft von unten nach oben, der Planungsäprozess in der umgekehrten Richtung, beginnt also mit dem Raumthema.

Wie im Denkraum beim Human Spacing die Lebensthemen eines Menschen, die Häufigkeit der Wahl dieser Themen seine Persönlichkeit prägen, so steht auch im Lebensraum die Themenwahl am Ausgangspunkt. Ferner sind dann die Ausgestaltung der oben genannten Explikate wichtig und schliesslich der Aspekt der Qualität verstanden als Kohärenz zwischen den gestalterischen Ausprägungen im institutionellen, individuellen und Selbst-/Körperraum. Darauf wird im Praxisteil weiter eingegangen. Zuvor sollen aber noch die Konsequenzen des ganzheitlich-nachhaltigen Managements auf die betrieblichen Funktionen behandelt werden.

## 2.3 Ganzheitlich-nachhaltige Weiterentwicklung wichtiger betrieblicher Funktionen

Wie schon oben bei den Darlegungen über das Nachhaltigkeits-Management aufgezeigt, besteht in den gängigen Organisationsstrukturen das Problem, dass die Idee der Nachhaltigen Entwicklung nirgends organisatorisch „aufgehängt" werden kann, ausser man reisst die drei Dimensionen auseinander und plaziert
- „das Ökonomische" bei Finanzen und Controlling,
- „das Soziale" im Personalmanagement und
- „das Ökologische" bei Produktion, Einkauf und Logistik,

oder man schliesst es zusammen und ernennt einen Nachhaltigkeits-Beauftragten.

Aber eigentlich weiss man heute nach vieljährigen Erfahrungen mit diesen beiden Möglichkeiten, dass „das Management" sich insgesamt dem Thema annehmen müsste. Das aber erfordert einen erweiterten Begriff davon, was ganzheitlich-nachhaltiges Management bedeuten kann. Darauf soll nun eingegangen werden.

### 2.3.1 Ganzheitlich-nachhaltiger Managementbegriff

Wichtig bei der Umsetzung des ganzheitlich-nachhaltigen Managements ist die Integration des Lebensraums, denn dort ist Ganzheitlichkeit realisierbar, ist der Ort, wo Körper, Seele und Geist untrennbar präsent und erkennbar sind.

Angewandt auf das Thema der Nachhaltigkeit heisst dieses durch- und vordringen in den Lebensraum, eben nicht „drei Töpfe" zu füllen, nicht Wirtschaft, Gesellschaft und Natur sich einander und

dem Menschen gegenüber zu stellen, sondern ökonomisch, sozial und ökologisch als analoge Prinzipien zu verstehen, die im Wirtschafts-, Gesellschafts- und Naturraum umgesetzt werden.
Die Durchdrungen- und Verbundenheit des Ökologischen, Ökonomischen und Sozialen wird in der nächsten Abbildung folgendermassen dargestellt: Das Soziale, verstanden als Soll-Vorstellung des Ausgleichs von Machtbeziehungen zwischen Menschen und Lebewesen, spielt in allen drei Themenräumen, in Natur-, Gesellschafts- und Wirtschaftsraum eine Rolle. So gibt es neben der klassischen Soziologie auch eine Wirtschafts- und eine Pflanzensoziologie etc. Das „Soziale" lässt sich also auch im Bereich der Pflanzenwelt beobachten. Gleiches gilt für die beiden anderen Dimensionen. Auch die Natur geht in ihrem Raum ökonomisch mit ihren Ressourcen um und die Gesellschaft tut dies etwa im Umgang mit der Zeit. In der Gesellschaft und Wirtschaft können – wie in der Natur – Schadstoffe entstehen, geistige nämlich wie zum Beispiel Rassismus. Dieses Begriffsverständnis zeigt nun, was das Sich-Durchdringen und -Verbinden in der Praxis heisst.
Was nun das Prinzip des Durchdringens – nicht des Gegenüberstellens – betrifft, so eignet sich die Matrix-Darstellung dazu. Hier kann dann auch herausgefunden werden, was passiert, wenn sich Unausgeglichenheiten in einem der Felder bei den Anderen ausbreiten. Denn damit wird der Bezug zwischen dem „Wer", dem „Wie" als den Prinzipien des Umgangs im „Wo" gezeigt. Ganzheitlich-nachhaltiges Denken bringt eben dies zusammen.
Was heute in der Wirtschaftspraxis oft ein Problem darstellt, ist vor allem der Bezug zum „Wer". Die institutionelle Ebene steht immer noch im Zentrum des Denkens und Handelns. Ganzheitlich-nachhaltiges Management will nun die individuelle Ebene stärker in die Pflicht nehmen und in die Verantwortung einbeziehen. Nachfolgende Abbildung zeigt diese Zusammenhänge.

| Wie? | Ökonomisch | Sozial | Ökologisch |
|---|---|---|---|
| **Relation?** **Wo?** | *Zeitbezogen: Aufwand zu Ertrag pro Ort/Zeit* | *Menschen-/Lebewesen-bezogen: Macht zu Ohnmacht* | *Raumbezogen: Wertstoff zu Schadstoff pro Ort/Zeit* |
| Naturraum | Effizienzsteigerung durch Flussbegradigung | Biodiversität erhalten (z.B. Pflanzensoziologie) | Schadstoffentsorgung verbessern |
| Gesellschaftsraum | Qualitätssteigerung im Bildungswesen | Armutsbekämpfung | Bekämpfung geistiger Schadstoffe (z.B. Rassismus) |
| Wirtschaftsraum | Förderung der Wettbewerbsfähigkeit | Gerechte Firmenbesteuerung | Lenkungsabgaben für Energie |
| **Wer?** | | | |
| Institution | Effizienz der Prozesse erhöhen | Mitarbeiter-Förderung | Stromsparen |
| Individuum | *Beruf*: Effizienz/Effektivität in eigener Funktion (z.B. Marketing) *Privat*: Erfolgreicher Umgang mit Geld | *Beruf*: Gesellschaftliche Konsequenzen der Arbeit in eigener Funktion *Privat*: Sozialkompetenz in Familie | *Beruf*: Umweltorientierung in eigener Funktion *Privat*: Stromsparen zuhause |

<small>Copyright by Dieter Pfister</small>

*Abbildung 33: Beispiele feldhaft-vernetzter Räume und Begriffe im ganzheitlich-nachhaltigen Management*

Die nächste Abbildung versucht, das Begriffsfeld des ganzheitlich-nachhaltigen Managements zu fassen. Nachhaltigkeit wird zunächst verstanden als ein bestimmtes Verhältnis zu Raum und Zeit (oben im Bild). Dies ist die Begründung dafür, weshalb die vorhandenen Management-Modelle zuvorderst auf ihre Vorstellungen zu Raum und Zeit hin überprüft werden müssen, woran ihre Tauglichkeit für die Realisierung von Nachhaltigkeit in der Wirtschaft gut gemessen werden kann. Hier braucht es die Bezugnahme zur Philosophie von Raum und Zeit, so, wie dies oben dargestellt worden ist.

Nachhaltigkeit fordert auf der Seite des Raumes (oben links in Abbildung) eine Horizonterweiterung im Denkraum, und zwar hinsichtlich der Reflexionsbreite und –höhe. Auf Seiten der Zeit geht es ihr um mehr Reflexionstiefe, ein Erweiterung des Zeithorizonts also. Nachhaltigkeit betrifft aber natürlich nicht nur den Dankraum, sondern vor allem auch den Lebensraum. Auch hier fordert sie eine Horizonterweiterung, und zwar in der materiellen (Arealraum) sowie geistig-seelischen Dimension (Wissens- und Kulturraum). Dies alles ist heute eigentlich unbestrittenes Allgemeingut, wenn es darum geht, Nachhaltigkeit und die gesellschaftspolitische Leitidee der Nachhaltigen Entwicklung zu beschreiben. Insbesondere über das „Was?" des Begriffs der Nachhaltigkeit besteht weitgehend Einigkeit. Beim „Wo?", „Wie?" und „Wer?" allerdings scheiden sich die Geister. Links im Bild, beim Ansatz des ganzheitlich-nachhaltigen Managements, wird der Fokus auf alle drei Ausprägungen des Eigenraumes, also den institutionellen, individuellen und den Selbst-/Körperraum, (siehe topisch-henadisches Raumverständnis) gelegt. Für die Umsetzung, für das „Wie?" also, sind zentral: die eigene Denkhaltung, die Denkprozesse, ein ausgeprägtes Gefühl für die eigene Verantwortung und der eigene Wille, im Alltag daran zu arbeiten, und zwar privat wie beruflich. Ganzheitlichkeit heisst hier also nicht nur Körper, Seele und Geist als untrennbar zu betrachten und zu behandeln, sondern diese Verbindung im Lebensraum konsequent und kohärent in allen drei Eigenräumen umzusetzen und sich so in Raum und Zeit durchdringen zu lassen, dass die eigene Ganzheit als impliziter Bestandteil der „ganzen Ganzheit" des Kosmos, der Themenräume etc. verstanden wird.

Der zweite, auf der Abbildung aufgezeigte Weg ist fokussiert auf den institutionellen Eigenraum. Das sogenannte Nachhaltigkeits-Management formuliert Vorgaben für den Umgang einer Firma mit der Gesellschaft, mit der Umwelt und der Wirtschaft. Im Berufsleben sollen dann Standards nachgelebt werden. Es setzt auf sozialen und juristischen Druck, also eher auf Bürokratisierung und Formalisierung der Idee. Der heute ebenfalls oft verwendete Begriff des nachhaltigen Managements steht wohl zwischen den beiden in der nachstehenden Abbildung aufgezeigten Richtungen. Jene, die ihn verwenden, haben zwar meist die Bedeutung der Eigenverantwortung erkannt, seltener aber, dass ihr eigenes Weltbild diesem Brückenschlag im Wege steht.

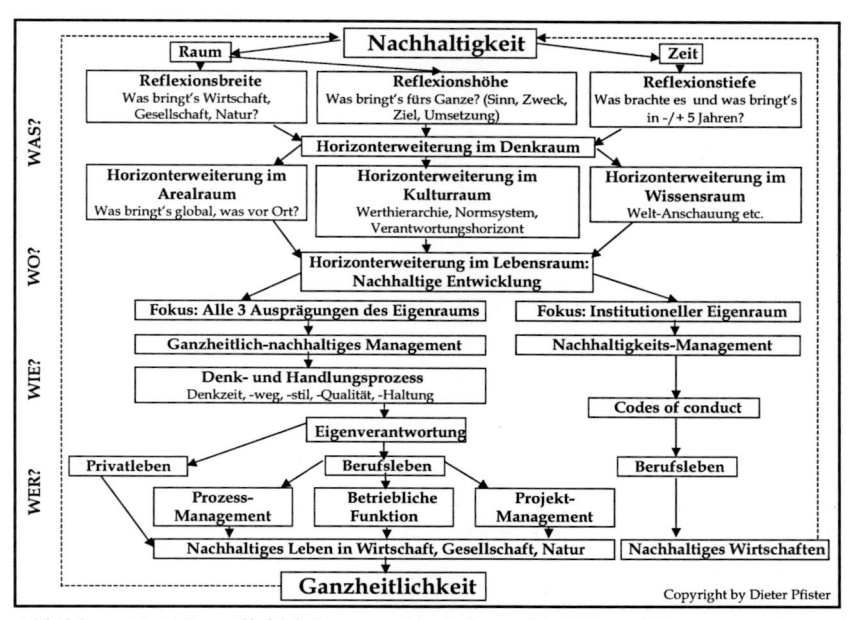

*Abbildung 34: Begriffsfeld des ganzheitlich-nachhaltigen Managements und des Nachhaltigkeits-Managements (rechts im Bild)*

Ganzheitlich-nachhaltige Entwicklung zu fördern heisst deshalb, vor allem Weiterentwicklung der eigenen Persönlichkeit, eine Persönlichkeitsbildung. Hier können Unternehmen und Institutionen zum Weiterdenken anregen, stets in Respekt vor der Eigenständigkeit des Individuums. Wo sich Unternehmen aber ohne Einschränkungen engagieren können, ist bei der Integration der ganzheitlichen Nachhaltigkeit und der Nachhaltigen Entwicklung in die konkrete Arbeit, also in den Prozessen und Funktionsbereichen. Dabei sind die Funktionen Geschäftsführung, Finanzen, Marketing, Kommunikation, Personal, aber auch Qualität und Controlling zuerst anzugehen. Produktion und Logistik standen im Zentrum des früheren Ansatzes des Nachhaltigkeits-Managements und der Bemühungen um mehr umweltbewusstes Wirtschaften und eine professionelle Nachhaltigkeits-Berichterstattung. Diese Aktivitäten sind natürlich weiter zu führen.

Nachfolgende Tabelle zeigt, welche möglichen Aufgaben sich für diese zentralen Funktionen ergeben können. Wichtig ist hier, immer alle drei Dimensionen zu berücksichtigen, sich klare Ziele zu setzen und die Eigenverantwortung des einzelnen Mitarbeitenden ins Zentrum des Denkens und Handelns zu stellen.

| Nachhaltigkeit | Zweck | Ziel | | | Jahresziel |
|---|---|---|---|---|---|
| Funktions-bereiche | | Ökonomisch | Ökologisch | Sozial | Was konkret tun? |
| Geschäfts-führung | Für nachh. Denken/ Handeln motivieren und Anreize schaffen | Anreize schaffen für nachh.-ökonomisches Handeln | Anreize schaffen nachh.-ökologisches Handeln | Anreize schaffen für nachh.-soziales Handeln | Anreizsystem entwickeln: Chef/Team/Mitarbeitende |
| Finanzen | Zukunftsfähigkeit finanzbezogen erhalten | Steigerung Gewinn | Minimierung Verluste durch Schadstoffe | Minimierung Kompetenzverlust | Gewinnsteiger-ung +2 % |
| Marketing | Zukunftsfähig bleiben durch Denken in Lebenszyklen | Transparenz bezügl. Kostenwahrheit bei Produkten erhöhen, Preisgestaltung anpassen | Ext. Kosten Schadstoffe in Preisgestaltung integrieren und ausweisen | Ext. gesellschaft-liche Kosten in Preisgestaltung integrieren und ausweisen | Kommunizieren: Was bedeutet Energie-effizienz/effekt. für Kunden? |
| Kommunikation | Informationsflut eindämmen | Ökonomische Auswirkungen der Informationsarbeit berücksichtigen | Ökologische Auswirkungen der Informationsarbeit berücksichtigen | Soziale Auswir-kungen der Infor-mationsarbeit berücksichtigen | Frage beantwor-ten: Was heisst „nachhaltig kommunizieren"? |
| Personal | Eigenverantwort-ung der Mitarb. bezüglich Nachh. stärken Nachhaltigkeit in Personalselektion und –einsatz gewährleisten | Kostenbewusstsein bei Mitarbeitenden erhöhen Erkennen der nh.-ökonomischen Potentiale eines Mitarbeitenden | Eigenverantwortung für ökologische Ar-beitsweise erhöhen Erkennen der nh.-ökologischen Potentiale eines Mitarbeitenden | Integration Nachh. in Mitarbeiter-Ges-präche und Vorge-setztenbeurteilung Erkennen der nh.-sozialen Potentiale eines Mitarbeitenden | Vorschläge dazu erarbeiten |

Copyright by Dieter Pfister

*Abbildung 35: Mögliche Aktivitäten zur Förderung des ganzheitlich-nachhaltigen Managements, geordnet nach ausgewählten Funktionsbereichen*

Da im Praxisteil der vorliegenden Studie die Raumgestaltung im Sinne des Corporate Spacing im Vordergrund steht, sollen hier im Blick auf die betrieblichen Funktionen jene behandelt werden, welche dabei zentral sind, nämlich das Marketing- und Kommunikations-management.

### 2.3.2 Ganzheitlich-nachhaltiges Marketing- und Kommunika-tionsmanagement als Markenmanagement

Bei der Definition des Begriffs „Marke" unterscheidet der deutsche Marketing-Wissenschaftler Manfred Bruhn sieben wichtige, konkur-rierende „Ansätze der *Wesensbestimmung des Markenartikels* bzw. der *Marke*"[149] und empfiehlt dann, inskünftig bei der „begrifflichen

Festlegung einer Marke stärker von einem *wirkungsorientierten Ansatz* auszugehen."[150]

Der deutsche Kommunikations- und Designforscher Peter Zec unterscheidet drei wesentliche Aufgaben der Marke, nämlich, jene
- „der Identifizierung,
- der Orientierung,
- der Qualifizierung."[151]

Zec stellt weiter fest, dass „eine Marke als ein ‚geistiger Prozess der Interaktion von Ideen' zu verstehen"[152] ist.

Mit den Begriffen „Marke" sind im Marketing- und Kommunikationsmanagement Theoriengebäude und Anwendungsgebiete entstanden, bei denen man Betrachtungsweisen aus dem individuellen Eigenraum sowie Selbst-/Körperraum in den institutionellen Eigenraum übertragen hat. Diesen Analogieschluss von der natürlichen auf die juristische Ebene der Person beschreibt der deutsche Markensoziologe Alexander Deichsel folgendermassen: „Neben den biologischen, zoologischen und anthropologischen gibt es tatsächlich noch eine vierte Art von Lebewesen, die sich stofflich von den älteren Arten unterscheidet, nicht aber im Hinblick auf ihren Sinn und Zweck, der darin besteht, auf der Erdoberfläche Leben zu entfalten. <...> Als Gattung bestehen die soziologischen Lebewesen aus Gestaltenergie. Sie materialisiert sich in geistig gestalteten Dingen und Diensten, wie beispielsweise in einer Markenleistung. <...> Heute wird das anthropologische Lebewesen nicht mehr nur durch die physiologische Genetik der Menschengattung, sondern zusätzlich durch eine Genetik gelenkt, die es kulturell jeweils erfindet und zur orientierenden Sitte stabilisiert, z.B. in Gestalt einer Sprache, eines Kalenders, seiner Feste, einer örtlichen Lebensführung und der vielen Markenleistungen."[153]

Wie Deichsel betont, geht es bei Marken „um die Übertragung geistiger Energie, die jeweils markenspezifische Gestaltleistungen in einen geschichtlich aufgeladenen Teil des Markensystems, in die Kundschaft, transferieren soll."[154] Deichsel führt so eine Denktradition weiter, die der deutsche Markenpionier Hans Domizlaff im regen Gedankenaustausch mit Werner von Siemens schon im Jahre 1939 entwickelte[155], nämlich die Idee der Marke als „Energiesystem" mit dem Unternehmen als „Energiequelle" und der Marke als „Energiespeicher".[156]

Wenn man nun die Brücke schlägt zwischen den beiden obigen Tabellen zum Thema „Lebensenergie", so sieht man, dass die Markenführung jenen Bereich systematisiert, wo Information und Masse/Materie sich durchdringend Gestalt annehmen. Die Information drückt sich in der Materie aus (Ausdruck), die Materie ihrerseits hinterlässt durch diesen Ausdruck einen Eindruck beim Menschen. Die Marke, mit Deichsel verstanden als „Gestaltsystem", wirkt umso „energiegeladener", je kohärenter das System im Raum steht, je höher seine Selbstähnlichkeit[157] ist.

Erfolg stellt sich dann ein, wenn durch optimale Umwandlungsprozesse im institutionellen Lebensraum eines Unternehmens eine positive Bilanz in allen drei Dimensionen der Lebensenergie erreicht wird. Die Marke ist gefährdet, wenn sie sich zu weit über den eigenen Kultur- und Lebensraum hinaus ausdehnt, was zu „hoher Entropie", also geringer Information führt.

Aufbauend auf obigem Grundmodell der topisch-henadischen Raumauffassung, zeigt die nachstehende Abbildung, wie die Lebensenergie in ihren drei Dimensionen von den Themenräumen (Natur-, Gesellschafts- und Wirtschaftsraum) her den Eigenraum durchdringt (Pfeile rechts oben im Bild), auf Menschen/Lebewesen und soziale Güter (unten im Bild) wirkt. Diese sozialen Güter zeigen sich als Produkte/Ware vor Ort, werden dann bei entsprechender „energetischen Transformation" als Produktmarke oder institutionell betrachtet als Unternehmensmarke auftreten. Sie bilden einen spezifischen Markenraum und stehen in Relation mit der Mitwelt oder dem Markt, wobei diese Pfeile dreigeteilt sind, um die drei Energiedimensionen in Erinnerung zu halten.

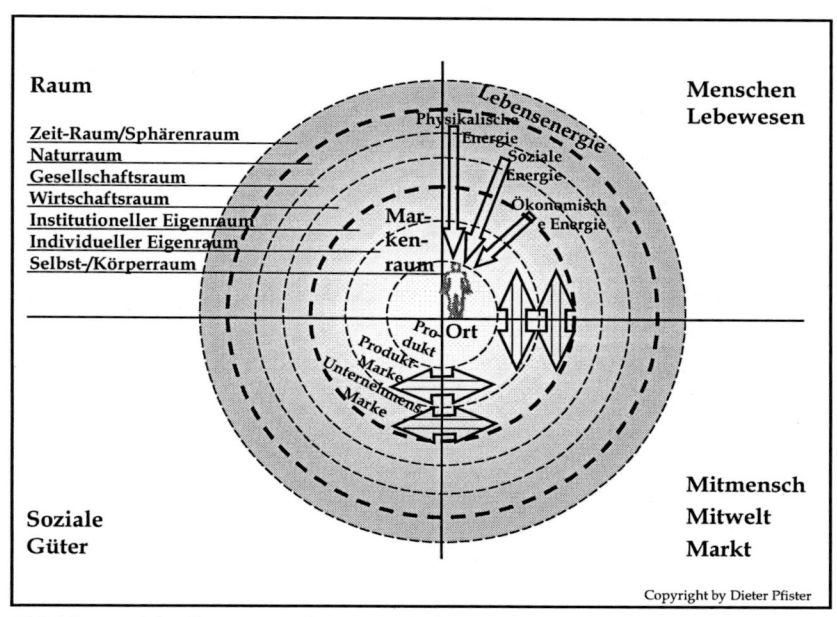

*Abbildung 36: Zusammenhang zwischen Raum, Lebensenergie, Mensch, Markt und Marke*

Insgesamt lässt sich sagen, dass ganzheitlich-nachhaltiges Marketingmanagement im Kern „Markenmanagement" ist, denn es verbindet Menschen, Produkte und Unternehmen in umfassender Weise miteinander. In der Literatur wird immer wieder darauf hingewiesen, dass das Markenmanagement eine komplexe Aufgabe darstellt, hohe soziale, kulturelle und organisatorische Kompetenz voraussetzt und dem Topmanagement dabei eine wichtige Rolle zukommt.

Wenn es nun um die organisatorische und funktionale Zuordnung des Markenmanagement geht, so schlägt Belz folgende Lösungsmöglichkeiten vor:

- Commitment des Topmanagements,
- Brand Boards,
- Aufgabenteilung zwischen zentraler und dezentraler Markenführung,
- Instrumenteneinsatz wie CI-Nets über Intra- und Extranet,
- qualifizierte Markenberatung,
- Lizenzierung.[158]

Was die genannten Brand Boards betrifft, so ist es wichtig, dass dort neben den Marketing- und Kommunikationsverantwortlichen auch die Funktionen Human Resources- und Qualitäts-Management vertreten sind. Auf der Grundlage dieser funktionsbezogenen Darlegungen kann nun in die Praxis und damit in den Markenraum und dessen Prozesse vorgestossen werden.

## Anmerkungen

[1] Görnitz, 2002, S. 3.
[2] Kuhn, 1978, S. 80.
[3] Hägele, 2000, S. 6. Siehe dazu auch die Ausführungen von Nikolaus von Kues „De visione Die" von 1453, zitiert bei Belting nach der Übersetzung von Helmut Pfeiffer, Trier 1985: *„Wer Dich, mein Gott, anschaut,* gibt *Dir keine Form, sondern* empfängt, *indem er sich in Dir schaut, von Dir zurück, was er überhaupt ist. So kommt es, dass Du Deinem Betrachter gerade das schenkst, was Du von ihm zu empfangen scheinst. Wenn man in einen Spiegel, der die Form der Formen ist, schaut und Dich sieht, so hält man die erblickte Gestalt für die eigene, wie es in einem tatsächlichen Spiegel aus Glas der Fall ist. Doch ist in Deinem Falle das Gegenteil davon wahr. Was wir in diesem Spiegel der Ewigkeit sehen, ist gerade nicht das eigene Bild, sondern eine Wahrheit, von der wir selber das Bild sind. Das Bild, das wir von Dir erblicken, ist die eigentliche*

*Wahrheit. Es ist das Urbild von allem, was existiert* (und also auch unser eigenes Urbild, von dem wir das Abbild sind; Kap. 15).", Belting, 1990, S. 606 (Hervorhebungen durch Belting).
[4] Eppler, 2004, S. 14.
[5] Hägele, 2000, S. 9.
[6] Görnitz, 2002, S. 11.
[7] Simmel, 1977, S. 540.
[8] Belting, 1990, S. 518.
[9] Belting, 1990, S. 517.
[10] Roth, 2003, S. 51.
[11] Roth, 2003, S. 51.
[12] Beling, 2006, S. 203 (Hervorhebung durch Beling).
[13] Beling, 2006, S. 211.
[14] Pfister, 2005/1, S. 43.
[15] Beling, 2006, S. 214 (Hervorhebung durch Beling).
[16] Beling, 2006, S. 213.
[17] Simmel, 1977, S. 534.
[18] Pfister, 2005/1, S. 118 ff.
[19] Schroer, 2006, S. 44/45.
[20] Löw, 2001, S. 67.
[21] Löw, 2001, S. 271.
[22] Schroer, 2006, S. 45.
[23] Schroer, 2006, S. 46.
[24] Schroer, 2006, S. 46.
[25] Schroer, 2006, S. 167.

[26] Schroer, 2006, S. 173.
[27] Pfister, 2005/1.
[28] Dünne/Günzel, 2006, S. 291/2 (Hervorhebung durch Dünne/Günzel).
[29] Latka, 2003, S. 269.
[30] Pfister, 2005/1, S. 144.
[31] Sennett, 1998, S. 27f.
[32] Schroer, 2006, S. 132.
[33] Schroer, 2006, S. 133/4.
[34] Schroer, 2006, S. 135.
[35] Schroer, 2006, S. 135.
[36] Luhmann, Niklas, in: Texte zur Kunst, Bd. I, No. 4, S. 131, zitiert in: Schroer, 2006, S. 159.
[37] Luhmann, 1984, S. 525.
[38] Schreor, 2006, S. 152.
[39] Stichweh, 2003, S. 98.
[40] Schroer, 2006, S. 277.
[41] Schroer, 2006, S. 277.
[42] Elias, 1996, S. 128.
[43] Elias, 1996, S. 128.
[44] Elias, 1996, S. 130.
[45] Elias, 1996, S. 131.
[46] Elias, 1996, S. 131.
[47] Elias, 1996, S. 144.
[48] Latka, 2003, S. 272.

[49] Bourdieu, 1985, S. 71 (Hervorhebung durch Bourdieu).
[50] Von Carlowitz, 1713, S. 105.
[51] Von Carlowitz, 1713, S. 88.
[52] The World Commission on Environment and Development: Our common future, 1987, Internetpublikation, 2. Kapitel.
[53] Bittencourt/Borner/Heiser, 2003, S. 24.
[54] Biecker/Dyllick, 2006, S. 88 (Hervorhebungen durch Biecker/Dyllick).
[55] Biecker/Dyllick, 2006, S. 89.
[56] Schroer, 2006, S. 144.
[57] Schroer, 2006, S. 144.
[58] Rüegg-Stürm, 2002, S. 16.
[59] Rüegg-Stürm, 2002, S. 13.
[60] Rüegg-Stürm, 2002, S. 12.
[61] Werhahn, 1980, S. 361 (Hervorhebung durch Werhahn).
[62] Werhahn, 1980, S. 258/9 (Hervorhebung durch Werhahn).
[63] Rüegg-Stürm, 2002, S. 68/9.
[64] Latka, 2003, S. 264.
[65] Latka, 2003, S. 262.
[66] Rüegg-Stürm, 2003, S. 33.
[67] Das St. Galler Management-Modell steht wie erwähnt in der Tradition des retiv-polyzentrischen Sozialsystemmodells und dieses wiederum in der Tradition des relativen und relationalen Raumverständnisses.
[68] Rüegg-Stürm, 2002, S. 23.

[69] Bieker/Dyllick, 2006, S. 91.
[70] Bieker/Dyllick, 2006, S. 94 (Hervorhebung durch Bieker/Dyllick).
[71] Bieker/Dyllick, 2006, S. 103.
[72] Biecker/Dyllick 2006, S. 94.
[73] Bieker/Dyllick, 2006, S. 91, Hans Ulrich zitierend.
[74] Potsdamer Manifest 2005, S. 2 (siehe auch Dürr/Dahm/zur Lippe, 2006)
[75] Potsdamer Manifest 2005, S. 2/3 (siehe obige Anm./Hervorhebung durch die Autoren).
[76] Latka, 2003, S. 271.
[77] Görnitz, 2002, S. 124.
[78] Görnitz, 2002, S. 125 (Hervorhebung durch Görnitz).
[79] Görnitz, 2002, S. 127 (Hervorhebung durch Görnitz).
[80] Görnitz, 2002, S. 304.
[81] Görnitz, 2002, S. 143/4.
[82] Pfister, 2005/1, S. 155 ff.
[83] Latka, 2003, S. 275.
[84] Görnitz, 2002, S. 18 (Hervorhebung durch Görnitz).
[85] Pfister, 2004/1, S. 168 ff.
[86] Pfister, 2005/1, S. 140 f.
[87] Dünne/Günzel, 2006, S. 12 (Hervorhebungen durch Dünne/Günzel).
[88] Schroer, 2006, S. 179.
[89] Pfister 2004/1 und 2005/1.
[90] Görnitz, 2002, S. 155.

[91] Görnitz, 2002, S. 156 (Hervorhebung durch Görnitz).
[92] Görnitz, 2002, S. 157.
[93] Görnitz, 2002, S. 158 (Hervorhebungen durch Görnitz).
[94] Löw, 2001, S. 271.
[95] Löw, 2001, S. 271.
[96] Latka, 2003, S. 271.
[97] Görnitz, 2002, S. 325 (Hervorhebung durch Görnitz).
[98] Schroer 2003, S. 76. Das Buch von Richard Sennett: Fleisch und Stein. Der Körper und die Stadt in der westlichen Zivilisation, ist in Frankfurt a. M. 1997 erschienen, das Zitat stammt von S. 456.
[99] Siehe unter anderem Pfister, 2002/1, S. 281 f.
[100] Pfister, Dieter: Kultur und Markt, Basel 1998, S. 15.
[101] Pfister, 2005/1, S. 115.
[102] Latka, 2003, S. 29/30.
[103] Latka, 2003, S. 177.
[104] Latka, 2003, S. 203.
[105] Latka, 2003, S. 176.
[106] Latka, 2003, S. 176.
[107] Latka, 2003, S. 176/7.
[108] Schmidt, 1991, S. 166.
[109] Schmidt, 1991, S. 166.
[110] Simmel, 1977, S. 480.
[111] Simmel, 1977, S. 496.
[112] Simmel, 1977, S. 512.
[113] Simmel, 1977, S. 491.

[114] Simmel, 1977, S. 502.
[115] Simmel, 1977, S. 503.
[116] Simmel, 1977, S. 504 (Hervorhebung durch Simmel).
[117] Görnitz, 2002, S. 161.
[118] Pfister, 2005/1, S. 112 ff.
[119] Latka, 2003, S. 260 ff.
[120] Latka, 2003, S. 268.
[121] Latka, 2003, S. 270.
[122] Latka, 2003, S. 274.
[123] Für die Möglichkeit mehrerer ausführlicher Gespräche mit Dr. Thomas Latka, München, und der gemeinsamen Suche nach einer treffenden Bezeichnung für diese vierte Raumauffassung sei ihm ganz herzlich gedankt.
[124] Löw 2001, S. 154.
[125] Latka, 2003, S. 270/1.
[126] Latka, 2003, S. 245.
[127] Siehe Nishida, 1999.
[128] Latka, 2003, S. 206.
[129] Den Hinweis auf dieses Bild verdankt der Autor Dr. Thomas Latka, München.
[130] Latka, 2003, S. 256.
[131] Siehe unter Anderen Löw, 2001.
[132] Drepper, 2003, S. 109/110 (Hervorhebungen durch Drepper).
[133] Hillmann, 1994, S. 857. Der Autor dankt Dr. Thomas Latka für wichtige Hinweise hinsichtlich der Frage der Systemmodellierung.

[134] Werhahn, 1980, S. 254/5/6 (Hervorhebungen durch Werhahn).
[135] Rüegg-Stürm, 2002, S. 68/9.
[136] Rüegg-Stürm, 2002, S. 69, Hans Ulrich zitierend.
[137] Görnitz, 2002, S. 323 (Hervorhebung durch Görnitz).
[138] Pfister, 2005/1, S. 164ff.
[139] De Bono, Edward : Ein neues Trainingsmodell, Düsseldorf 1987.
[140] Siehe dazu de Bono, 1987, S. 201. Folgende Denkarten/-farben werden definiert: Weiss: objektive Information über die Ist-Situation, blosse Fakten; Rot: rot sehen, Emotionen und Gefühle, Ahnung und Intuition; Gelb: Sonnenschein, Helligkeit und Optimismus, konstruktiv, Gelegenheit; Schwarz: warnt vor Risiken und Gefahren; Grün: fruchtbar, kreativ, Bewegung, Provokation; Blau: Abstand und Kontrolle, Dirigent, Nachdenken über das Denken.
[141] Siehe Pfister, 2005/1.
[142] Siehe Löw, 2001 und andere mehr.
[143] Siehe Pfister, 2005/1.
[144] Pfister, 2005/1, S. 155 ff.
[145] Pfister 2005/1, S. 156f.
[146] Löw, 2001, S. 225.
[147] Görnitz, 2002, S. 324.
[148] Belz, 2006, S. 23.
[149] Bruhn, 2001, S. 16 (Hervorhebung durch Bruhn).
[150] Bruhn, 2001, S. 18 (Hervorhebung durch Bruhn).

[151] Zec, 2001, S. 234.
[152] Zec, 2001, S. 230.
[153] Deichsel, 2006, S. 18/9.
[154] Deichsel, 2006, S. 344.
[155] Deichsel, 2006, S. 345.
[156] Deichsel, 2006, S. 14.
[157] Deichsel, 2006, S. 157 ff.
[158] Belz, 2006, S. 187-189.

# Teil II – Praxis

# 1. Zur Praxis des ganzheitlich-nachhaltigen Managements

Nachdem die theoretischen Grundlagen des topisch-henadischen Raumverständnisses ausführlich dargestellt worden sind, sollen im zweiten Teil der vorliegenden Studie die Auswirkungen auf die Praxis erörtert werden. Dabei steht das Spacing-Management im Vordergrund. Es ist für das Marketing und die Markenführung von grossem Interesse und bisher, zumal im Dienstleistungsmarketing, eher unterschätzt worden. Auf die Trans-Formationsprozesse kann hier nicht weiter eingegangen werden – es würde den Rahmen dieser Studie sprengen.

Zunächst sind im Blick auf den Praxisalltag einige Vereinfachungen in der Terminologie und in der bildlichen Modelldarstellung vorzunehmen. Danach werden die praxisrelevanten Prozesse beschrieben, wobei dann das Corporate Spacing ganz in den Vordergrund tritt, was damit zu tun hat, dass der Autor dieser Studie dort mehr und langjährige Praxiserfahrung hat. Schliesslich wird im Schlusswort eine kritische Würdigung des Themenkreises „Raum – Gestaltung – Marketing" vorgenommen.

## 1.1 Praxisbezogene Raumstrukturierung

Um in der Welt der Praxis besser verstanden zu werden, sind einige wissenschaftliche Begriffe zu vereinfachen. Dabei werden aus
- „Prinzipien der Raumgestaltung" neu „Raumhomogenität,"
- „Schlüsselmerkmale" neu „Raumgestaltungsmittel,"
- „Anmutungscharaktere" neu „Raumeindruck,"
- „Raumgestaltungswelt" neu „Raumgeschichtsbezug,"
- „Raumgebrauchsfunktion" neu „Raumfunktion,"
- „Raumthema" neu „Raumaussage" und
- „Arealraumfelder" neu „Objektfelder".

Diese Begriffe sind in früheren Studien[1] ausführlich behandelt worden, weshalb hier nur noch auf zwei eingegangen werden soll, nämlich auf „Raumhomogenität" und auf „Objektfelder". Bei der

Raumhomogenität geht es um die Frage, ob sich die Raummerkmale und die Raumwirkung zueinander
- einheitlich/homogen
- kontrastreich/heterogen
- verhalten.

Es ist interessant, dass schon Simmel diese Zusammenhänge darstellt und den Bogen zum Lebensraum schlägt, als er schreibt: „Das Lebensprinzip, das man mit dem Symbol des Rhythmisch-Symmetrischen, und dasjenige, das man als das individualistisch-spontane bezeichnen kann, sind die Formulierungen tiefster Wesensrichtungen, deren Gegensatz nicht immer, wie in den bisherigen Beispielen, durch Einstellungen und Entwicklungsgänge versöhnbar sind, sondern die dauernden Charaktere von Individuen und Gruppen abschliessend bezeichnet."[2]

Was nun den Begriff „Objektfelder" betrifft, so sind diese im Gegensatz zu den Objektschichten im „Inszenierungs-Weltbild" (siehe Schlusswort) eben feldhaft, sich durchdringend, nicht nach innen und aussen unterscheidend und vor allem den Menschen integrierend gedacht. Folgende Felder können differenziert werden:
- Menschen: Eigner, Nutzer.
- Raumsubstanz: Bausubstanz von Gebäuden, Erdmasse.
- Raumhülle: Wände, Türen, Böden, Decken, Fassaden, Rasenflächen.
- Mit Wänden etc. fix Verbundenes: Radiatoren, Bäume.
- Dekorationsgegenstände, Kunst, Gartenskulpturen, Brunnen.
- Alltagsgegenstände, Pflanzen.
- Briefschaften, Prospekte.
- Events, Aktionen.
- Waren, Dienstleistungen, Warenbilder.
- Möbel, Warenträger, Textilien, Gartenmöbel.

Ebenfalls zum besseren Praxisgebrauch wurde die Darstellung der unterschiedlichen Räume und ihres Verhältnisses zueinander in der nächsten Abbildung in die Zweidimensionalität „gedrückt". Sie zeigt nun, wie der Kulturraum den Areal- und Wissensraum umfasst und durchdringend vereint. Er „bringt" die Lebensenergie aus dem Zeit-Raum/Sphärenraum in die Themen- und Eigenräume von Menschen und Institutionen. Im Kulturraum ist die Wert-/Norm-Hierarchie verortet, die sich im Denken, Fühlen und Handeln, in Gedankengebäuden und in den im Arealraum gebauten Gebäuden ausdrückt. Die in der Abbildung aufgeführten Begriffe sind deckungsgleich mit jenen, die in der Darstellung des „Kugelmodells" des topischhenadischen Raumverständnisses aufgeführten und eben noch praxistauglich vereinfachte sind, ergänzt durch einige Marketing-Aspekte. In ihren Ausprägungen, ihrem Gebrauch zeigt sich die Kultur eines Menschen, einer Menschengruppe, einer Institution.

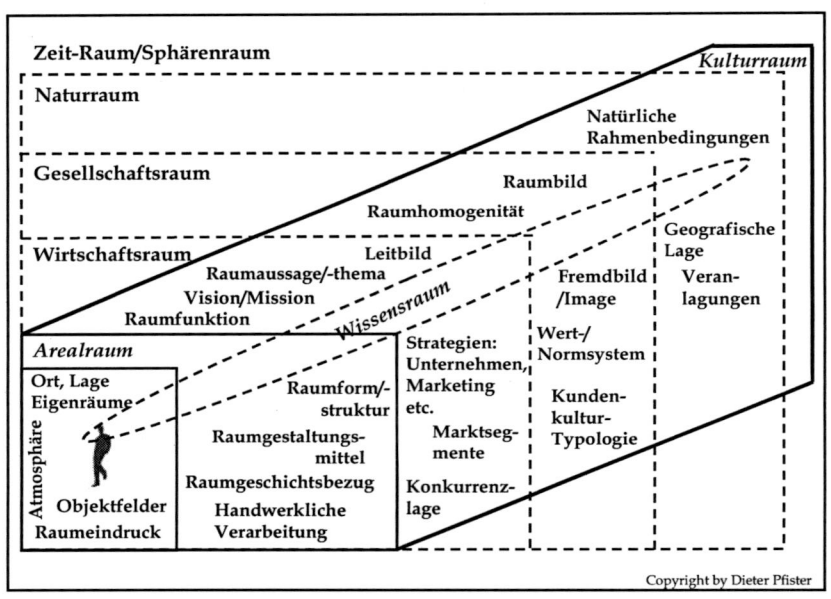

*Abbildung 37: Begriffliche Zuordnungen zu Raum, Räume und Ort im Überblick*

Nachdem nun die praxisrelevanten Raumstrukturierung dargestellt worden sind, werden die Prozesstypen betrachtet.

## 1.2 Praxisbezogene Prozesstypen

### 1.2.1 Geschäfts-, Management- und Spacingprozesse

Wie oben im Grundmodell des ganzheitlich-nachhaltigen Managements dargestellt, kann im Unternehmen auch das Prozess-Management „verräumlicht" werden, indem man sich zwischen den gleichzeitig und parallel verlaufenden Primär- und Sekundärprozessen ein Raum vorstellt, der in der oben geschilderten dreifachen Art verstanden werden soll als (Unternehmens)-Kulturraum (seelisch-emotionale Dimension), als Wissensraum (geistig-verbale Dimension) und als Arealraum (physisch-nonverbale Dimension). Diese drei überindividuellen Lebensräume bilden den institutionellen und produktbezogenen Markenraum. Wie die nächste Abbildung zeigt, werden die beiden Prozessmanagement-Dimensionen durch die Denkprozesse des Menschen verbunden. Wahrnehmungen im Primär- und Sekundärprozess eines Unternehmens, welche ja auch wie gezeigt Signale aus dem Wirtschafts-, Gesellschafts- und Naturraum verarbeiten, Energien umwandeln, führen dann zu gestaltendem Handeln.

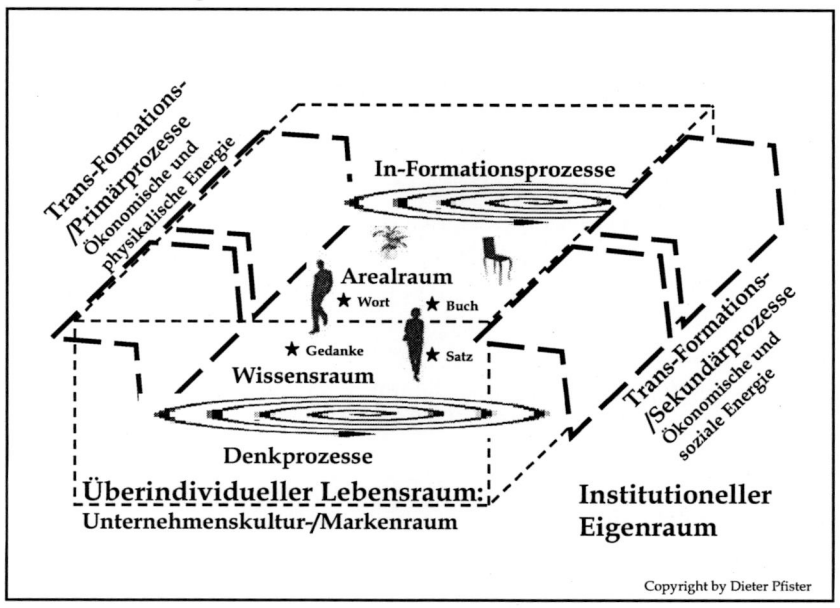

*Abbildung 38: Prozesse und Räume im institutionellen Eigenraum*

Bisher wurde in Theorie und Praxis viel Wert auf die Verbesserung des Prozessmanagements gelegt, wobei eigentlich immer die Trans-Formationsprozesse im oben beschriebenen energetischen Sinne gemeint waren. Durch die Verräumlichung des Modells zeigt sich nun sogar bildlich, dass zwischen den Primär- und Sekundärprozessen eine „Lücke klafft", die ebenfalls prozesshaft geschlossen werden muss. Dies erfolgt im hier entwickelten topisch-henadischen Raumverständnis durch zwei In-Formationsprozesse, den Denkprozess und den Raumgestaltungsprozess. Dabei soll, auf der Grundlage der zitierten Arbeiten von Löw, der Gestaltungsprozess im Unternehmenskultur-, Areal- und Wissensraum mit dem Ausdruck „Spacing" bezeichnet und übersetzt werden mit "Raumbildung" und „Ortsentwicklung". Das englische Wort eignet sich deshalb gut, weil damit die Prozesshaftigkeit des Raumes, seine permanente Veränderung stets mitgemeint ist.

Löw definiert Spacing als „Plazieren von sozialen Gütern und Menschen bzw. das Positionieren primär symbolischer Markierungen, um Ensembles von Gütern und Menschen als solche kenntlich zu machen (zum Beispiel Orteingangs- und -ausgangsschilder). <...> Spacing bezeichnet also das Errichten, Bauen oder Positionieren. <...> Es ist ein Positionieren in Relation zu anderen Plazierungen. Spacing bezeichnet bei beweglichen Gütern oder bei Menschen sowohl den Moment der Plazierung als auch die Bewegung zur nächsten Plazierung."[3] Aufbauend auf diesen Überlegungen soll hier Spacing verstanden werden als Prozess, der aus dem Zusammenwirken, Sich-durchdringen der Trans-Formationsprozesse sowie der In-Formationsprozesse besteht.

Mit dem Hinweis von Löw auf die „primär symbolische Markierung", welche durch das Spacing geschieht, ist die Brücke zur Markenführung schon geschlagen. Nachfolgende Abbildung verdeutlicht, welche Aspekte die professionelle Markenführung, hier verstanden als „Sustainable Branding" ein ganzheitlich-nachhaltiges Marketing- und Kommunikationsmanagement prägen. Ausgehend vom oben dargestellten Raumverständnis, betreffen diese Managementaufgaben den institutionellen und individuellen Eigenraum, welche beiden verbunden werden im Denkprozess des Menschen im Selbst-/Körperraum. Dieser Kernprozess wird in der Terminologie von Löw als „Syntheseleistung" bezeichnet. Alle diese Prozesse zusammenzuhalten ist die Aufgabe eines Sustainable Branding, wie die nächste Abbildung im Überblick zeigt. Dabei entsteht ein Markenraum analog zum Selbst-/Körperraum des Menschen. Die Spirale in der Bildmitte weist auf das Sich-Durchdringen der Eigen- und Lebensräume im individuellen und überindividuellen Sinne hin.

| | Stufen-Raum | | Le-bensprozesse |
|---|---|---|---|
| | Zeit-Raum/Sphärenraum | | |
| Themen-räume | Naturraum<br>Gesellschaftsraum<br>Wirtschaftsraum | | Trans-Formations-prozesse<br><br>und<br><br>In-Formations-prozesse |
| Eigen-räume | Individu-eller<br>Eigenraum<br>Selbst-/<br>Körperraum | Überindividuell-er/institutionell-er Eigenraum<br>Marken-raum | |
| Lebens-räume | Denkraum<br>Beobachterraum<br>Ort/Atmosphäre<br>Human,<br>Private und | Kulturraum<br>Wissensraum<br>Arealraum<br>Corporate<br>Spacing | |

Ganzheitlich-nachhaltige Marken-führung/Sustainable Branding

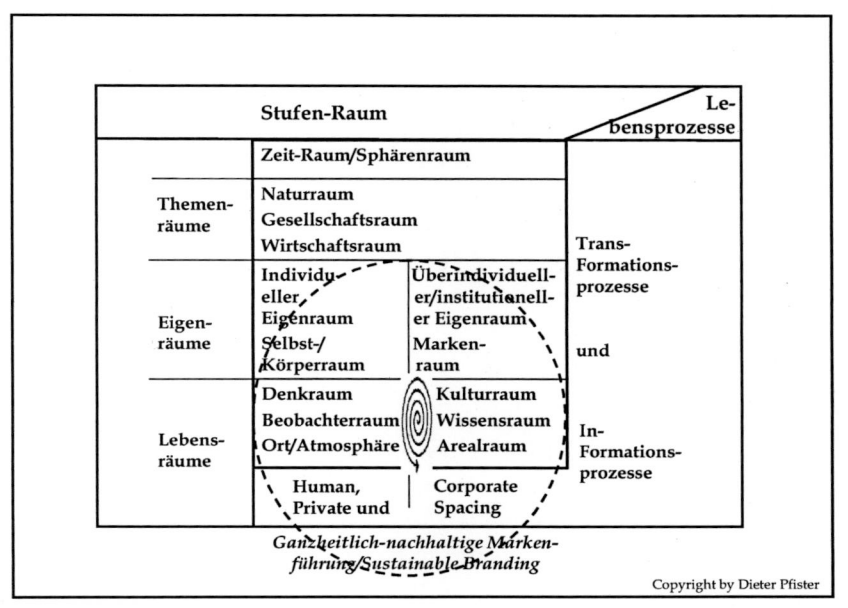

Copyright by Dieter Pfister

*Abbildung 39: Überblick über die Elemente des ganzheitlich-nachhaltigen Marketing- und Kommunikationsmanagements und der Markenführung*

Die Raumformation, das Spacing als Prozess zeigt sich einerseits im Arealraum und andererseits im Wissensraum. Im ersten Fall wird er Area Spacing genannt, im zweiten Human Spacing. Beide leiten sich aus den Gegebenheiten des Kulturraums ab.

Das Area Spacing wird, je nach Anwendungsgebiet, weiter unterschieden in

- Corporate Spacing, (Industry, Services): Areal-/Gebäudeent-wicklung von Unternehmen und Verwaltungen
- Real Estate Spacing: Immobilienentwicklung
- Public Spacing: Stadtentwicklung, Raumplanung
- Hospitality Spacing: Hotel, Restaurant, Altersheime und –re-sidenzen
- Shop Spacing: Verkaufsraumentwicklung
- Private Spacing: Private Wohnung.

Das Human Spacing zielt auf die Persönlichkeitsentwicklung des Individuums und befasst sich mit den Strategien der Wissensraumgestaltung und versucht diese im Denk- und Beobachterraum bewusst zu machen und allenfalls zu optimieren.

In der Folge soll im Rückblick auf die Entwicklung der letzten Jahrzehnte aufgezeigt werden, wie sich diese „Syntheseleistung" institutionell und instrumentenbezogen aufbaut und sich der Wandel hin zu einem neuen Raumverständnis langsam anbahnt hat.

## 1.3 Zur geschichtlichen Entwicklung des Marketing- und Kommunikationsmanagements

Ein Blick zurück in die Geschichte lässt erkennen, dass sich die Unternehmensvorstellungen und -prozesse immer mehr aufteilten, spezialisierten. Vor allem die Trennung zwischen einer abstrakt und institutionell verstandenen Unternehmenspersönlichkeit und der individuellen menschlichen Persönlichkeit brachte eine „Verselbständigung" des Institutionellen und vergrösserte das Problem der Identifikation des Individuums mit der Institution. Das personelle Wachstum vieler Firmen förderte die Spezialisierung und diese wiederum die Fragmentierung. Letztere zeigt sich auch in der wissenschaftlichen Analyse von Unternehmen und deren betrieblichen Funktionen, an der sich immer mehr Disziplinen beteiligen, dies aber terminologisch und modellmässig immer unabhängiger voneinander, weil der Wille zur oft beschworenen Transdisziplinarität meist zu schwach ausgeprägt ist.

### *1.3.1 Vom Corporate Design zum Corporate Spacing*

Im sinnlich wahrnehmbaren Bereich von Institutionen, Unternehmen und Staatsverwaltung hat der Gestaltungsakzent viele Jahre auf der Welt des Zweidimensionalen gelegen, was mit der Dominanz des klassischen, bild-text-orientierten Kommunikationsbegriffs zusammenhängt. So entwickelte sich das Corporate Design-Management in den 70er Jahren des 20. Jahrhunderts immer perfekter und vereinheitlichte das „Gesicht" von Firmen weltweit. Parallel dazu wuchs das Verständnis und die Beschäftigung mit der sogenannten Corporate Identity (CI), aber erst in den letzten Jahren stiess die Idee der Corporate Architecture in Europa auf breiteres Interesse.

Wie nachfolgende Abbildung (oben im Bild) zeigt, sind solche Ansätze meist von bestimmten Professionen und in der Wissenschaft von bestimmten Professoren initiiert und getragen worden. Da diese Berufsgattungen aber selten innerhalb einer überblickbaren Zeitspanne an einer „Baustelle" zusammenarbeiten mussten und sie überdies ganz unterschiedlichen Ausbildungsinstitutionen zugeordnet waren, kam es zunächst zu wenig projektbezogener Zusammenarbeit. Aus der Sicht der oben genannten Weltbilder und Managementmodelle betrachtet ist diese Distanz zwischen den Berufen und Ausbildnern nun einfach zu verstehen: Wenn Bild und Text, Ich und Welt, Absender und Empfänger, Identity und Design als Gegenüber verstanden werden, wird auch im Prozessmanagement die Bearbeitung dieser Themen als ein Nach- und Nebeneinander gesehen und praktiziert. So ist es nicht verwunderlich, dass die Ideen und Vorgehensweisen des Corporate und des Product Designs und deren bewährte Vorgehensweisen erst spät und immer noch recht selten ins Räumliche übertragen worden sind und wenn dies geschah, dann eher unter dem Blickwinkel der Corporate Architecture.

Nachfolgende Abbildung zeigt, wie sich das raumbezogene Gestaltungsmanagement in der Zeitachse entwickelte. Die gestrichelte Linie in der Zeit vor 1975 deutet darauf hin, dass die Produktgestaltung und die Gestaltung von Ladengeschäften, Gaststätten sowie Hotels schon viel früher ernst genommen wurden und ein hohes Niveau erreichten.

| Wie | Was | Wer | Grafikatelier | Produktdesigner | Werbe-Agenturen | CI-Agenturen | Personalver- antwortliche | Innenarchitekten | Architekten | Webdesigner | Nachhaltige Raumentwickler |
|---|---|---|---|---|---|---|---|---|---|---|---|
| 3-dimen- sional (2. Phase) | Umfassende Ortsgestaltung | | | | | | | | | | |
| | Partielle und virtuelle Raumgestaltung | | | | | | | | | | |
| Mensch | Unternehmens- kultur, Corporate Identity, Verhalten | | | | | | | | | | |
| 2-dimen- sional | CD-Manual Broschüren Logo/Briefschaften | | | | | | | | | | |
| 3-dimen- sional (1. Phase) | Messestandbau Laden-, Hotelbau Produktdesign | | | | | | | | | | |
| | | Wann | 1975 | | 1990 | | | | 2005 | | |

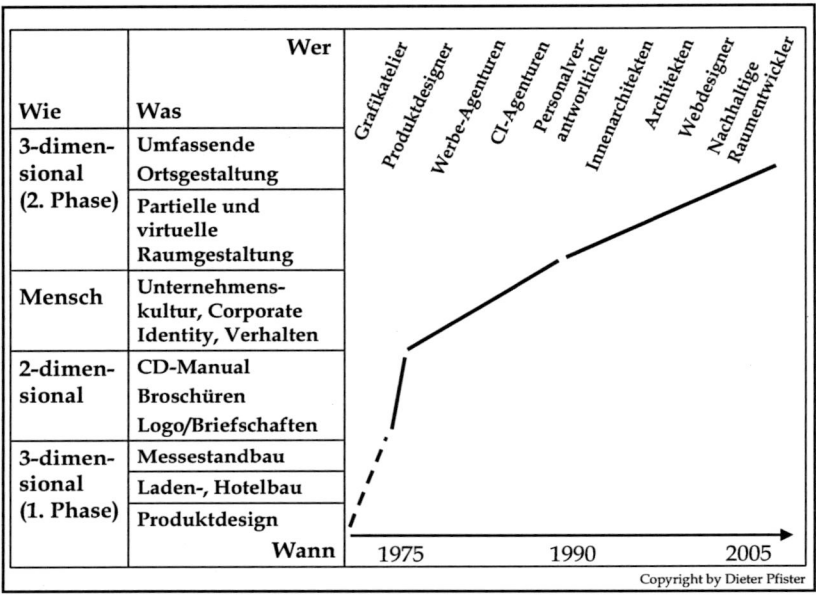

Copyright by Dieter Pfister

*Abbildung 40: Entwicklung vom Corporate Design über Corporate Identity und Corporate Architecture zum Corporate Spacing und deren Initianten und Hauptakteure*

Der Unterschied zwischen der Idee der Corporate Architecture und jener des Corporate Spacing liegt in einem anderen Raumverständnis. Corporate Architecture betont mit dem Wort „Architektur" das handwerklich-technische und gebäudebezogene, auch das strukturelle und künstlerische. Dabei wird der Raum vor allem wahrgenommen und analysiert in den Dimensionen von Raumbildern, Schlüsselmerkmalen und Objektschichten. Corporate Architecture steht meist in der Tradition der relationalen Raum-vorstellung, stellt sie doch die Knoten des Netzwerks, hier verstanden als umbauter Raum, ins Zentrum und sucht von dort aus die Relationen mit dem Umfeld zu gestalten, auch indem der Begriff der Architektur auf andere Bereiche übertragen und ausdehnt wird. Gerade darin zeigt sich auch ein Machtanspruch dieser Profession und ihrer Exponenten: Man spricht dann von Landschafts- und Gartenarchitektur in der Aussenraumgestaltung, von Netzwerkarchitektur in der Informatik etc.

Nachfolgende Abbildung zeigt die unterschiedlichen Denk- und Vorgehensweisen. Links im Bild der Ansatz der Corporate Architecture, bei der die Zielvorstellungen der Gebrauchsfunktion und Architektur-Wirkung hin zum Nutzer gestalten, und zwar unter oft starker Berücksichtigung der Erfordernisse des Zeitgeistes, der über die sogenannten Schlüsselmerkmale (Form, Farbe etc.) die einzelnen Objektschichten (1-7 unten im Bild aufgeführt) „einfliesst". Der Grad der Modernität, des „in seiner Zeit Seins", spielt dabei eine zentrale, qualitätsprägende Rolle. Trendsetzende, avantgardistische Stararchitekten und –designer definieren diese Standards, denen dann die zweiten und weiteren Garden folgen, dadurch die Innovation zur Mode wird, bis sie durch neue Zeitgeist-Erscheinungen ersetzt werden. Das ergibt einen immerwährend konsumfördernden Innovations-Kreislauf.

Im Unterschied dazu gelten im Spacing-Ansatz die Gestaltungsmassnahmen den lebensraumbezogenen Objektfeldern (1-11 recht unten im Bild), die den Menschen (Feld 1) und Aktivitäten vor Ort (Feld 9) ebenfalls integrieren und die Trennung zwischen Innen- und Aussenraum überwinden. Über die Raumaussage (Zweckebene) und die acht Explikate der Raumatmosphäre (von Raumaussage bis Raumeindruck) werden die Werte verwirklicht, welche das Raumgestaltungsfeld prägen, in dem ein Individuum oder eine Institution verortet ist. Die Bewertungsstrategie (Werthierarchie) expliziert sich in den Bewertungen der acht genannten Explikate. Raumgestaltungsmittel stellen dabei, im Unterschied zum Corporate Architecture-Ansatz, nur einen von acht Aspekten dar.

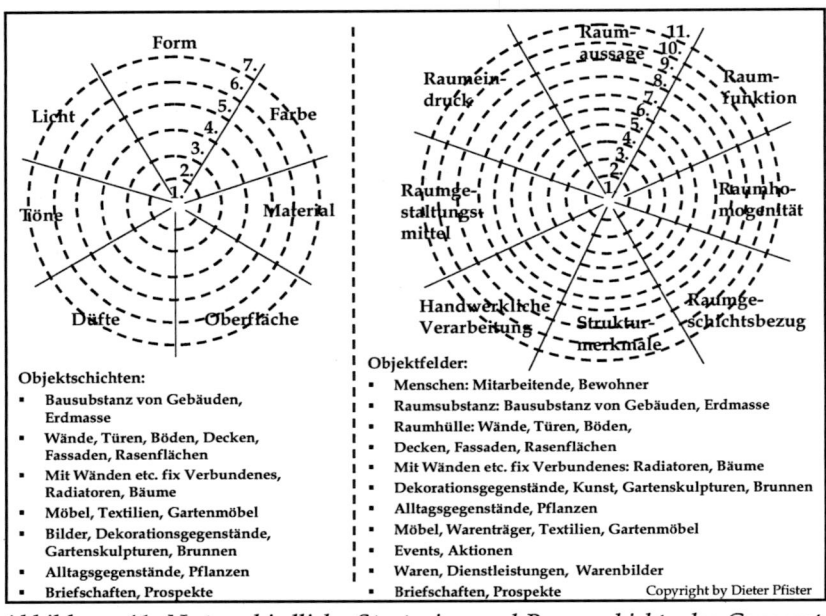

**Objektschichten:**
- Bausubstanz von Gebäuden, Erdmasse
- Wände, Türen, Böden, Decken, Fassaden, Rasenflächen
- Mit Wänden etc. fix Verbundenes, Radiatoren, Bäume
- Möbel, Textilien, Gartenmöbel
- Bilder, Dekorationsgegenstände, Gartenskulpturen, Brunnen
- Alltagsgegenstände, Pflanzen
- Briefschaften, Prospekte

**Objektfelder:**
- Menschen: Mitarbeitende, Bewohner
- Raumsubstanz: Bausubstanz von Gebäuden, Erdmasse
- Raumhülle: Wände, Türen, Böden, Decken, Fassaden, Rasenflächen
- Mit Wänden etc. fix Verbundenes: Radiatoren, Bäume
- Dekorationsgegenstände, Kunst, Gartenskulpturen, Brunnen
- Alltagsgegenstände, Pflanzen
- Möbel, Warenträger, Textilien, Gartenmöbel
- Events, Aktionen
- Waren, Dienstleistungen, Warenbilder
- Briefschaften, Prospekte

Copyright by Dieter Pfister

*Abbildung 41: Unterschiedliche Strategien und Bezugsobjekte des Corporate Architecture- (links) und des Corporate Spacing-Ansatzes (rechts)*

Beim Corporate Spacing geht es darum, in einem Dialog und nicht in einem „Machtkampf der Anspruchsgruppen" die Verbindungen zwischen strategischen Ebenen herzustellen sowie zu erkennen, worin sich die Vorstellungen der Raumeigner und Nutzer treffen oder allenfalls auch unterscheiden. Hier zeigt sich konkret, was Latka meint, wenn er schreibt, dass „das Verbindende zugleich das Durchdringende"[4] sei. Diese Idee des Sich-Durchdringens wurde oben abstrakt dargestellt und hat gezeigt, was das Durchdringende/Verbindende ist, nämlich Lebensenergie und Information. Hier nun geht es konkret um die relvanten Informationen, welche die Atmosphäre vor Ort implizit zeigt. Dies sind

- das Raumthema, Raumnutzen (Art/Häufigkeit einer spezifischen Themenwahl)
- die Strategie im Umgang mit Raummerkmalen und das Raumbild (Art/Häufigkeit der Strategiewahl der Merkmale).

Wichtig ist es im Blick auf den Dialog, Wünsche und Bedürfnisse der Nutzer und Eigner aufzunehmen. Hier kann die Marktforschung – mehr als bisher – eine Aufgabe übernehmen. Dabei muss beachtet werden, dass nicht alles standardisiert „erfragbar" ist. Im Kern geht es hier ja um die Zufriedenheit des Kunden, Gastes, Mitarbeitenden, also des Nutzers mit der Qualität der Raumgestaltung. Wie der deutsche Wirtschaftswissenschaftler Dirk Steffen feststellt, vergleichen einige Autoren "die Potenzialdimension einer Dienstleistung mit der *Verpackung* von Sachgütern <...>. Gemäss dieser Auffassung stellen die materiellen und immateriellen Potenzialmerkmale zum einen ein Kommunikationsinstrument dar, um Kunden über die Leistung zu informieren <...> und zum anderen ein Instrument, um die Nutzung der Dienstleistung zu erleichtern."[5]

Die Vorstellung des Raumes als „Verpackung" steht in der Tradition des relationalen Raumverständnisses und des klassischen Kommunikationsbegriffs, trennt klar zwischen innen und aussen, Inhalt und Form etc. Der topisch-henadischen Raumauffassung viel näher kommt die Idee, die Raumgestaltung als Aspekt des Leistungserstellungs-Prozesses zu verstehen, und zwar von tangiblen Gütern wie auch von Dienstleistungen.

Gerade im Dienstleistungsbereich wird die Raumgestaltung ausserhalb der genannten traditionellen Felder wie Laden- und Messebau, Hotel- und Restaurantgestaltung nach wie vor unterschätzt, worauf auch Steffen hinweist, wenn er schreibt: „Eine Vielzahl von *Untersuchungen zur Dienstleistungsqualität* setzten sich mit Fragestellung auseinander, inwiefern einzelne Dienstleistungsmerkmale die wahrgenommene Qualität während des Prozesses beeinflussen. <...> Eine Literaturrecherche zeigt, dass Studien, welche die räumliche Umgebung als Determinante der Dienstleistungsqualität berücksichtigen, oftmals nur Einzelaspekte des Umfelds aufgreifen und keine umfassende Betrachtung der Potenzialqualität vornehmen."[6]

Eine dieser eher seltenen, ganzheitlich gedachten Darstellungen ist jene der Schweizer Betriebswirtschaftlerin Charlotte Bühler, die im Blick auf den Marketing-Mix und die Bereitstellungsleistung unter „Place" die Aspekte „Access und Atmospherics" ausführlich behandelt.[7] Als „Gestaltungselemente der Dienstleistungsumgebung" bezeichnet sie „wahrnehmungsrelevante Wirkungselemente des

Raumerlebens" wie „Form (Dimensionen, Grösse, Höhe, Geometrie), Farbe, Licht, Hintergrundmusik und Duft."[8]
Steffen vertieft diese Überlegungen, ordnet sie als Potentialdimension der Dienstleistungsqualität ein und prüft sie empirisch im Ladenraum einer Buchhandlung mittels einer Kundenbefragung. Nachfolgende Abbildung „zeigt die Ergebnisse der explorativen Faktorenanalyse <…> in einer typischen Konstruktdarstellung. Die abgebildete Struktur gibt aufgrund des Faktors ‚Ambiente und Einrichtung' (Faktor 2) einen Hinweis darauf, dass die Potenzialdimension gesamthaft, d.h. holistisch, wahrgenommen wird. Deshalb laden materielle und nicht-materielle Potenzialmerkmale auf einen Faktor."[9]

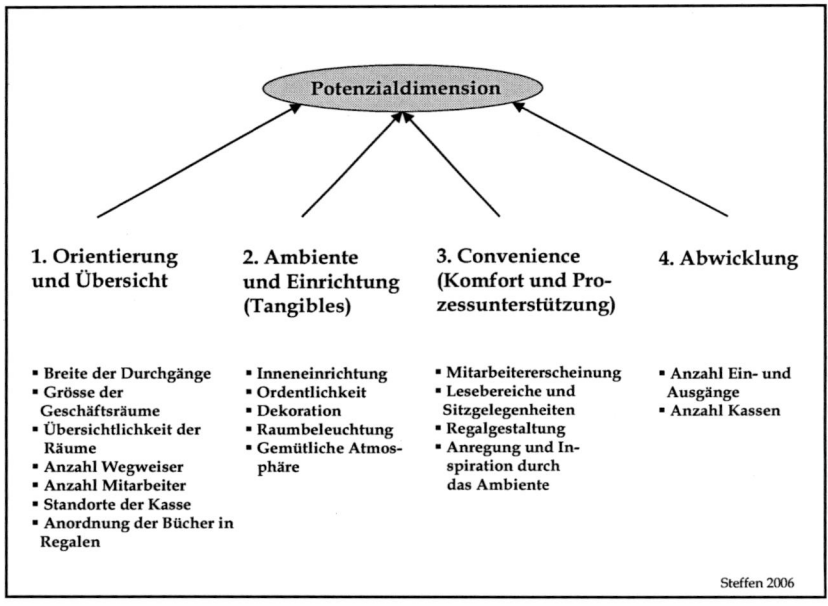

```
                          Potenzialdimension
              ↙              ↙          ↘              ↘

1. Orientierung    2. Ambiente      3. Convenience    4. Abwicklung
   und Übersicht      und Einrichtung  (Komfort und Pro-
                      (Tangibles)      zessunterstützung)

• Breite der Durchgänge  • Inneneinrichtung     • Mitarbeitererscheinung  • Anzahl Ein- und
• Grösse der             • Ordentlichkeit       • Lesebereiche und          Ausgänge
  Geschäftsräume         • Dekoration             Sitzgelegenheiten       • Anzahl Kassen
• Übersichtlichkeit der  • Raumbeleuchtung      • Regalgestaltung
  Räume                  • Gemütliche Atmos-    • Anregung und In-
• Anzahl Wegweiser         phäre                  spiration durch
• Anzahl Mitarbeiter                              das Ambiente
• Standorte der Kasse
• Anordnung der Bücher in
  Regalen

                                                                    Steffen 2006
```

*Abbildung 42: Faktorstruktur der Potentialqualität, nach Steffen, 2006, S. 155*

Wenn es nun darum geht, die Wirkungszusammenhänge im Sinne des topisch-henadischen Raumverständnisses zu erkennen, so zeigt dies die nachfolgende Abbildung. Links werden die relevanten Analyseebenen dargestellt, in der Mitte die feldhaft verstandenen Konkretisierungsschritte und rechts die Analyseinhalte.

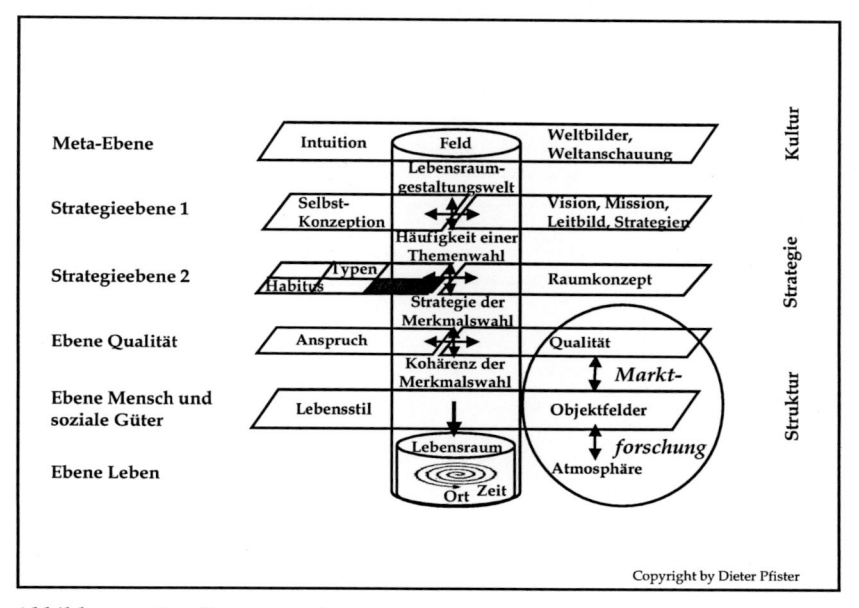

*Abbildung 43: Zusammenhang zwischen den Betrachtungsebenen und Möglichkeiten der Marktforschung*

Was nun die Möglichkeiten der Marktforschung betrifft, so sind die bei diesem sehr komplexen Thema beschränkt, will man nicht Gefahr laufen, sich methodisch auf unsicheres Gelände zu begeben. [10] Obige Abbildung zeigt, dass auf den drei oberen Analyseebenen die meisten Fragestellungen die Befragten überfordern würde. Welche Fragen können nun aber in der Marktforschung gestellt werden? Es sind die Fragen danach, wie der Nutzer die sinnlich wahrnehmbaren Objektfelder auf ihre atmosphärische und qualitätsmässige Wirkung hin beurteilt, also bezüglich
- Raumnutzen, Raummerkmale, Raumbild
- Glaubwürdigkeit, Echtheit etc. inklusive Servicequalität.

Wie unter Anderen auch Steffen gezeigt hat, kann man bezüglich der Nutzer-Zufriedenheit mit der Qualität der Raumgestaltung und des Service zahlreiche, gut verständliche Fragen stellen. Als Nutzer sind sowohl Kunden wie auch Mitarbeitende zu betrachten.

Die nachfolgende Abbildung zeigt, wie man im Sinne des topisch-henadischen Raumverständnisses und dessen raumanalytischen

Strukturierung den Nutzer (im Zentrum) im Vergleich zu seinen Soll-Vorstellungen (unten im Bild) die Qualität der Raumgestaltung und des Service beurteilen lassen kann (erfragbare Dimensionen rechts im Bild). Zusätzlich kommt aber noch die Beurteilung der Markenqualität dazu (oben in Abbildung und Dimensionen rechts).

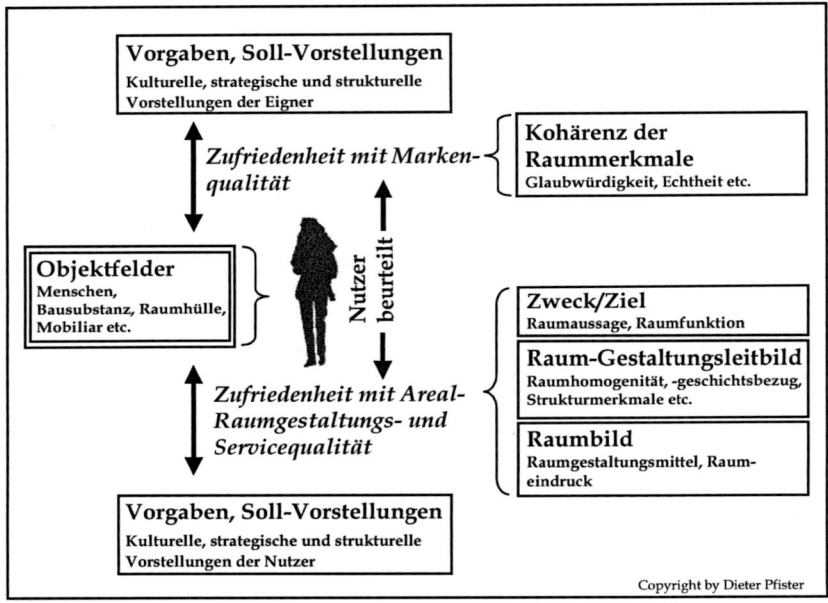

*Abbildung 44: Modell der Beziehungen zwischen dem befragten Nutzer (Mitte), dem Bezugsrahmen der Beurteilung (Objektfelder und Vorgaben) und den befragbaren Themen (rechts)*

Die nächste Abbildung zeigt schliesslich die möglichen Fragestellungen.

| Analyse-Ebene | Strategie-Aspekte | Fragestellung |
|---|---|---|
| Raumgestaltungs-qualität: Raumnutzen | •Raumaussage<br>•Raumfunktion | •Auch Räume sagen etwas aus: Sagt mir dieser Raum, dass hier Ökologie gross geschrieben wird?<br>•Wie gut erfüllt die Raumaufteilung meine Erwartungen an einen solchen Raum? |
| Raumgestaltungs-qualität: Raummerkmale | •Raumhomogenität<br>•Raumgeschichtsbezug<br>•Raumstrukturmerkmale<br>•Handwerkliche Verarbeitung | •Wie gut sind die Objekte im Raum aufeinander abgestimmt?<br>•Wie gut gefällt mir die Mischung zwischen älteren und neuen Objekten im Raum?<br>•Wie gut ist der Raum strukturiert, möbliert, gefüllt?<br>•Wie gut beurteile ich die handwerkliche Qualität der Objekte im Raum beurteilt? |
| Raumgestaltungs-qualität: Raumbild | •Raumgestaltungsmittel<br>•Raumeindruck | •Polaritätenprofil zu Raumbild-Dimensionen (z.B. konventionell - originell) spontan beurteilen |
| Markenqualität | •Glaubwürdigkeit<br>•Echtheit<br>•Orts-Stimmigkeit<br>•Praxistauglichkeit<br>•Erlebniswert<br>•Eigenständigkeit | •Wie gut passt die Raumgestaltung zum Bild, das ich vom Besitzer habe?<br>•Wie inszeniert oder authentisch wirkt die Raumgestaltung auf mich?<br>•Wie gut passt die Raumgestaltung in die Umgebung? (Ort, Geschichte)<br>•Wie praktisch ist die Raumgestaltung für mich als Nutzer?<br>•Wie empfinde ich die Eigenständigkeit der Raumgestaltung? |
| Servicequalität | •Qualität der Dienstleistungen | •Wie gut erfüllt das Personal meine Erwartungen? |

*Abbildung 45: Zentrale mögliche Fragestellungen von standardisierten Kunden- und Personalbefragungen im Blick auf Raumgestaltungen*

Ziel des Corporate Spacing ist es, die Sensibilität für die komplexen Zusammenhänge, Möglichkeiten und Qualitäten der Raumgestaltung auf der Auftraggeberseite zu erhöhen und die Fähigkeit der Auftragnehmer zu erweitern, die Geschichte, die Vorgaben der Eigner und die Erwartungen der Nutzer im Dialog kennen zu lernen, ernst zu nehmen und in den Kreationsprozess zu integrieren. Damit wird das räumliche Denken geschult, was eine zentrale Voraussetzung für die Förderung des ganzheitlich-nachhaltigen Managements darstellt. Welchen Nutzen bringt nun dieses Vorgehen? Nachfolgend seien einige aufgelistet:

- Konsequentes Qualitätsmanagement erhöht das Profil des Unternehmens und ermöglicht eine klare Wiedererkennung im Markt und Identifikation beim Personal.
- Das klare Profil wiederum spricht Zielgruppen besser an, ermöglicht bessere Bedürfnisbefriedigung sowie höhere Zufriedenheit der Kunden und führt so zu einer aktiven Vollreferenz, der Weiterempfehlung. Die Nachhaltigkeit bei der

Konzeptarbeit erspart einen raschen Wechsel/Wiederumbau aus modischen Gründen.
- Die Qualität der Konzeptarbeit reduziert Kosten, die anfallen, wenn Erneuerungen und Anpassungen aus Gründen der mangelnden Kohärenz vorgenommen werden müssen.
- Die Effizienz und Effektivität des Gestaltungsprozesses (Umbau, Neubau) wird deutlich verbessert, ebenso die Kommunikation zwischen den am Veränderungsprozess Beteiligten (eine gemeinsame Sprache), wodurch man Planungskosten einspart.
- Durch das Raumkonzept und Corporate Spacing-Manual werden bei Filialbetrieben klare Grundlagen geschaffen, eine gewisse Einheitlichkeit erzielt und Kosten durch ein Verhindern des permanenten „Wiedererfindens des Rades" gespart.
- Durch dieses Vorgehen wird Raumgestaltung diskutierbar und in gewissem Sinne in seiner Veränderung und dessen Beurteilung messbar (Marktforschung).

Nachdem dargestellt worden ist, welche Konsequenzen der oben definierte ganzheitlich-nachhaltige Kommunikations-/Denkbegriff auf den Arealraum hat, wird nun darauf eingegangen, wie es um die Auswirkungen des Spacing-Ansatzes auf den Kultur- und Wissensraum steht.

### 1.3.2 Von der Corporate Communication zum Human Spacing

Das klassische institutionelle Kommunikationsmanagement, die Corporate Communication, hat verschiedene Entwicklungsphasen durchlaufen, die auch den Wandel des Kommunikationsbegriffs zeigen. Es bildeten sich schon früh Berufsbilder in den Bereichen Werbung (früher „Reklame" genannt) und Öffentlichkeitsarbeit (früher „Propaganda" geheissen) aus, die von der Herkunft, Ausbildung und Haltung, also von der Berufs- oder Branchenkultur recht unterschiedlich waren.

In den 70er Jahren des 20. Jahrhunderts entstand die Idee des „Issue-Managements", das entwickelt wurde, um zunehmende Abhängigkeiten von Unternehmen und Institutionen gegenüber sozialen Anspruchsgruppen abzubauen. Vor allem Wirtschaftsunternehmen wollten sich nicht als Spielball, sondern als aktives Element im Meinungsbildungsprozess begreifen und nicht von einem Thema überrollt und in die Ecke gedrängt werden. Das Issue-Management

stellt eine Art Frühwarnsystem dar, das Organisationen vor unangenehmen Überraschungen schützt, aber auch die Chancen neuer Themen erkennt. Es ist ein Verfahren, das aus Beobachtung und entsprechender Informationsverwertung besteht und damit Risiken und Unsicherheit rechtzeitig erkennt und zu bewältigen hilft. Es ist also stark auf Nachhaltigkeit ausgerichtet. Gemäss dem amerikanischen Zukunftsforscher Joseph F. Coates basiert Issue-Management aus folgenden drei Eigenheiten[11]:
- Identifizierung, Beobachtung und Analyse sozialer, technologischer, politischer und ökonomischer Kräfte und Trends, welche das Unternehmen beeinflussen könnten.
- Interpretation und Definition der daraus entstehenden Implikationen und Optionen.
- Auswahl und Implementierung von Strategien, um mit diesen Issues umzugehen.

Ein wirksames Issue-Management erfordert demnach zunächst eine Schärfung der Wahrnehmungsfähigkeit und anschliessend den Einsatz verschiedenster Kommunikationsinstrumente. Diese wurden bis in die späten 80er Jahre des 20. Jahrhunderts oft wenig aufeinander abgestimmt. Man dachte weiter in den Berufsbildern von Werbung, Öffentlichkeitsarbeit, Marketing sowie Verkauf und setzte jeweils „seine" Instrumente ein. Diesen Instrumenten-Fokus mit dem Themen-Fokus des Issue-Managements zu verbinden ist das Anliegen der sogenannten „integrierten Unternehmenskommunikation", welche sich vorwiegend auf die Überwindung von Kommunikationsdefiziten zwischen dem Ort (intern/extern) und der Hierarchieebene (horizontal/vertikal) der Kommunikation befasst.

Bruhn definiert die integrierte Unternehmenskommunikation folgendermassen: „Unter der integrierten Unternehmenskommunikation wird ein Prozess der Planung und Organisation verstanden, der darauf ausgerichtet ist, aus den differenzierten Quellen der internen und externen Kommunikation von Unternehmen eine Einheit herzustellen, um ein für die Zielgruppen der Unternehmenskommunikation konsistentes Erscheinungsbild über das Unternehmen zu vermitteln."[12]

Das Konzept der integrierten Unternehmenskommunikation entstand vor allem aus der Notwendigkeit der Kommunikationskoordination der mittleren und grossen transnationalen Firmen heraus, die oft durch zahlreiche Fusionen und Aufsplitterungen entstanden sind und sich somit gegenseitig abstimmen und informieren müssen. Bruhn ging dann noch einen Schritt weiter, indem er die Idee des „internen Marketings" entwickelte[13] und so die Bereiche Marketing und Kommunikation, Werbung und Öffentlichkeitsarbeit einander näher brachte.

Etwa zur gleichen Zeit wie das Konzept der integrierten Unternehmenskommunikation, also ebenfalls zum Ende des 20. Jahrhunderts, ist auch der Begriff des Wissensmanagements eingeführt worden, den die österreichische Management-Wissenschaftlerin Ursula Schneider wie folgt definiert: „Wissensmanagement wird beschreibbar als die aus der Geschäftsstrategie abgeleitete, eng an strategische, taktische und operative Kernprozesse gekoppelte Gestaltung einer parallelen Wissensschöpfungskette, deren Inputs aus den Kernprozessen und von aussen gespeist werden und deren Outputs einerseits unmittelbar in diese Prozesse zurückfliessen, andererseits in einen Speicher, die sogenannte organisatorische Wissensbasis, aufgenommen werden, um ihnen später zu dienen."[14]

Der Schweizer Wirtschaftswissenschaftler Gilbert Probst arbeitete dann ein Wissens-Prozessmodell aus, mit dem er allerdings die integrierte Sichtweise von Schneider verlässt und Wissen und Wissensmanagement zunächst recht isoliert betrachtet.[15] Wissensmanagement beschäftigt sich nach seinen Vorstellungen mit der Entwicklung und Aufnahme von Wissen und der entsprechend abgestimmten Bewahrung, Nutzung, Vermittlung und Bewertung des Wissens. Diese Ausrichtung fand in der Praxis ihren Niederschlag vor allem im Bereich der Informatik, gab oft Anlass, ein Intranet aufzubauen.

Überblickt man die Entwicklungslinien des Kommunikations- und Wissensmanagements der letzten Jahrzehnte, so kann eine Integration der Themen und Inhalte, der Instrumente und der Akteure/Berufsbilder beobachtet werden. Vom Blickwinkel der Nachhaltigkeit aus betrachtet, stand zunächst im institutionellen Kommunikationsmanagement die Vermittlung von Einzelbotschaften an ausgewählte Zielgruppen im Zentrum. Dann erfolgt – unter Anwendung der oben genannten Methoden des Issue-Managements, der integrierten Kommunikation etc. – eine Vernetzung der Themen und Instrumente. Bei diesen ersten beiden Phasen dominierten die

Aspekte Zeit, Mensch und Markt, das heisst, die Botschaften mussten zum richtigen Zeitpunkt bei den richtigen Zielgruppen/Menschen im Markt oder in der Gesellschaft ankommen. Kommunikation basiert hier auf einem logistischen Grundverständnis: Das Produkt „Wissen" muss „just in time" beim Konsumenten/Empfänger eintreffen.
Mit dem Aufkommen des „world-wide-web" entstand die Möglichkeit einer „passiven Veröffentlichung", eines in den (virtuellen) Raum-Stellens von Botschaften, welche die Holschuld, das aktive und bewusste Auswählen, forderte und förderte. Der Markt der Massenmedien wandelte sich sozusagen von einem Verkäufer- zu einem Käufermarkt. So rückte der Aspekt des Raumes und des Ortes immer mehr ins Zentrum, aber auch die Notwendigkeit, den Menschen zu befähigen, auswählen zu können, zu wissen, was er wissen will und muss (Selbstreflexion, Persönlichkeitsbildung).

*1.3.2.2 Klassischer Kommunikationsbegriff*
Die dargestellten Möglichkeiten zeigen zwar Entwicklungsprozesse der Kommunikationswissenschaft und -praxis der zweiten Hälfte des 20. Jahrhunderts, dürfen aber nicht als ein Nacheinander der in der Praxis gebrauchten Ansätze verstanden werden. Diese Ansätze bestehen heute alle nebeneinander und es ist die „Kunst" des Spezialisten, den richtigen Ansatz für die zu bewältigende Aufgabe zu wählen. Doch mit der Vielfalt der Ansätze geht auch eine Verunsicherung einher: Je mehr Optionen man hat, desto schwieriger wird die Entscheidung. Die Verunsicherung betrifft immer mehr auch Grundsatzfragen, auch solche bezüglich der Begrifflichkeit.
So ist der Begriff der Kommunikation, wie er in der Praxis verwendet wird, schon seit Längerem Gegenstand kritischer Betrachtungen geworden. Zec beispielsweise bringt dies auf den Punkt, wenn er schreibt: „Das Problem der Kommunikation ist die Kommunikation."[16] Er weist darauf hin, dass das Modell von Kommunikation, die „ähnlich wie mit einer Gewehrkugel ins Schwarze" treffen kann, „bislang immer wieder zu grundlegenden Irrtümern, Störungen und Frustrationen im kommunikativen Verhalten"[17] geführt hat.
Diese Überlegungen betreffen auch den Begriff „Information". Indem man Information selbst immer mehr als Produkte/Waren betrachtet, wird diese als Parallelprozess neben den tangiblen Waren gesehen. Der Kommunikationsspezialist kommuniziert als Kommentator

mittels Bild und Text das Produkt. Schliesslich traten Produkt und Unternehmen ihrerseits immer mehr auseinander: Für die Kommunikation über das Erstere ist dann die Abteilung „Marketing-Kommunikation" verantwortlich, für jene hinsichtlich des Unternehmens die Abteilung „Unternehmens-Kommunikation".

Im relationalen Raumverständnis wird Kommunikation, wie erwähnt, vor allem als Vermittlungs- und Austauscharbeit, als das Überwinden des „Zwischenraums" zwischen Sender und Empfänger verstanden. Menschen und Botschaften sind wie Knotenpunkte in einer vernetzten Welt. Dabei erfolgt

- eine Trennung von Innen und Aussen;
- eine Trennung von Produktions- und Kommunikationsprozess: Einzelprozesse (wie Logistik, Personal, Controlling), woraus Ergebnisse entstehen, die als Produkte verstanden und dann kommuniziert werden können;
- eine Trennung von Welt/Leben und deren Repräsentation in Bild/Text, woraus die Möglichkeit einer Separierung der Vermittlungsarbeit entsteht;
- eine Trennung von Denken, Reden und Handeln, woraus die Möglichkeit einer Arbeitsteilung und Professionalisierung entsteht (zum Beispiel in Richtung Berater, Ghostwriter, Wissenschaftler, Spitzenmanager, Politiker, Behördenvertreter).

Auf dieser Basis entsteht – wiederum in Sinne von „Teile und herrsche" – die Vorstellung der Möglichkeit „gezielter Kommunikation", die Zec wegen der Ambivalenz von Kommunikation ablehnt. Diese Ambivalenz besteht darin, „dass eine konstatierende Aussage über einen Tatbestand zunächst so ausgedrückt wird, als handele es sich dabei um eine objektive Tatsache (dies ist das beste Produkt der Welt). Unmittelbar nach dieser konstatierenden Aussage kann man jedoch erkennen, dass nichts der Fall ist, wenn keine Aussage darüber getroffen wird, dass es der Fall ist. Diese Erkenntnis, die prinzipiell jeder Kommunikation immanent ist, verwandelt die konstatierende in eine performative Aussage, die das, was sie behauptet, eigentlich selbst performativ erzeugt. Die Ambivalenz der Kommunikation stellt auch bei der Entwicklung von Marken ein schwerwiegendes Problem dar. Denn die Formulierung einer Marke erfolgt in der Regel zunächst als konstatierende Aussage, die erst dadurch bekräftigt wird, wenn auch andere Aussagen darüber gemacht werden, dass es tatsächlich

so ist <...>. Bleibt diese Feststellung aus, so verwandelt sich die konstatierende Behauptung in eine performative Aussage, die sehr leicht als reine Spekulation zu durchschauen ist."[18]
Eine der Lösungen, die Zec vorschlägt, zugleich aber als nicht unproblematisch betrachtet, heisst „gezielte Desinformation": „Bei der Markenentwicklung durch gezielte Desinformation kommt es also zunächst darauf an, welche Vorstellungen über die Welt bei einer Vielzahl von Menschen in einer spezifischen Gruppe oder in der Gesellschaft vorhanden sind <...>. Dies setzt jedoch eine aktive beobachtende und zugleich zurückhaltende Teilnahme an Kommunikationsprozessen voraus. Ebenso wie die Bereitschaft, seine eigenen Ideen – zum Teil sogar bis zur völligen Verleugnung – hinten anzustellen. Diese Haltung wird heute in zahlreichen Unternehmen von verantwortlich handelnden Managern praktiziert."[19]
So schliesst sich der Kreis: Der klassische Kommunikationsbegriff im Sinne des retiv-polyzentrischen Sozialsystem-Modells ermöglicht eben diese Trennung zwischen den Denken, Reden und Handeln, die, in der Praxis angewandt, jene Beliebigkeit und Positionslosigkeit erzeugt, welche der in diesem Modell – mit Zec – offenbar einzig verbleibende Weg der „gezielten Desinformation" bewirkt. Wenn auch das durchschaut ist, bleibt nur noch Ironie und Misstrauen, denn wer weiss dann schon, was seine Zielgruppen denken, ganz zu Schweigen davon, was er selber denkt...

### 1.3.2.3 Ganzheitlich-nachhaltiger Kommunikationsbegriff

Doch wie kann man nun diese klassischen Denkhaltungen und -muster im Sinne der ganzheitlichen Nachhaltigkeit aufbrechen? Indem das Kommunikationsmodell in Richtung des topisch-henadischen Raumverständnisses weiterentwickelt wird. Das eben Aufgezählte müsste wie folgt verändert werden:
- Statt Innen und Aussen, Ich und Welt zu trennen: die Beziehung der Dinge zueinander als Implizit – Explizit und sich vor Ort durchdringend verstehen.
- Statt Geschäftsprozesse sezieren: Denk- und (Wissens-)Kommunikationsprozess als Kernprozess des Managementprozesses und als sich durchdringende Prozesse begreifen.

- Statt den Denkprozess zu sezieren: von einer logischen Abfolge und damit auch einer Verbindung/Durchdringung (Denken = Reden = Handeln) ausgehen und Kohärenz schaffen.
- Statt „Welt" und „Bild der Welt" dem Menschen gegenüberzustellen und zu vermitteln: Atmosphäre schaffen, welche die Menschen und Dinge durchdringt.

Als Ausgangspunkt der Entwicklung eines solchen Ansatzes im Sinne des ganzheitlich-nachhaltigen Managements müssen zunächst die Begrifflichkeiten vertieft betrachtet und mit der Weltanschauungsebene in Verbindung gebracht werden. Die Begriffe Information, Kommunikation und Wissen sind in einer schon oft genannten eigenen Studie[20] ausführlich behandelt worden und sollen hier deshalb nur sehr gerafft betrachtet werden, wobei der Begriff der Kommunikation im Zentrum steht.

„Kommunikation" wird abgeleitet vom lateinischen „communicare", das übersetzt werden kann mit „gemeinsam tun/machen, teilnehmen lassen, vereinigen – teilen, mitteilen, sich besprechen mit".[21] Es geht also um einen wechselseitigen Austausch und um ein In-Beziehungtreten von Teilen mit anderen Teilen. Hier erkennt man Zusammenhänge mit der Frage der Beziehung von Teilen zum Ganzen, vom Einzelnen zu seiner Mitwelt. Wie mehrfach gezeigt, kann diese Beziehung als ein Sich-Gegenübertreten (retiv-polyzentrische Raumvorstellung) verstanden werden oder als ein Sich-Verbinden, Vereinigen (retiv-topisches Sozialsystemmodell). Bei der erstgenannten Sichtweise geht es um ein Differenzieren von Systemen, bei der zweitgenannten um ein Sich-Durchdringen von Räumen.

Nachfolgend soll nun darauf eingegangen werden, wer, was und wie zueinander in Beziehung tritt. Im räumlichen Sinne gedacht ist es im Kern des topisch-henadischen Raumverständnisses der Mensch selbst, der im Selbst/-Körperraum mit sich selber in Beziehung tritt. Versteht er sich als Einheit von Körper-Seele-Geist, dann durchdringt das Selbst den Körperraum. Sieht er das Selbst als Gegenüber des Körperraumes, dann entsteht die sezierende Weltsicht des retiv-polyzentrischen Raumverständnisses: Nicht nur der Körper tritt dem Selbst gegenüber, sondern auch die Welt wird zum Aussen, zum Gegenüber des Menschen, oder ganz abstrakt formuliert, die Teile addieren sich zum Ganzen, stehen dem Ganzen gegenüber, durchdringen sich nicht und zeigen nicht das Ganze implizit im Einzelnen, weil das Ganze räumlich betrachtet grösser als das Einzelne gesehen wird und so im Einzelnen gar nicht Platz finden kann.

Was geschieht nun in diesen Prozessen des In-Beziehungtretens? Ganzheitlich-nachhaltig betrachtet sind es Umwandlungsprozesse von Information, Energie und Masse/Materie. Diese drei Dimensionen sind im Leben untrennbar verbunden. Im Sinne der Reduktion von Komplexität wurde, wie erwähnt, vor allem im Laufe des 20. Jahrhunderts der Begriff der Kommunikation verengt auf die Dimension der Information und als wechselseitiger vor allem Bild-Text gestützter Austauschprozess definiert. Gleiches geschah mit dem Begriff der Energie. In diesem Zusammenhang weist Latka auf die Sprachbezogenheit der europäischen Welterschliessung und im Unterschied dazu auf die Ortsbezogenheit der ostasiatischen Sprechens hin und konstatiert hier einen „Logozentrisumus" und dort einen „Locozentrisums".[22]

Im Denkprozess erkennt der Beobachtende, indem er das Beobachtete geistig durchdringt, immer mehr vom Beobachteten. Hier entsteht die Wechselseitigkeit von Kommunikation: Je mehr der Mensch etwas durchdringt, desto mehr durchdringt dieses den Menschen. So kann mit Schmidt aus philosophischer Sicht „Kommunikation" verstanden werden als ein Prozess, „in dem das Ich als Selbst dadurch wirklich wird, dass es sich im anderen offenbart."[23]

Dabei kann Kommunikation verbal oder nonverbal sein. Bei der schriftlichen oder gesprochenen Kommunikation muss – nach dem österreichischen Kybernetiker Heinz von Foerster – Folgendes beachtet werden: „Die Sprache übermittelt keine Information, sondern ruft Verstehen bzw. Begreifen beim Zuhörer hervor, welches eine Interaktion zwischen dem ist, was gesagt wird, und dem Vorverständnis, das im Zuhörer bereits gegeben war."[24] So hat das genannte „Sich-Besprechen-mit" der Kommunikation nicht nur eine soziale, interpersonelle Ausrichtung, sondern auch eine intrapersonale, kann ein Sprechen mit sich selbst sein, ein stummes inneres Sprechen als Meditieren, als Denken. Man kann die inneren Episoden als intrapersonelle Kommunikation bezeichnen und von der interpersonellen Kommunikation unterscheiden.

Intra- und interpersonelle Wissenskommunikation bestimmen an ihrer Nahtstelle die Grenze zwischen den eigenen Eigenräumen und anderen Eigenräumen. Da die drei Raumbereiche (Eigen-, Themen- und Zeit-Raum/Sphärenraum), wie im hier entwickelten topisch-henadischen Raumverständnis vorgeschlagen, konzentrisch angeordnet sind und sich von der „Peripherie" zum Ort hin durchdringen, ist diese Grenze keine unüberwindliche Schnittstelle. Denn so wie der Selbst-/Körperraum als Teil des Eigenraumes durch das Atmen mit dem (Luft-)Raum in Beziehung steht, so kann das Individuum den Raum der Gründe sowohl anderer Individuen wie auch der Gesellschaft in sich aufnehmen. So wie beim Atmen sich der Selbst-/Körperraum mit dem (Luft-)Raum verbindet, indem der Sauerstoff den Körperraum durchdringt, so verbindet sich der Wissensraum eines Individuums mit jenem eines anderen, indem es den anderen Wissensraum denkend durchdringt und so das ihn Durchdringende zu geteiltem Wissen wird.

Die soziale und verpflichtende Dimension der Kommunikation betont der amerikanische Sprachphilosoph Robert Brandom, indem er Kommunikation als „die soziale Produktion und Konsumtion von Gründen"[25] definiert und als die „zwischen Personen ablaufende (interpersonale), auf einen Gehalt (intracontent) bezogene Vererbung der Berechtigung zu Festlegungen. Indem man eine Behauptung aufstellt, übernimmt man zudem eine Verantwortung, die Behauptung bei angemessener Anfechtung zu rechtfertigen und damit die eigene Berechtigung zu der durch das Behaupten anerkannten Festlegung einzulösen."[26] Bei der Kommunikation als soziale Produktion und Konsumtion von Gründen entstehen zunächst immer Informationen als Behauptungen (Meinungen). Werden diese vom Empfangenden im Sinne des Absenders verstanden, ist die Kommunikation geglückt. Werden sie aus Überzeugung geteilt, so ist für eine bestimmte Gruppe (Kulturraum) gesichertes, geteiltes, verlässliches Wissen entstanden.

Der Unterschied zwischen Information, Meinung und Wissen liegt demnach in der Verarbeitungstiefe, Identifikations- und Überzeugungskraft der Behauptungen im Raum der Gründe. Die Glaubwürdigkeit und Überzeugungskraft zeigt sich vor allem in der Präzision und Kontinuität des Definierens und Verwendens von Begriffen und des Begründens von Behauptungen (Kohärenz). Und je intensiver und kohärenter der Ausdruck, die Ausstrahlung des Menschen, desto stärker der Eindruck, den er auf Andere macht, desto tiefer der Eindruck im Langzeitgedächtnis.

Kommunikation im topisch-henadischen Raumverständnis kann so als Oberbegriff für einander durchdringende Prozesse verstanden werden, der die lebens- und ortbezogenen In-Formations- und eigen- und themenraumbezogenen Trans-Formationsprozesse betrifft. Latka sieht diese Zusammenhänge folgendermassen: „Beziehungen und Kommunikationen in einem topischen Sozialsystem sind daher ortshaft und räumlich zugleich. Die Ausrichtung in den gemeinsamen Raum wird zu einer unverzichtbaren Anforderung für die Kommunikation in topischen Sozialsystemen. Ohne einen als gemeinsam erlebten Raum, der es ermöglicht, dass sich die vom Subjekt ausgehende Kommunikations- bzw. Verbindungslinien an einem gemeinsamen Ort treffen, kann es nicht zu einem Beziehungsaufbau kommen."[27]

Schliesslich behandelt Latka die Frage danach, was es bedeutet, „dass man ‚in den Raum kommuniziert und sich im Ort trifft'? Es sollte deutlich geworden sein, dass der hier thematisierte Ort und Raum nicht geografischer, sondern sozialer Natur ist. Die von Leopold von Wiese (1876-1969) ausgearbeitete und von Kurt Lewin bestärkte begriffliche Trennung zwischen einem physikalischen und einem sozialen Raum ist hier essenziell. <…> das Ausbilden und sich Bewegen in einem erlebten sozialen Ort und Raum kann <…> als charakteristisches Kennzeichen eines topischen Sozialsystems verstanden werden."[28]

Hierfür wird hier der Begriff des Human Spacing vorgeschlagen, das sich mit den Strategien der Kultur- und Wissensraumgestaltung befasst und versucht diese bewusst zu machen. Zweck des Human Spacing ist es, einen Beitrag zum „Sinn-Management" zu leisten. Es umfasst die Stärkung des Gemeinwohl-Bewusstseins in Verwaltung und Wirtschaftsunternehmen, wodurch diese effizienter/effektiver funktionieren und Demokratie und Marktwirtschaft überleben können.

Kommunikationsbezogenes Ziel des Human Spacings ist es, durch Glaubwürdigkeit, Stimmigkeit, Authentizität von Institutionen und Individuen für diese im Langzeitgedächtnis der Menschen einen Platz zu erhalten. Das Mittel dazu heisst: ganzheitlich-nachhaltiges Denken,

Handeln, „Managen". Die Menschen sind demnach zu befähigen, ganzheitlich-nachhaltig zu denken und sich entsprechend zu bilden. Entsprechend der dargestellten Begrifflichkeit von Kommunikation und Dialog geht es also nicht darum, bestimmte Botschaften effizient und effektiv vom Sender zum Empfänger zu „transportieren", sondern für eine Qualitätssicherung der Kommunikation zu sorgen.

Der Unterschied zwischen dem klassischen und dem ganzheitlich-nachhaltigen Kommunikationsmanagement beziehungsweise dem Human Spacing zeigt sich vor allem im Raumverständnis, was auf die Weltbild-Ebene verweist. Wie die nächste Abbildung zeigt, geht das klassische Kommunikationsmanagement von einem retiv-polyzentrischen Systemmodell aus und versucht, durch Kommunikation einen Ausgleich zwischen den Anspruchsgruppen zu erreichen (links in Abbildung: Netz). Das stellt das Management vor eine enorme Aufgabe, nämlich zwischen den Fremd- und Eigen-, Leit- und Vorbildern der relevanten Anspruchsgruppen sein eigenes institutionelles Eigenbild zu entwickeln. In der Praxis werden dazu oft Marktforschungen und Personalbefragungen durchgeführt. Sowohl in der Befragung wie auch in der Interpretation der Resultate kommt es dann oft vor, dass die verschiedenen Bilder vermischt werden (rechte Hälfte der Abbildung). Denn was wird nun genau verglichen? Das Eigenbild des Managements mit dem Fremdbild der Kunden? Oder das Soll-Bild des Managements mit dem Ist-Bild der Mitarbeitenden? Und was antwortet der Befragte am Telefon zum Image einer Firma? Ist es seine Meinung oder das, was „man" so denkt?

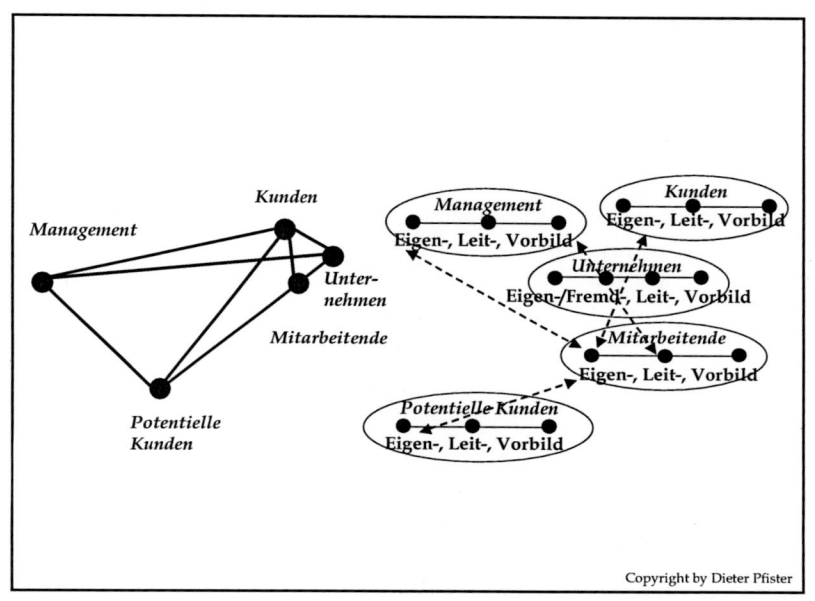

*Abbildung 46: Verwirrende Vielfalt von Ist- und Sollbildern, Eigen- und Fremdbildern im retiv-polyzentrischen Sozialsystem-Modell*

So vermischt sich vieles. Oft wird dann aus eigenen und fremden Marktforschungen ein Trend herausgelesen, was dazu führt, dass, im Bestreben „in" zu bleiben, man sich einem Trend anschliesst und damit unbeabsichtigt das Gleiche tut wie die Konkurrenz, welche ja von den gleichen Zahlen und Trendforscher-Aussagen ausgeht. So erfolgt nicht selten durch solche Erhebungen tendenziell eine Angleichung der Firmen- und Produktimages.

Diese Verunklärung erfolgt unbewusst und ist nicht zu verwechseln mit dem, was Belz als bewusste „Strategie der Auswechselbarkeit" vorschlägt. Nach ihm ist Einzigartigkeit nämlich kein Feigenblatt: „Kommunikation und Aktionen können sie nicht alleine stützen; deshalb sind Strategien der Auswechselbarkeit in der Wirtschaft normal. <...> Es gilt endlich, positiv über die Strategien der Auswechselbarkeit , Unscheinbarkeit <...> nachzudenken. <...> Dieses Vorgehen ist anspruchsvoll, weil nicht grosse Würfe, sondern viele kleine Schritte zur Diskussion stehen. Unternehmen sind gefordert, einfach ihren ‚Job' zuverlässig zu erfüllen. Gelingt es, eine falsche Jagd nach Einzigartigkeit einzudämmen, so werden viele Kräfte freigesetzt."[29]

Stellt man nun die retiv-polyzentrische System- und Raumvorstellung der retiv-topischen gegenüber, wie dies die nächste Abbildung zeigt, so geht es hier nicht mehr um Kommunikation zwischen Anspruchsgruppen. Das Unternehmen kreiert nicht sein Image nach Massgabe eines im internen und externen Markt erhobenen gewünschten Fremdbildes und führt so „per Kommunikation" zu einem Ausgleich zwischen den Systemen/Anspruchsgruppen. Vielmehr geht es vom Ist aus, dass sich topisch in der Raumgestaltung (Areal- und Wissensraum), in der Geschichte, den Weltbildern etc. einer Firma äussert (rechts in der Abbildung). Kommunikation ist so ein gemeinsames Denken im gemeinsamen Feld, in dem sich alle befinden, ein sich durchdringen lassen von der Atmosphäre des Ortes, die analysierbar wird in der Strategie der Gestaltung des Areal- und Wissensraumes. Diese Strategie zeigt im Kulturraum das Wert-/Normsystem auf.

Ganzheitlich-nachhaltige Kommunikationsarbeit will demnach nicht möglichst vielen Menschen gefallen und sich deshalb ein Soll-Image aufbauen, sondern eine positive Ausstrahlung haben und dadurch einen guten Platz im Langzeitgedächtnis erhalten. Dabei ist zu beachten, dass die Märkte nicht beliebig gross sind, sondern kulturelle Grenzen haben. Die grössten Chancen, im Langzeitgedächtnis haften zu bleiben, bestehen dort, wo sich Anbieter und Nutzer im gleichen Lebensraumgestaltungsfeld und damit nahe sind. Das bedeutet, weg zu kommen von der Idee der „Informationslogistik" und hin zur Idee eines „Lebensenergiemanagement". Denn: Je mehr ganzheitlich-nachhaltiges Management gelebt wird (in allen Funktionen), desto prägnanter, dauerhafter und positiver wird die Ausstrahlung und Langzeitwirkung von Individuen und Institutionen.

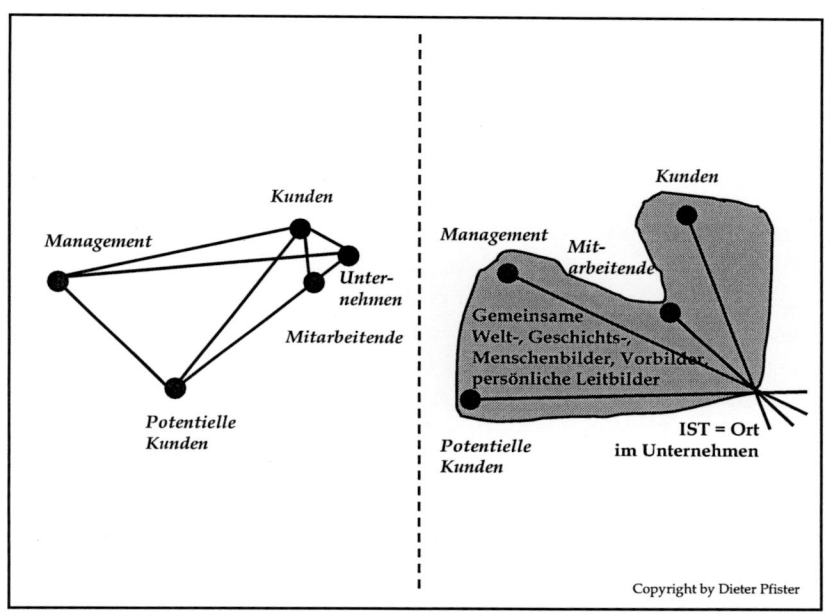

*Abbildung 47: Kommunikation im retiv-polyzentrischen und im retiv-topischen Systemmodell*

Welches sind nun die Konsequenzen für die Arbeit von Kommunikationsverantwortlichen? Sie müssten zunächst ihre Glaubenssätze und Maximen (siehe oben) hinterfragen und umformulieren:
- Statt Akzeptanz: „Wir müssen so handeln und kommunizieren, dass wir und unsere Botschaften respektiert werden." Von der Zielebenen auf die Zweckebene gelangen und alle drei Dimensionen der nachhaltigen Entwicklung berücksichtigen.
- Statt Verkaufen: „Wir müssen im Dialog mit Gleichgesinnten Partner für unsere Anliegen finden." Von der Überzeugungsarbeit zur Denkarbeit gelangen, sich des eigenen Feldes der Lebensraumgestaltung bewusst werden.
- Statt Wissenslogistik: „Wir müssen versuchen, den Denkraum des Anderen zu betreten." Mit Denkarbeit die Mitwelt durchdringen.
- Statt Imagearbeit: „Wir müssen die Atmosphäre verbessern." (Areal-)Raumgestaltung höher bewerten.

- Statt bewusste Selbst-Inszenierung: „Tue Gutes und betrachte schweigend seine Wirkung." Wegkommen von der klassischen Image- und Reputationspflege.
- Statt permanente (Medien-)Präsenz: „Wir müssen im Langzeitgedächtnis der relevanten Menschen gut plaziert sein." Nicht allen gefallen wollen, sondern durch Intelligenz und Kohärenz „auffallen".

Im Human Spacing geht es demnach nicht darum, sich im „Schlachtfeld" der Meinungen erfolgreich zu schlagen, sondern sein „Feld" zu bestellen, zu pflegen und so „zurück zur Natur" zu finden. Dies erfolgt im respektvollen Bewusstsein, dass zwar Meinungs-Äusserungen des Menschen kurzfristig beeinflussbar, die Meinungen selbst aber langfristig weit weniger veränderbar sind, als man gemeinhin annimmt. Nicht, dass man Menschen nicht beeinflussen könnte: doch gerade weil heute so viel auf sie einwirkt, wird der Anteil des bewusst und explizit „Steuerbaren" stets geringer. Die Kommunikationsbranche sägt sich so allmählich den Ast ab, auf dem sie sitzt. Also ist die Eigenverantwortung zu fördern, selber an Themenfeldern zu arbeiten. Mit dem Internet ist (fast) jedes Thema jederzeit abrufbar. Es muss nicht in Erinnerung gehalten werden durch Spezialaktivitäten. Das Interesse an Themen*feldern* zu erhalten aber, bleibt zentral.

Hier schliessen sich die Kreise: Je ganzheitlich-nachhaltiger der Denkraum durchdrungen wird, desto mehr hat der Mensch Verständnis für die Zusammenhänge, desto besser versteht er sich und die Anderen, desto positiver sieht er sich und die Welt, desto besser ist seine Ausstrahlung. Und wenn er in der letzten Phase des Denkprozesses, im Handeln, kohärent bleibt, wird er glaubwürdig und respektiert bleiben und als Dialogpartner geschätzt werden. Je weniger er auf das Finden von expliziter Zustimmung aus ist, umso mehr wird er sie finden. Wer verstehen kann, wird Verständnis finden.

### 1.3.3 *Vom Marketingmanagement zum ganzheitlich-nachhaltigen Spacing-Management/Sustainable Branding*

Im 20. Jahrhundert kam es zu immer grösseren Differenzierungen innerhalb des „Gestaltsystems" Marke, verbunden und gefördert durch zunehmende Professionalisierung und Spezialisierung innerhalb und ausserhalb von Firmen. Bruhn schlägt vor, „von verschiedenen *markenpolitischen Entwicklungsstufen* zu sprechen."[30] Diese Entwicklungsphasen stellt er dann in einer Abbildung zusammen, die nachfolgend wiedergegeben und durch einen weiteren inhaltlichen Fokus ergänzt wird, nämlich den „Institutionenorientierten", der sich in der Unternehmensmarke ausdrückt (oben in Abbildung).

| Inhaltlicher Fokus des Marketing | | | | | | | |
|---|---|---|---|---|---|---|---|
| Institutionen- orientierung | | | | | | | Unter- nehmens- marken |
| Individuali- sierung | | | | | | | Stadt- marken Lokale M Personen-M |
| Umweltsorien- tierung, Interna- tionalisierung | | | | | Öko/Interna- tionale Marken Dienstl.-/Indu- striegüter-M | | |
| Wettbewerbs- orientierung | | | | Luxus- /Billig- marken | | | |
| Handels- orientierung | | | Handels- marken | | | | |
| Distributions- und Verbraucher- orientierung | | Hersteller- marken | | | | | |
| | Zunft-/ Eigentums- zeichen | | | | | | |
| | Mittel- alter | 1950er 1960er | 1970er | 1980er | 1990er | 2000er | →t |

Nach Bruhn 2001

*Abbildung 48: Entwicklungsphasen der Markenpolitik im Zeitablauf, durch Institutionenorientierung/Unternehmensmarken ergänzte Abbildung von Bruhn, 2001, S. 23*

Überblickt man die Entwicklung seit den 50er Jahren des 20. Jahrhunderts, so kann man sie mit Belz in folgenden fünf Punkten zusammenfassen:
1. „Die Komplexität im Marketing steigt.
2. Markenführung wird einseitig interpretiert und vernächlässigt komplexe Unternehmen.
3. Komplexität wird durch verschiedene Bedingungen verursacht, die Reduktion setzt an spezifischen Inhalten der Sortiments-

bereinigung, standardisierten Prozessen für Produkteinführungen oder globaler Führung an.
4. Richtig interpretierte Markenführung ist besonders für komplexe Situationen geeignet.
5. Marken können helfen, Unternehmensstrategien kommunikationsfähig und wirksam zu gestalten und umzusetzen."[31]

Weiter weist Belz darauf hin, dass eine Komplexitätsreduktion auf übergeordneter Ebene oft dazu führt, dass diese, durch Standardisierung oder Zentralisierung auf untergeordneter Ebene, „die Aufgaben erschwert und damit komplexer macht, weil es gilt, zusätzlich übergeordnete Interessen zu integrieren."[32] Er schlägt deshalb vor, meist zu kurz greifende „einfache Argumentationen der Direkt-Marketer, Werber und Verkäufer"[33] dadurch zu überwinden, dass man beginnt, in Spannungsfeldern zu denken. Dabei sieht er zehn zentrale Felder, von „Invasion-Anpassung" über „Kontinuität – Überraschung" bis hin zu „Top-down – Bottom-up".[34]

Ein Vorteil des Denkens in einem mehrere Dimensionen umfassenden Spannungsfeld besteht darin, dass man sich nicht nur der Spannung zwischen den Polaritäten einer Dimension bewusst wird, sondern auch die Spannungsverhältnisse zwischen den Dimensionen beachtet. So wird nachhaltiges Marketing möglich, welches für Belz – als Haltung verstanden – drei Aspekte zu beachten hat:
- Einzigartigkeit und Relevanz
- Kraft und Konsequenz
- Kontinuität und Langfristigkeit.[35]

Dass die Marke im Laufe der Zeit immer mehr als Feld betrachtet worden ist, zeigt sich auch, wenn man grafische Darstellungen, mit denen die Idee der Marke visualisiert wird, analysiert. Nachfolgend werden zwei solche Bilder gezeigt, das Marken-Identitätsprisma des französischen Markenspezialist Jean-Noël Kapferer und die prozesshafte Darstellung der Markenentwicklung im Spannungsfeld zwischen Unternehmens-Bereichen und Kundschaft von Deichsel.

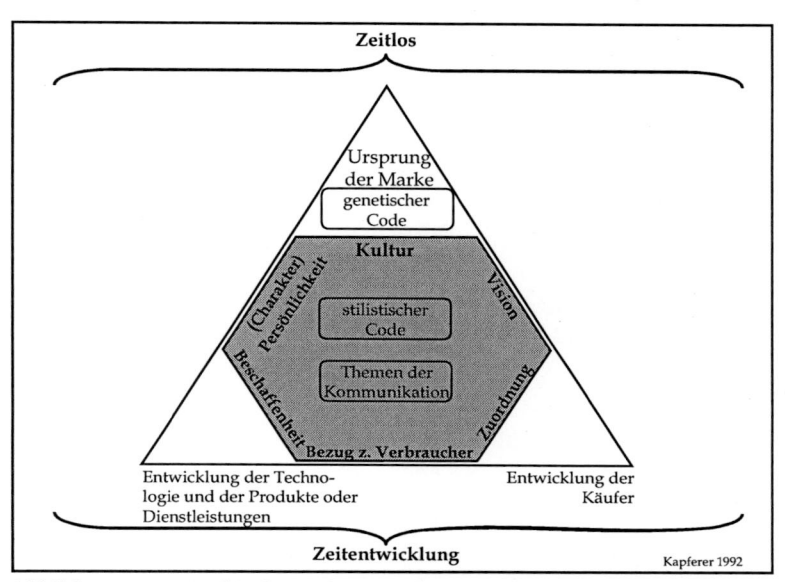

*Abbildung 49: Architektur der Marke mit Identitätsprisma, aus Kapferer 1992, S. 111*

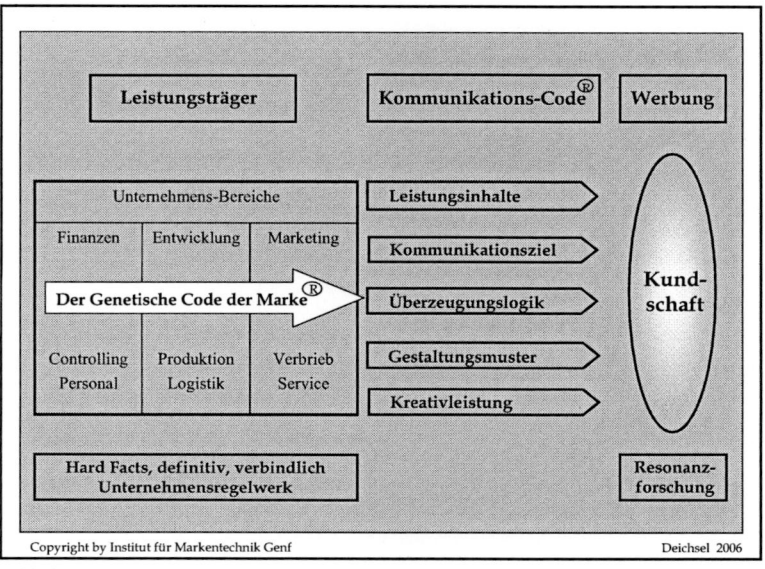

*Abbildung 50: Prozesse der Leistungserstellung und Kommunikation, aus: Deichsel 2006, S. 345*

Beiden Markenvorstellungen gemeinsam ist die Idee des Codes, der die Idee der Marke im Kern definiert, bei Kapferer „genetischer und stilistischer Code"[36], bei Deichsel „genetischer Code und Kommunikations-Code"[37] genannt. Der genetische Code zeigt die in sich angelegten Muster, die unterschiedlichen „Bausteine", welche die Grundidee der Firma und des Produktes prägen. Er durchdringt alle Bereiche einer Organisation (Finanzen, Entwicklung etc.). Was sich von ihm für die Kommunikation eignet, wird in diesen Modellen unter dem Begriff des Kommunikations-Codes zusammengefasst, der unterschiedliche Stile haben kann (stilistischer Code).

Aufbauend auf den kritischen Überlegungen zu den gängigen Vorstellungen
- über den Kommunikationsbegriff (unter Anderem unter dem Stichwort „Ambivalenz" bei Zec ),
- über die Markenentwicklung (unter Anderem unter dem Stichwort „Spannungsfeld" bei Belz)

und unter Berücksichtigung der von mehreren Autoren bezüglich der Marke, deren Gestalt und Kommunikation geforderten Kohärenz, Authentizität und Stimmigkeit, die sich im Markenkern, der Idee, dem Code zeigt, soll abschliessend die – diese Aspekte integrierende und weiterentwickelnde – Vorstellung des Markenraumes behandelt werden.

Im Markenraum werden die Markierungen erkennbar, welche den überindividuellen/institutionellen Eigenraum auszeichnen und den (Unternehmens-)Kulturraum prägen. In diesem Markenraum verbinden sich die Räume durch das sie in grosser Häufigkeit Durchdringende, nämlich der häufig ähnlichen Strategiewahl bezüglich
- Zweck/Ziel: Raumaussage, Raumfunktion
- Raumgestaltungsleitbild: Raumhomogenität, Raumgeschichtsbezug etc.
- Raumbild: Raumgestaltungsmittel, Raumeindruck.

Diese Häufigkeit bewirkt die Selbstähnlichkeit und definiert das gemeinsame Lebensraum-Gestaltungsfeld. Denn auch Anderes durchdringt uns, verbindet uns aber nicht dauerhaft mit ihm.

Nachfolgende Abbildung zeigt, wie aufgrund der das Lebensraum-Gestaltungsfeld abstrakt definierenden Wert-/Normsystem (verstanden als Wert-/Normhierarchie, als wertbezogen „heilige Ordnung", rechts oben im Bild) die Dimensionen „Raumnutzen" und „Raumgestaltungsleitbild" (und ihre Operationalisierungen, rechte Bildhälfte) durchdringend prägen und wie diese wiederum das Raumbild (Foto in Bildmitte und Operationalisierung links im Bild) und den Menschen im Raum (vorne unten links in der Abbildung) durchdringen. Dieses auf solche Art beschriebene Durchdringende ist, wie erwähnt, mit Latka das Verbindende. Das heisst, je mehr und öfter die Dimensionen in einer bestimmten Bewertungsweise/Kombinatorik gewählt werden, desto einstimmiger die Wahlen also erfolgen, desto stimmiger ist es für diese so Wählenden vor Ort.

In den Ausprägungen dieser Dimensionen des Markenraumes realisieren sich die drei genanntes Codes, der genetische („Seele"), der stilistische („Körper") und „der Kommunikations-Code" („Geist"), die im Sinne des topisch-henadischen Raumverständnisses ebenfalls sich durchdringend verbunden sind.

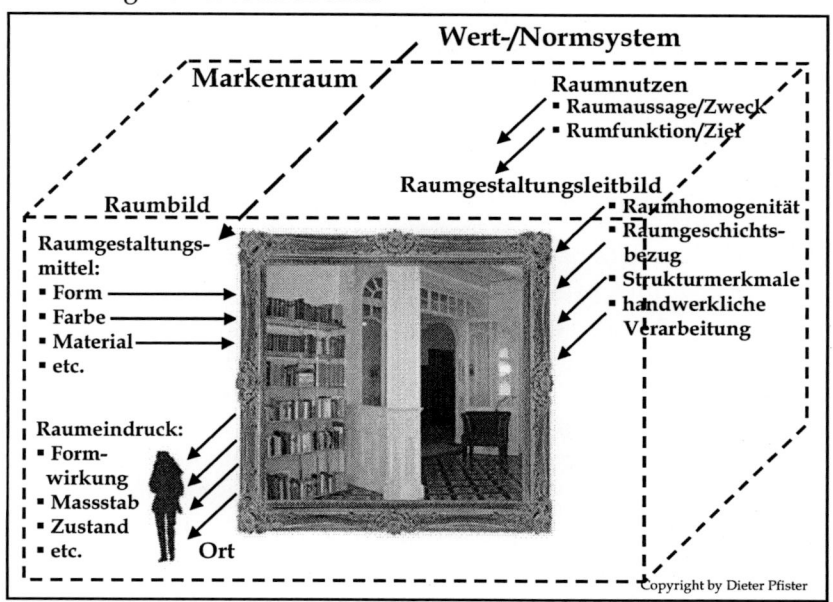

*Abbildung 51: Der Markenraum und die ihn prägenden Dimensionen*[38]

Wie und in welchen Grenzen Markenräume in der Praxis überhaupt gestaltet und wie Stimmigkeit, Glaubwürdigkeit und Ehrlichkeit erhalten werden können, dies wird im nachfolgenden Kapitel dargestellt.

## 1.4 Integration von Corporate und Human Spacing im Sustainable Branding

Der „sezierende Blick" des retiv-polyzentrischen Systemmodells hat auch auf die Markenführung gewirkt, wie Kapferer feststellt, wenn er schreibt: „Allzuoft wird die Bedeutung einer Marke aus ihren Instrumenten entwickelt, d.h. aus dem Markennamen, dem Design, der Verpackung, der Werbung, dem Sponsoring, der Einschätzung des Markenimages und der Markenbekanntheit oder sogar <...> aus der Berechnung des Markenwertes. Eine richtige Markenführung beginnt hingegen bei der Strategie oder vielmehr bei einer kohärenten und ganzheitlichen Vision der Markenpolitik. Der Zentralbegriff der Markenidentität löst dabei das ‚Image-Denken' ab."[39]
Nachfolgende Abbildung stellt das Begriffsfeld und den Brückenschlag zwischen der Idee des
- ganzheitlich-nachhaltigen Marketing-,
- Kommunikations-,
- Personal-,
- Qualitäts- sowie
- Markenmangements

dar, das sich im Corporate und Human Spacing umsetzen lässt. Es zeigt sich in der Gestaltung der Objektfelder (inklusive des Menschen), und zwar im Areal- und Wissensraum (unten in Abbildung), welche beide von der gleichen Kultur durchdrungen sind (rechts im Bild) und in der Kohärenz als Qualitätsmerkmal (oben in Mitte des Bildes), die ganzheitlich-nachhaltige Markenführung ausmacht (links im Bild). Mit Corporate Behavior, Architecture etc. sind schliesslich jene spezialisierten Einzeldisziplinen eingetragen, die, wenn sie eigenwillig vorgehen, die kohärente Markenführung oft verunmöglichen. Sie befassen sich mit einzelnen Objektschichten (zum Beispiel Warenträger bei Shopdesign, Briefschaften und Drucksachen beim Corporate Design) und nicht mit dem Ganzen der Objektfelder, das den Menschen integriert.

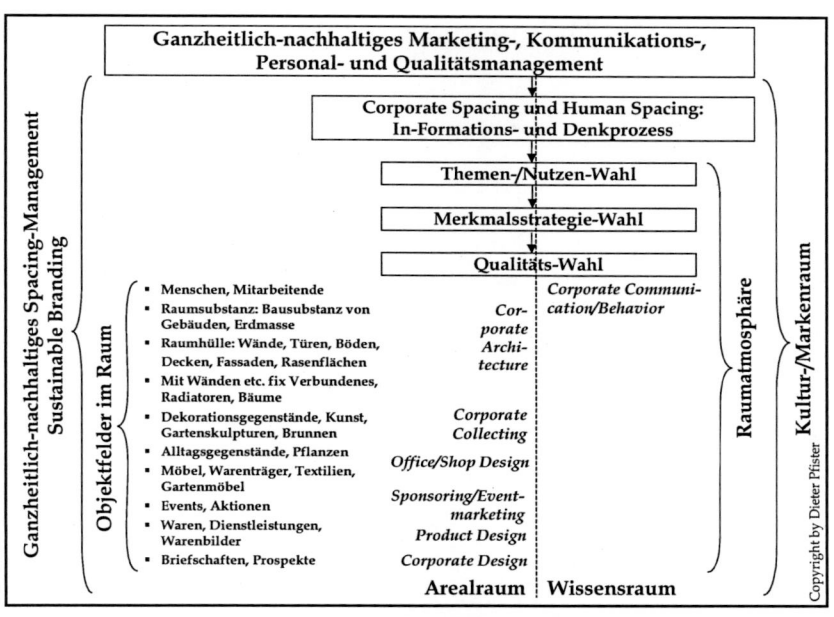

*Abbildung 52: Begriffsfeld von Markenführung, Spacing und klassischen Einzelinstrumenten*

Wie kann nun erreicht werden, dass der Raum in einem professionellen Veränderungsprozess ganzheitlich- und nachhaltig betrachtet und behandelt wird? Hier zeigt sich in der Praxis, dass viele Unternehmer und Manager von Seiten der Ausbildung wenig Wissen erhalten haben. Und in der Unternehmensorganisation befindet sich das Thema der Raumgestaltung „zwischen allen Stühlen": Der Gebäudemanager und Logistiker sieht vor allem die Technik, der Marketing- und Kommunikationsverantwortliche wird erst spät beigezogen, der Geschäftsführer, falls er nicht ganz persönlich Interesse an Raumfragen hat, wird sich eher zurückhalten und sich auf Funktionales und Finanzielles beschränken.

Will man nun ganzheitlich-nachhaltig vorgehen, so muss zunächst grossen Wert darauf gelegt werden, dass das Management ganz am Anfang des Projektes seine „Hausaufgaben" macht, wie es das ja bei sonstigen Projekten auch tut. Zentral sind hier kohärente „Ableitungen" der raumbezogenen Vorstellungen von Vision, Leitbildern und relevanten funktionalen Strategien vorzunehmen.

Nachfolgende Abbildung zeigt, wie hier vorgegangen werden kann und dass es möglich ist, auf der Ebenen des Verbalen präzise Vorüberlegungen anzustellen und zu formulieren.

| Wodurch? | Wo? | Unternehmenskultur, -strategie, -struktur | | Arealraum |
|---|---|---|---|---|
| | | Relevante Grundlagenpapiere | Relevante Firmen-Aussagen | Abgeleitete Vorstellungen |
| Raumaussage | | •Vision/ Mission (Zweckebene, Wozu/Was) •Firmenleitbild (Zielebene, Wohin/Wie) | •Führendes Unternehmen der Schweiz •Kunden werden kostengünstig, sicher und umweltgerecht mit DL versorgt •Maximaler und nachhaltiger Kundennutzen im Zentrum •Grosses Angebot von DL und Beratungen | •Führen heisst: in Kundennähe, DL/ Beratung, Kompetenz, Qualität. Dafür Raum schaffen. •Kostengünstig heisst: attraktives Preis-Leistungs-Verhältnis, dauerhafte Güter, nicht saisonal/kurzlebig, sinnvolle Angebote. In Raum visualisieren. •Angebotsbreite und bedürfnisgerecht heisst: Bequemlichkeit des Alltags fördern, Wegwerfmentalität bremsen Reparatur-Service). Im Raum visualisieren. |
| Raumfunktion | | ... | ... | ... |
| Raumhomogenität | | •Leitbild •Spartenstrategie, betriebswirtschaftliche Vorgaben | •Fairer Partner gegenüber Kunden, Lieferanten, pol. Behörden und Verwaltungsstellen. Unser Verhalten zu ihnen ist durch unbürokratisches und korrektes Verhalten und Offenheit gekennzeichnet | •Insgesamt harmonisch mit kontrastreichen, aber gut integrierten Akzenten (z.B. Werbung für Aktionen etc.) |
| Raumgeschichtsbezug, Raumform/-struktur, handwerkliche Verarbeitung etc. | | ... | ... | ... |

Copyright by Dieter Pfister

*Abbildungen 53: Ableitung der raumrelevanten Konsequenzen aus unternehmenskulturellen und strategischen Vorgaben*

Erst wenn diese Grundüberlegungen geklärt worden sind, dürfte richtigerweise der Architekt ausgewählt werden. Denn wegen der falschen und unprofessionellen Auswahl des Architektentyps ist schon manches Projekt früher oder später „ins Schleudern" geraten.

Das Vorgehen eines Spacing-Prozesses besteht demnach aus mehreren Modulen wie die nachfolgende Abbildung zeigt. Es ist ein Kreativprozess, der alle Dimensionen der Raumatmosphäre abarbeitet, und zwar zunächst auf geistig-verbaler Ebene und danach im visuell-gestaltenden Sinne (untere Bildhälfte). Neben der Integration der Betroffenen in den Gestaltungsprozess (links in Abbildung erwähnt, die Mitarbeitenden und Kunden werden ebenfalls befragt) wird bei diesem Prozess auch Wert auf die Transparenz des methodischen Vorgehens gelegt.

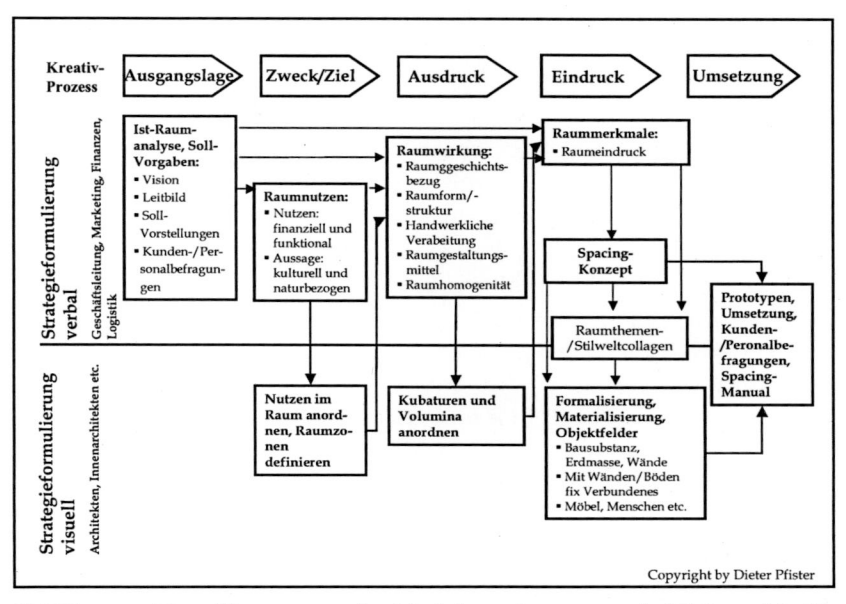

*Abbildung 54: Phasen und Module eines ganzheitlich-nachhaltig konzipierten Raumgestaltungsprozesses*

Bei grundlegenderen Neuausrichtungen von Institutionen wie Unternehmen oder Staatsverwaltungen können auch Soll-Vorstellungen bezüglich Raumgebrauchsfunktionen, Raumthemen und Raumgestaltungswelten neu entwickelt werden.

Dieses Vorgehen setzt voraus, dass ein Macht-Gleichgewicht in der Zusammenarbeit zwischen den Raumeignern, den Raumnutzern und den professionellen Gestaltern herrscht, was seinerseits eine wichtige Voraussetzung für ganzheitliche Nachhaltigkeit darstellt. Denn, wird dieses Gleichgewicht nicht ermöglicht, kommt es beim Machtübergewicht des

- Raumeigners zu einseitiger Eigentümerorientierung und zur hyperindividualistischen Selbstverwirklichung und damit zu Willkür;
- Nutzers zu einseitiger Nachfragemarkt- und Gebrauchsnutzen-Orientierung und damit zu Beliebigkeit;

185

- Professionellen Raumgestalters zu einseitiger Selbstverwirklichung bis hin zum hyperindividualistischen Star-Ansatz und damit zu Zufälligkeit.

Durch die Integration der Gestaltung der örtlichen Umgebung eines Gebäudes, der Geschichte einer Organisation und der betroffenen Menschen in den Raumgestaltungsprozess hingegen ist gewährleistet, dass in diesem Modell weder Beliebigkeit, „Einheitsbrei" noch „Starallüren" einen Platz haben, sondern massgeschneiderte und variantenreiche Raumgestaltung erreicht wird, die eine gemeinsame Kernkultur subtil und langfristig wirksam zum Ausdruck bringt.

Das geforderte gemeinsame Sich-Einstimmen in einen Ort erfordert ein In-Beziehungtreten, Kommunizieren im Sinne des Dialogs zwischen Mensch-Ort-Zeit. Durch den Dialog mit den Menschen, den Orten und der Geschichte werden so eigenständige Lösungen erarbeitet, ganz im Sinne des englischen Physikers David Bohm, der schrieb: „'Dialog' kommt vom griechischen Wort *dialogos*. *Logos* heisst ‚das Wort' oder auch ‚Wortbedeutung, Wortsinn'. Und *dia* heisst ‚durch' – nicht ‚zwei'. Ein Dialog kann von einer beliebigen Anzahl von Leuten geführt werden, nicht nur von zweien. Sogar ein Einzelner kann einen gewissen Dialog mit sich selbst pflegen. <…> Die Vorstellung oder das Bild, dass diese Ableitung nahe legt, ist das eines freien Sinnflusses, der unter uns, durch uns hindurch und zwischen uns fliesst. <…> Und dieser untereinander geteilte Sinn ist der ‚Leim' oder ‚Zement', der Menschen und Gesellschaften zusammenhält."[40]

Auf diese Weise wird die soziale Dimension der nachhaltigen Entwicklung in den Prozess integriert. Die ökonomische und ökologische Dimension sind natürlich ebenfalls Teil des geschilderten Gestaltungsmanagements. Sie können aber im Rahmen dieser Ausführungen nicht vertieft werden.

Der eben genannte durch uns hindurch fliessende „freie Sinnfluss" zeigt sich in der Atmosphäre eines Ortes und deren Qualität im Lebensraum. Sie können als die Raumdimensionen eines Markenkerns verstanden werden, deren Bewertung (Profil) das Wert-/Normsystem des Kulturraums zum Ausdruck bringt. Nachfolgende Abbildung zeigen, wie sich diese Raumatmosphäre beschreiben lässt. Die aufgeführten Dimensionen sind abgeleitet von den Explikaten des oben ausführlich behandelten Modell des topisch-henadischen Raumverständnisses.[41]

| | | | | | einheitlich/homogen | kontras/heterogen | einheitlich/homogen | | |
|---|---|---|---|---|---|---|---|---|---|
| Raumwirkung | Raumeindruck | Emotional | Strukturen | Formwirkung | weich | | | | hart |
| | | | | Massstab | kleinteilig | | | | grosszügig |
| | | | | Orientierung | unübersichtlich | | | | übersichtlich |
| | | | Zeitaspekte | Formbeständigkeit | klassisch-beständig | | | | modisch |
| | | | | Einmaligkeit | konventionell | | | | originell |
| | | | | Zustand | gepflegt | | | | ungepflegt |
| | | | Emotionen | Verträumtheit | romantisch | | | | sachlich |
| | | | | Behaglichkeit | gemütlich | | | | ungemütlich |
| | | | | Wertigkeit | heiter | | | | düster |
| | | | | Bodenhaftung | rustikal | | | | artifiziell, urban |
| Raummerkmale | Raumgestaltungsmittel | Ausdruck, physisch | Beschaffenheit | Formen | rund, organisch | | | | spitz, kantig |
| | | | | Farben | warm | | | | kühl, kalt |
| | | | Material | Material | natürlich | | | | synthetisch |
| | | | | Oberflächen | rauh | | | | glatt |
| | | | Flüchtiges | Düfte | intensiv | | | | neutral |
| | | | | Töne | sonor, tief | | | | schrill |
| | | | | Lautstärke | ruhig, still | | | | laut |
| | | | Licht | Licht Tag | dunkel | | | | hell |
| | | | | Licht Nacht | punktuell | | | | ausgeleuchtet |
| | | Handwerkliche Verarbeitung | Bearbeitung | Qualität | hoch, sorgfältig | | | | tief, grob |
| | | | Material | Materialien | hochwertig | | | | einfach, günstig |
| | | | | Haltbarkeit | dauerhaft | | | | schnell alternd |
| | | Strukturmerkmale | | Form | komplex | | | | reduziert, karg |
| | | | | Struktur | gefüllt | | | | leer |
| | Raumgeschichtsbezug | | histor | alles historisch, original, weiter genutzt | | | | | nichts Altes |
| | | | neo | alles ältere Stile kopierend | | | | | keine "Kopien" |
| | | | inno | alles neu gestaltet, evolutionär entwickelt | | | | | nichts "Neues" |
| | | | contra | alles neu gestaltet, bewusst kontrastierend | | | | | keine "Brüche" |
| | | | | | | Raumhomogenität | | | |
| Raumnutzen | Raumfunktion | Ziel | Finanziell | | | | | | |
| | | | Funktional | | | | | | |
| | Raumaussage Zweck | | Thema: Kulturbezog. | | | | | | |

*Abbildung 55: Raumdimensionen des Markenkerns zur Analyse und Beurteilung der Raumatmosphäre*

Bringt man nun die Explikate untereinander in Beziehung und vergleicht sie mit den Welt- und Leitbildern, so kann man deren Kohärenz beurteilen und dadurch die Raumgestaltungsqualität definieren. Die Indikatoren der Raumgestaltungsqualität werden in der folgenden Grafik aufgeführt.

|  |  | sehr gut | eher gut | teils-teils | eher schlecht | schlecht |  |
|---|---|---|---|---|---|---|---|
| **Menschenbezogene Relationen** | Stimmigkeit |  |  |  |  |  | Ist-Raumatmosphäre vs. Soll-Raumatmosphäre |
|  | Glaubwürdigkeit |  |  |  |  |  | Raumbild vs. Leitbild |
|  | Erlebniswert |  |  |  |  |  | Raumgestaltungsmittel vs. kommuniz. Raumeindruck |
| **Ortsbezogene Relationen** | Orts-Stimmigkeit |  |  |  |  |  | IST-Raumatmosphäre vs. Raumatmosphäre der verschiedenen Eigenraum-Orte |
|  | Praxistauglichkeit |  |  |  |  |  | Raumform/-struktur vs. Raumfunktion |
|  | Formal-handw. Niveau |  |  |  |  |  | Handwerkliche Verarbeitung vs. Homogenität der handwerklichen Verarbeitung |
|  | Eigenständigkeit |  |  |  |  |  | Raumbild vs. Raumbilder der Konkurrenz |
| **Zeitbezogene Relationen** | Echtheit |  |  |  |  |  | Raumgeschichtsbezug vs. Raumaussage |
|  | Ehrlichkeit |  |  |  |  |  | Zustand der Oberfläche vs. Alter der Substanz |
|  | Sorgsamkeit |  |  |  |  |  | Berücksichtigung der gegenwärtigen Anforderungen vs. Berücksichtigung der früheren Anforderungen |
|  | Kontinuität |  |  |  |  |  | Umfang Neuanschaffungen vs. Umfang Entsorgungen |

Copyright by Dieter Pfister

*Abbildung 56: Raumdimensionen des Markenkerns zur Analyse und Beurteilung der Raumgestaltungsqualität*

Wichtig ist nun, Corporate und Human Spacing immer zusammen zu denken und nicht, wie beispielsweise der deutsche Ladendesigner Wilhelm Kreft dies tut, zwischen einem „Grundleistungsmarketing", einem „Designmarketing" und einem „Kommunikationsmarketing" zu unterscheiden.[42] Dem durch diese, dem retiv-polyzentrischen Sozialsystemmodell nahe stehende, „sezierende" Weltsicht fördert den berufsspezifischen Individualismus und verhindert oft ganzheitlich-nachhaltige Resultate. Die sogenannte „integrierte Unternehmenskommunikation" verbessert zwar die Abstimmung zwischen den Kommunikationsinstrumenten. Die in der Praxis zu beobachtende Eigendynamik der einzelnen Disziplinen ist jedoch auch durch integriertes Vorgehen kaum zu bremsen, weil es letztlich immer auch um die Sicherung eines möglichst grossen Teils des Budgets und also um Machterhalt geht.

Wie kann man nun die Idee des Corporate und des Human Spacings in der Praxis zusammenführen? Das ist eigentlich nur eine organisatorische Frage in hochspezialisierten Unternehmen, denn von der Theorie her betrachtet sind dies ja nur zwei Anwendungsfelder der gleichen Idee, nämlich der Persönlichkeitsbildung, individuell und überindividuell/institutionell.

Wenn Qualität der ganzheitlich-nachhaltigen Kommunikation in der Glaubwürdigkeit, Echtheit, Stimmigkeit etc. besteht, so kann diese vor allem durch die Arbeit „an sich selbst" erreicht werden. Im Gegensatz zum klassischen Sender-Empfänger-Modell nimmt Human Spacing Bezug auf den Denkprozess und stellt im Sinne der ganzheitlichen Nachhaltigkeit folgende Anforderungen:

- Wahrnehmen/Vorstellen: Denk- und Wissensraumhorizont erweitern, Begriffsfelder ganzheitlich definieren (Körper-Seele-Geist).
- Erinnern/Bewerten: Integration von Erfahrung, eigenen Werten und Normen. Verständnis für eigene und fremde Werte-Hierarchie schärfen. Denk- und Wissenshorizont zeitlich erweitern, Geschichte und Herkunft berücksichtigen, Konsequenzen für die Zukunft in grösseren Zeithorizonten ermessen (Risikomanagement). Erinnern auch als in Erinnerung behalten, „speichern".
- Schlussfolgern/Planen: Kohärenz gewährleisten zwischen Erinnertem/Werten/Normen und zu Planendem als Vorstufe zum Realisieren. Im Planungsprozess (Projektmanagement) die Anforderungen im Umgang mit dem Denkraum (Begriffsbildung, -gebrauch etc.) im Auge behalten.
- Entscheiden/Handeln: Als Teil des Denkprozesses verstehen und Kohärenz schaffen zwischen denken, reden und handeln.

Hier erkennt man einmal mehr, dass eine Trennung zwischen Human und Corporate Spacing gar nicht möglich ist, da das Denken, Fühlen und Handeln des Einzelnen im individuellen Eigenraum ja als gestaltender Kernprozess für alle übrigen Prozesse fungiert.

Und da Raumgestaltung im Arealraum untrennbar verbunden bleibt mit jener im Wissens- und Kulturraum, eignet sich eine bewusste, professionelle und auf ganzheitliche Nachhaltigkeit ausgerichtete Areal-Raumgestaltung hervorragend als „Vehikel", um im Kulturraum zu wirken. Durch seine Praxis- und Lebensnähe ist es manchen bisherigen, abstrakten und auf Text („Werte" und „Kultur" definieren) und Bild („Image" bestimmen) fixierten kulturellen „Changeprozessen" überlegen.

## 2. Schlusswort: Ganzheitliche Nachhaltigkeit im Kampf gegen den „Kampf der Kulturen"

Zum Schluss möchte ich noch – im Sinne einer persönlichen Betrachtung – die Erkenntnisse dieser Studie in einen grösseren Praxis- und Lebenszusammenhang stellen, und zwar zunächst bezüglich den Bereichen Marketing sowie Kommunikation und dann abschliessend hinsichtlich jenen der Religion und Politik.

### 2.1 Kritische Betrachtung aktueller Ansätze des Marketing- und Kommunikationsmanagements

Wie ich oben ausführlich dargestellt habe, tritt „die Welt" und „das Leben" unter dem Einfluss des retiv-polyzentrischen Systemmodells und des relationalen Raumverständnisses dem Beobachter immer mächtiger als Bild und Wort gegenüber. Besonders deutlich wird das im Schauspiel oder Film: Im Theater und Kino sitzt man dem inszenierten Leben ganz wörtlich gegenüber. Und so scheint es kein Zufall zu sein, dass viele in den westlichen, industrialisierten Ländern zu einem Publikum von Konsumenten gewordene Zeitgenossen den Wunsch nach einem Leben „wie im Film" verspüren.

Durch diese Distanzierung entstehen jedoch immer mehr Probleme mit dem Erleben-Können von etwas, von dem man sich nicht als Teil, sondern als konsumierendes Gegenüber versteht. So muss stets grösserer theoretischer und praktischer Aufwand dafür betrieben werden, um die Differenz zwischen Welt als Text/Bild/Film/Theater und dem Publikum zu überbrücken.

Der „Zwischenraum" zwischen Bühne und Publikumsbereich wird dabei durch eine Emotionalisierung des Bühnenbildes überwunden. Die Inszenierer und Szenografen locken das Publikum ins Lebenstheater und auf die Bühne der „inszenierten Verführen"[43], wie dies zum Beispiel der österreichische Psychologe sowie Film- und Fernsehdramaturg Christian Mikunda nennt und darstellt. Er zeigt die anzuwendenden Systeme und Strategien auf und bringt viele

Beispiele aus den Bereichen von Einkaufszentren und Vergnügungsparks. Seine Vorbilder sind fast durchwegs amerikanisch: „Learning from Las Vegas" ist auch hier angesagt.
Zum Ende des 20. Jahrhunderts tritt dieses Erlebnis-Marketing vollends ins Zentrum des Interesses. Es scheint, dass, je grösser die Distanz des Individuums zum „wirklichen Leben" wird, desto mehr Probleme mit dem „Erleben" zu entstehen drohen. Mikunda legt den Finger auf diese Problematik, wenn er schreibt: „Wir Intellektuelle <...> sollten eines nicht vergessen: Im Wort ‚Erleben' steckt das Wort ‚Leben'. Und gleichgültig, ob das Erlebnis den wichtigen Zielen der sozialen oder politischen Intervention gilt, oder <...> der Unterhaltung oder dem Marketing – steht immer die Sehnsucht der Menschen dahinter, näher an das Leben heranzukommen. Die Aufgabe der Dramaturgie ist es immer, diese Sehnsucht zu erfüllen."[44] Dadurch deutet er an, dass auch sein Selbstverständnis als Intellektueller etwas damit zu tun haben könnte, dass er und Seinesgleichen in dieser Rolle eben nicht nahe genug am Leben sind. Die „Sehnsucht der Menschen" scheint da auch seine eigene zu sein. Inwieweit „die Menschen" und wieviele von ihnen von seiner Ausprägung des intellektuellen Geistes betroffen sind, bleibt allerdings offen. Wie oben dargestellt sind es aus meiner Sicht vor allem Wissenschaftler, Kulturschaffende, Politiker, Journalisten, Marktforscher und Berater, die als Beobachter der Welt gegenüberstehen, sich eben „nur" ein Bild des Lebens machen, es nur er-leben können, statt es zu „leben". Sie fühlen sich als Aussenstehende ganz wohl, frei von handlungsbezogener Verantwortung, doch auch etwas ohnmächtig, weshalb sie mit Hilfe ihrer (Selbst-)Inszenierung Macht über das Publikum und über das Leben Anderer zurückgewinnen wollen.
Indem man das Leben erleben muss, zeigt sich, dass die Rolle des Beobachters und Konsumenten so verinnerlicht worden ist, dass man als Gegenüber einen Inszenierer ohne Weiteres akzeptiert, um überhaupt noch etwas zu „spüren". Man ist nicht mehr mit dem Leben vereint, „in" als im Leben verortet, sondern er-innert sich an das Leben als etwas „Vergangenes", das zuvor von Inszenierern aus dem Zeitgeist erfunden und dem erlebnishungrigen Konsumenten als „in" verkauft wird – ein Leben aus zweiter Hand.

Dadurch werden die Methoden der „Verführung"[45] immer wichtiger und raffinierter, was den meisten Konsumenten ja durchaus bewusst ist. Mehr noch: Man beginnt sich selber und sein Berufs- und Privatleben ebenfalls zu inszenieren, eine Rolle auf der „Bühne" oder im „Film" des Lebens zu spielen. Der Preis ist eine Reduktion von Authentizität. Diese setzt eine Reduktion von Komplexität voraus, nämlich das Leben als mehr oder weniger zufälligen Ausschnitt eines Ganzen, eben als Wort und Bild, zu begreifen. Dieser Abbau von Authentizität bewirkt seinerseits Beliebigkeit und Austauschbarkeit.

Hier schliesst sich der Kreis: Man lebt im Bewusstsein, dass alles, dass die Menschen, Produkte und Dienstleistungen austauschbar sind, sie sich nur durch die Verpackung unterscheiden, durch die Schale, die Inszenierung, nicht durch den Kern, der oft als nicht definierbar und greifbar erscheint, wodurch dies alles zu einer Art „Verpackung des Nichts" wird.

Im Marketing- und Kommunikationsmanagement ist dieser Hang zur immer professionelleren Selbstdistanzierung und -inszenierung seit Jahrzehnten feststellbar. Folgende Maximen und Ziele der institutionellen Kommunikationsarbeit zeigen dies:

- „Wir müssen für unsere Botschaften hohe Akzeptanz schaffen."
- „Wir müssen uns und unsere Botschaften besser verkaufen."
- „Wir müssen unser Wissen besser managen."
- „Wir müssen unser Image verbessern."
- „Wir müssen Gutes tun und darüber reden."
- „Wir müssen uns stets wieder in Erinnerung bringen."

Dabei können die Botschaften vieles betreffen: Menschen, Produkte, Dienstleistungen, Werte, Normen etc. Diese Maximen haben den Status von Glaubenssätzen, werden überall gelehrt und gelernt. Doch welche Grundvorstellungen von Kommunikationsprozessen stehen dahinter? Folgende Überzeugungen können den sechs Maximen zugeordnet werden:

- Kommunikation ist Überzeugungsarbeit, Meinungen sind veränderbar: hohe Verfügbarkeit/Machbarkeit wird vorausgesetzt.
- Die Form der Präsentation wirkt zu 70 Prozent, der Inhalt zu 30 Prozent: Professionalisierung der Präsentation hat Vorrang vor jener des Inhalts.
- Wissen ist wie eine Ware und durch Wissenslogistik vermittelbar.

- Das Fremd- und Eigenbild ist durch bessere Selbstdarstellung mit bild-wortbezogener Kommunikation beeinflussbar.
- Das Fremdbild kann durch bessere Selbstdarstellung mittels Zusatzmassnahmen ausserhalb des Kerngeschäfts positiv verändert werden.
- Der vergessliche Mensch vergisst durch die wachsende Informationsflut immer schneller immer mehr. So muss man durch Wiederholung des immer Gleichen versuchen, vom Kurzzeitgedächtnis ins Langzeitgedächtnis vorzustossen.

Gerade die erwähnte Trennung von „Leben"/Handeln und Kommunikation eröffnet die Möglichkeit zu deren Professionalisierung und zum Einsatz spezieller „Transportmittel". Die Trennung macht die Mittler unentbehrlich und sie werden dies immer mehr, indem sie versuchen, die Distanz zwischen Leben und Kommunikation, zwischen Welt und Text/Bild dadurch zu erhöhen, dass sie diesen „Zwischenraum" immer mehr mit Inszenierungen ausfüllen und dadurch den Raum des Unvermittelten und Unvermittelbaren zurückzudrängen versuchen.

Die Reduktion der Lebenskomplexität auf Bild und Wort will vergessen machen, dass „die Welt" eben ist, wie sie ist und also wirkt, wie sie ist und „will". Die Vorstellung von der Welt wird nämlich von viel mehr kommunikativ Unverfügbarem geprägt, als man glauben möchte. Denn wie ich oben gezeigt habe, wirkt einerseits alles, auch viel bild-textmässig „Unfassbares" und andererseits lenkt die Intuition das Wahrnehmen, Denken und Handeln stärker, als es viele wahr haben wollen.

Im Arealraum, wenn also Orte zu gestalten sind (Messestände, Eingangsbereiche von Firmen etc.), wird dann von professionellen Kommunikatoren ein Raumbild inszeniert. Die nachfolgende Abbildung zeigt die hier wichtigen Komponenten der Raumkonstituierung im relationalen Raumverständnis. Wie bei den Ausführungen zur Corporate Architecture oben schon dargestellt, sind hier die Raumgebrauchsfunktion und Schlüsselmerkmale zentral, die dann bei der Objektauswahl nach sogenannten Objektschichten visualisiert werden. Der Mensch steht hier in Theorie und Konzeptarbeit ausserhalb des Raumes, was ja Voraussetzung ist, Letzteres als Bild und Gegenüber wahrzunehmen. Wenn er den Raum dann im Leben betritt, hat er etwas zu erleben – das nämlich, was die

Inszenierer von ihm erwarten, den primär augengesteuerten Konsum der Dinge und Emotionen im Raum.

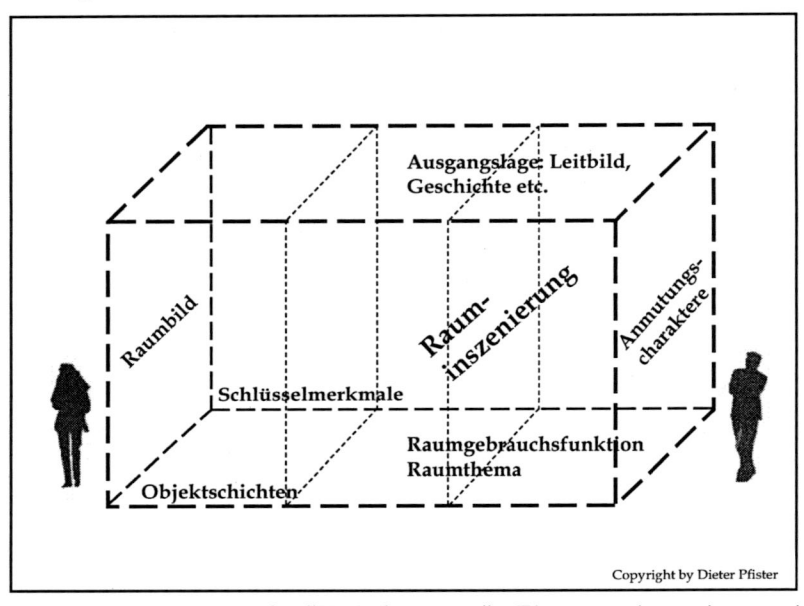

*Abbildung 57: Raum als "Zwischenraum": Eigenrauminszenierung im relationalen Raumverständnis*

Die Grundlagen wie die Ausgangslage, das Leitbild und die Geschichte (oben im Raumkubus angegeben) sind oft nur wenig vom Ort hergeleitet, sondern werden primär aus globaler und standardisierter Sicht definiert und erst dann ins Lokale transformiert. Diese Ferne gegenüber dem Lokalen bewirkt eine standardisierte Beliebigkeit, weil weniger der Ort ernst genommen wird als die Selbstinszenierung des Bauherren und/oder Raumgestalters/Architekten.

Dieses unverortete Erleben ist dem Leben nachgestellt und muss unbedingt spannender sein als der Alltag, wie dies Mikunda im Kapitel über „Der Spannungsbogen" beschreibt: „Von allen Kunstgriffen der Dramaturgie ist dieser unserem Leben am nächsten, mehr noch, er ist ein Abbild des Lebens. Alle Menschen der Erde, sofern sie das Glück haben, ein erfülltes Leben zu geniessen, machen dieselbe prinzipielle Entwicklung durch. Es ist die Entwicklung vom

Morgen, zum Mittag, zum Abend des Lebens."[46] Spannung wird also analog dem Rhythmus der „Ge-zeiten" erzeugt und wie die Welt durch die aufsteigende Sonne, soll auch die Bühne „angeheizt" werden. Doch erzeugt im wirklichen Leben nicht gerade diese Spannung den sozialen Klima-Wandel, der heute mittels den oben erwähnten Trans-Formationsprozessen über den Wirtschaftsraum in den Naturraum wirkt, was wir als meteorologischen Klima-Wandel zu spüren beginnen? Leider wird eher selten bemerkt, dass der Klima-Wandel, wenn überhaupt, nur in allen drei Themenräumen gleichzeitig „bekämpft" werden kann – und dies, obwohl so viele so oft von Nachhaltigkeit reden...

Was dann geschieht, wenn der Vorhang gefallen ist, das interessiert den Inszenierungs-Profi wenig. Dafür sind ja nicht Kommunikationsmanager zuständig, sondern die Produktion, der Verkauf, der Service und die Logistik mit ihren „Bühnenarbeitern". Eigentlich möchte man bei der produktiven Arbeit nicht beobachtet werden, sondern schafft sich separate Räume der Selbstdarstellung an Messen, Events, Sponsoringanlässen. Man tritt ins Licht der Öffentlichkeit, was in der Theater-Metapher ja dem Publikumsraum entspricht.

Wie bei Theaterkulissen werden dann Orte in bildhaft verstandene Objektschichten unterteilt (siehe in obiger Abbildung die gestrichelt-querstehenden „Wände") und dann die Kompetenzen beziehungsweise Gestaltungsrollen verteilt, und zwar in

- Aussenraum: zuständig Garten- und Landschaftsarchitekt.
- Gebäudehülle inkl. mit Hülle fix verbundene Objekte: verantwortlich Architekt.
- Innenraum: Möbel, Beleuchtungskörper, Textilien, Kunst, Dekorationsobjekte: zuständig Innenarchitekt, Dekorateur, für Gebäudeunterhalt dann Gebäudetechniker/-Manager sowie Produktehersteller.
- Kommunikation mittels Wort und Bild in Broschüren, Plakaten etc.: zuständig Werbe- und PR-Verantwortliche.

Diese Raumstrukturierung im Sinne vertikal angeordneter Schichten bildet also im Wesentlichen die Struktur der beteiligten Professionen und Objektherstellungsprozesse ab, das heisst, es kümmert sich dann ein Anbieter oder eine Kombination von ihnen um je eine Schicht. Doch wer kümmert sich um „das Ganze", „den Raum" insgesamt, die Raumatmosphäre? Wir sehen: der Sezierende Blick der

Wissenschaftler und die Aufteilung der Wissenschaftsdisziplinen in immer neue Spezialgebiete brechen hier voll in die Praxis durch.

Nicht vergessen werden darf, das sich der Architekt lange Zeit noch mit „dem Ganzen" befasste. Doch mit dem Aufkommen neuer koordinierender und projektleitender Exponenten und Professionen (Generalplaner, -unternehmern etc.) erlitt dieser einen deutlichen Machtverlust und das Thema geriet zwischen alle Exponenten des Machtspiels der an Raumgestaltungsprojekten Beteiligten.

Die beschriebene Art der „Differenzierung" der Welt führt zur Aufbereitung und Verbreitung von immer mehr Detail-Informationen. Sie ist die Voraussetzung für die heute dominierende Vorstellung einer hohen Verfügbarkeit über „Kommunikation" und stellt, wie erwähnt, eine weitere Ausprägung von „teile und herrsche" dar. Die immer häufigeren Klagen über den Qualitäts-Zerfall in den Medien und über zunehmende Überforderung in der Bewältigung der „Informationsflut" zeigen aber, dass stets mehr Verarbeitungs-engpässe entstehen. Augen und Ohren sind verstopft, Münder reden und Hände schreiben sich wund. Der Kampf um die Aufmerksamkeit wird härter und aggressiver. Doch das schafft oft eher neue kulturelle Probleme (Aggressivität in politischer Kultur etc.), anstatt alte zu lösen. Wir sind offenbar in eine Sackgasse geraten.

So macht sich langsam die Vorstellung breit, dass vielleicht die oben dargestellten Maximen die Grenzen ihrer Wirkungsfähigkeit erreicht haben. Man könnte von den „Grenzen des Informations-Wachstums" sprechen. Auch hier sind offenbar die Grenzen der Reichweite von Modellen und Theorien erreicht, wie dies in der vorliegenden Studie auch für die klassische Physik und das St. Galler Management-Modell erkannt worden ist.

## 2.2 Manager der Zukunft: Musterknaben oder Musterbrecher?

Um aus der genannten Sackgasse herauszukommen, müssen wir wohl das „Inszenierungs-Theater" verlassen. Denn analog der oben beschriebenen „Ent-Ortung" im Arealraum, verlief im 20. Jahrhundert auch eine solche im Kultur- und Wissensraum. Beliebigkeit und Positionslosigkeit herrschen oft auch im Umgang mit Wert-/Normsystem und -hierarchien. Und so wie im Arealraum „Erlebnis" inszeniert wird, tut man dies im Kultur- und Wissensraum mit „Ethik", druckt dazu Hochglanzbroschüren mit der Darstellung der eigenen „Werte".

Die gebildete Persönlichkeit hingegen braucht die Inszenierung nicht, spielt keine Rolle auf einer Bühne: Sie ist, was sie ist. Und so möchte ich mit dieser Studie Mut machen, sich durch ein Verbindung der Ebenen der Weltanschauung, des Verständnisses von Raum und Zeit sowie der Management-Modelle wieder vermehrt grundsätzliche Gedanken zu machen. Denn dadurch können jene – vermeintlich – bewährten Denk- und Handlungsmuster in der Unternehmensführung, die offenbar nicht mehr so zu „greifen" scheinen wie früher, überwunden werden.

Das ist in den letzten Jahren laufend mehr Menschen in der Wirtschaft bewusst geworden und so wird immer öfter und eindringlicher ein Umdenken gefordert. Der Schweizer Wirtschaftswissenschaftler Hans A. Wüthrich hat in diesem Sinne sieben „klassische", aber für ihn nur scheinbar bewährte Muster der Führungsarbeit erkannt:

- Muster 1: Führung muss steuern! Der Kapitän muss auf die Brücke!
- Muster 2: Führung muss kontrollieren! Vertrauen hat seine Grenzen!
- Muster 3: Führung muss standardisieren! Normierung schafft Skaleneffekte!
- Muster 4: Führung muss rational entscheiden! Gefühle haben keinen Platz!
- Muster 5: Führung muss den kurzfristigen Erfolg suchen! Langfristig sind wir alle tot!
- Muster 6: Führung muss beschleunigen! Zeit ist Geld!
- Muster 7: Führung muss sich an Rahmenbedingungen orientieren! Man kann nicht alles ändern![47]

Wüthrich et al. fordern nun „grundlegend andere Haltungen"[48] gegenüber Führung, kurzum den Musterbruch: „Drei verbindende Prinzipien kennzeichnen unsere Musterbrecher: verbindliche Reflexion – mehr sehen, sensibler wahrnehmen, achtsam und ehrlich agieren; leiser Mut – Mut zur Überwindung kollektiv akzeptierter Wahrheiten und Mut zum Durchhalten der eigenen Identität; echte Beziehungen – Bindekraft zu sich selbst und anderen. Dies sind einfach und trivial klingende, aber mächtige Begriffe, denn sie erschliessen die so entscheidend andere Haltung. Wir perfektionieren nicht die technokratischen Führungsfähigkeiten, sondern arbeiten kontinuierlich an der eigenen Haltung, dem neuen Bewusstsein. Unsere Haltung hilft uns bei der Navigation durch unsichere Zeiten."[49]

Wiewohl unabhängig von einander entstanden, könnten meine, in dieser Studie vorgelegten Gedankengänge als Vertiefung und Erweiterung der Überlegungen von Wüthrich verstanden werden, indem sie aufzeigen, welche Voraussetzungen im Sinne der Weltanschauung, der Managementmodelle etc. erforderlich sind, um das musterbrechende Denken zu ermöglichen, denn:

- „Denkkraft durch verbindliche Reflexion" erfordert über das Denken nachzudenken,
- „Sprungkraft durch leisen Mut" setzt den Willen zur Kohärenz des Denkens und Handelns voraus und
- „Bindungskraft durch echte Beziehung"[50] erfordert den Dialog und ein anderes Verständnis von „Kommunikation" in Raum und Zeit.

So gesehen kann man zwar den Musterbruch als solchen als „einfach und trivial klingend" bezeichnen, muss sich dabei aber bewusst werden, wie tiefschürfende Konsequenzen dies alles hat. Bei aller Wichtigkeit der Kritik am „Wie" der Führung, darf die Frage nach dem „Wohin und Wozu" nicht unbeantwortet bleiben. Ich denke, hier ist die Idee der Nachhaltigen Entwicklung und, davon abgeleitet, des ganzheitlich-nachhaltigen Managements zukunftsweisend.

Indem, wie oben gezeigt, alle Prozesse und Räume miteinander verbunden sind, sollte der effektivste und effizienteste Weg der Nachhaltigen Entwicklung bei der Eigenverantwortung und Bildung beginnen und nicht erst im institutionellen Eigenraum, was auch von Wüthrich et al. gefordert wird. Wer seine persönliche und institutionelle Mitte gefunden hat, wirkt als Vorbild (über die drei genannten Energieformen) in alle anderen Räume zurück und verbreitet so die richtige Atmosphäre, worin andere ihren Ausgleich finden können. Er kann das von Wüthrich geforderte Vertrauen zu sich und den Mitmenschen aufbauen und dadurch eine Führung ermöglichen, die ohne die genannten sieben „klassischen" Muster auskommt. Dieses Vertrauen wächst aber nicht ohne Authentizität. Im Leben schliessen sich Echtheit und Inszeniertheit aus, denn der bewusste Rollenspieler verunsichert, weil er selber und die Anderen nicht wissen können, was seine nächste Rolle sein und bringen wird.

Die „Früchte" der Bildungsarbeit können schliesslich im individuellen und institutionellen Eigenraum eingebracht werden. Wie bei der Bestimmung des Begriffsfeldes der Nachhaltigkeit gezeigt, hat dies im Blick auf ein Unternehmen vor allem Konsequenzen auf die Arbeit in der eigenen Funktion und in Projekten, im Bewusstsein des engen Zusammenhangs zwischen Denk-, Entscheidungs- und Wissenskommunikationsprozessen.

So stehen die Gestaltung des Selbst-/Körperraumes und individuellen Eigenraumes (Bildung) und das Einbringen ganzheitlich-nachhaltigen Denkens in das tägliche Wirken in seiner Funktion im Berufsleben (nachhaltiges Marketing, nachhaltige Kommunikation etc.) am Anfang einer erfolgreichen Nachhaltigen Entwicklung. Im Gegensatz zur Sichtweise des St. Galler Management-Modells wird hier Lenkung durch Gestaltung durchaus verortbar und dadurch die erwähnte Beliebigkeit und Positionslosigkeit überwindbar. Allerdings bleibt, im Einklang mit dem St. Galler Modell, die Lenkung und Gestaltung dezentral.

Wir müssen uns allerdings im Klaren sein, dass die genannte Positionslosigkeit eine zentrale Voraussetzung für den Erfolg der „westlichen" Konsumgesellschaft darstellt, denn sie fördert jene Unsicherheit/Verunsicherung des Menschen, die es braucht, um die Sicherheitssuche stark auf das Materielle auszurichten. Würde nämlich der bekannten Erkenntnis nachgelebt, dass jeder Mensch Sicherheit vor allem bei sich im Eigenraum suchen muss und diese stark durch immaterielle Werte zu „erarbeiten" ist, würde das weitere ungehemmte und – wie gesehen – einseitig materiell/monetär definierte Wachstum der Konsumgesellschaft reduziert.

## 2.3 "Kampf der Kulturen" auch in der Wirtschaft verhindern

Beim Aspekt der Sicherheit möchte ich zum Schluss zur kulturellen und politischen Bedeutung der hier behandelten Themen vorstossen. Verlassen wir nämlich den in dieser Studie im Zentrum stehenden Unternehmens-Kulturraum und betrachten die Kulturräume im globalen Zusammenhang, dann wird uns bewusster, dass wir den befürchteten „Krieg der Kulturen"[51] geradezu heraufbeschwören, wenn es nicht gelingt, die eben genannte Sicherheit im eigenen Lebensraum auszubauen.

Die seit einigen Jahren diskutierte Vorstellung des „Kampfs der Kulturen" kann auch verstanden werden als Konsequenz einer Renaissance der Religiosität in den säkularisierten westlichen Gesellschaften. Aus der in diesen Gesellschaften gewachsenen Erkenntnis, dass auch die Wissenschaften an „Grenzen des Wachstums" stossen und ihre Weltdeutungskräfte begrenzt sind, wird neben dem Wissen das Glauben wieder höher bewertet. Diese Entwicklung hat sich seit dem Ende des 20. Jahrhunderts verstärkt, wobei die Glaubensinhalte zunächst den Glauben an sich selbst (Individualismus) und an die eigenen Werte (Ethikdiskurs) umfassen. Je nach Wertordnung kann neben dem Eigennutz auch das Ganze (Nachhaltigkeit) verstärkt Beachtung finden.

Aus dieser eher „horizontalen" Betrachtungsweise, die vor allem auf die Einbettung ins gesellschaftliche Umfeld und seine diesbezügliche Wirkung achtet (Marketinghaltung auch im Privatleben), kann sich aber auch wieder eine „vertikale" Ausrichtung entwickeln, welche Ort und Zeit übersteigt und Schöpfung und Ewigkeit mit einem Gott verbindet, wodurch individuelle Religiosität in eine kollektive Religion mit bestimmtem Gottesbild „umschlägt".

Trotz oft ambivalenter Bewertung unseres herrschenden Wirtschaftssystems fangen immer mehr Akteure aus den Bereichen Religion, Ethik bis hin zu Esoterik an, sich der Methoden des Marketing zu bedienen, wollen offenbar den Ökonomismus mit seinen eigenen Waffen zu schlagen versuchen. Doch beginnen damit die sich oft als geschwächt einschätzenden Religionsgemeinschaften nicht, ihre Seele zu verkaufen? Denn die Idee, andere – auch andere christliche – Religionsgemeinschaften als Konkurrenz zu betrachten und damit die Idee eines „Marktes der Religionen" zu propagieren, auf dem mit allen Regeln der „Marketing-Kunst" zu operieren wäre, kann zur Bedrohung für die Religionsgemeinschaften selbst werden. Denn die hier dargelegte Problematik des Widerspruchs zwischen Authentizität und Inszenierung hat unabsehbare Konsequenzen für die Glaubwürdigkeit dieser Institutionen, welche von der Würde und Echtheit des Glaubens leben. Durch eine solche „Veräusserlichung", gepaart mit dem Marktdenken eigenen Macht- und Wachstumsdenken, kann der „Kampf der Kulturen" wieder zu einem „Kampf der Religionen" werden, der in der Geschichte des Abendlands bekanntlich äusserst schmerzhafte Folgen gezeitigt hat. Eigentlich ist es erstaunlich, dass das Interesse von Religionsgemeinschaften an professionellem Marketing in einem Moment erwacht, in dem die hergebrachten Methoden durch die Wirtschaftswissenschaften selbst immer kritischer hinterfragt werden.

Nach diesen religionsbezogenen Überlegungen möchte ich zum Schluss noch zur Politik vorstossen. In den westlichen industrialisierten Kulturen wird bis heute der Lebens- und Kulturraum des Individuums mit der Idee des (National-)Staates verbunden, also geografisch als Arealraum fundiert. Je mehr nun aber der Nationalstaat multikulturell wird, desto weniger kann er kulturelle „Sicherheit" gewähren, weshalb sich Politik und Staatsverwaltung auf die „Gewährleistung" einer gewissen materiellen Sicherheit zurückziehen.

Betrachten wir die aus der „globalen Zeitlosigkeit" hinauswachsende Denkweise mit jener aus der „lokalen Geschichtlichkeit" hergeleiteten, wie wir es in der nächsten Abbildung dargestellt sehen, so können wir nun im Geiste der retiv-polyzentrischen Systemmodells und relationalen Raumverständnisses das Globale dem Lokalen gegenüberstellen oder – und so ist die Abbildung gemeint – im topisch-henadischen Raumverständnis beide im Lebensraum sich durchdringen lassen.

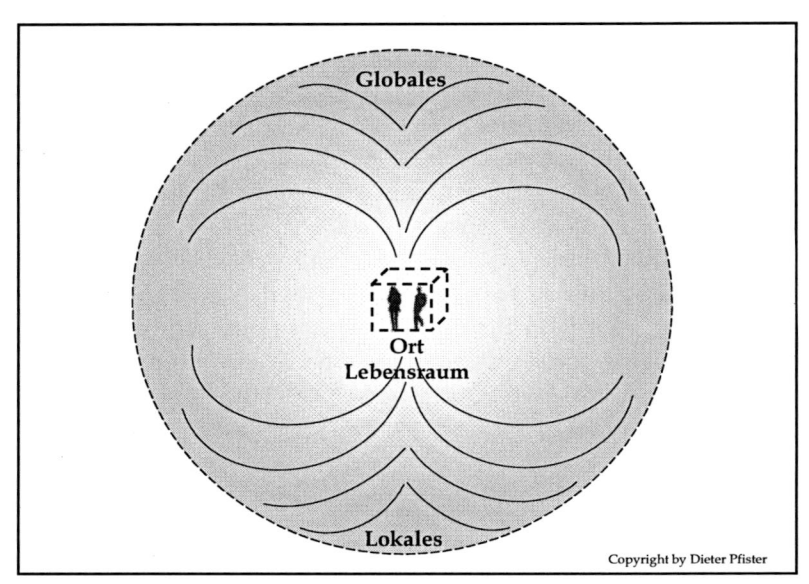

*Abbildung 58: Globales und Lokales durchdringen den Lebensraum*

Indem beim erstgenannten Weg in der sezierenden Denkweise das Lokale und das Globale differenziert wird, kommt es zu immer mehr Schnittstellen und damit potentiellen Konflikten. Verbunden mit der Idee der Anspruchgruppen und deren Interessendurchsetzung wird die Seite der global agierenden Institutionen ihre Macht ausdehnen können, was auf Seiten der lokal Tätigen nicht möglich ist.

Wenn „global" die weltumspannende Vernetzung der Interessen und Märkte bedeutet, das heisst, wenn dass das lokale Eigene dem globalen Ganzen ebenfalls gegenübergestellt und Ersteres priorisiert wird, dann kann das Bewusstsein von Unterlegenheit auf der Seite der Lokalen anwachsen. Es liegt in den bewährten Selbstbehauptungsmechanismen, dass sich unterlegen fühlende Menschen und Gruppen Felder zu suchen beginnen, in denen sie sich überlegen fühlen können. Im Materiellen/Monetären haben sie in diesem wirtschaftlich dominierten Zusammenhang ja keine Chance, also werden sie sich kulturell, weltanschaulich bis religionsbezogen ein Überlegenheitsbewusstsein bilden.

Da im „Westen" seit der Aufklärung die Themenfelder „Weltanschauung und Religion" immer mehr aus dem Blickfeld geraten, nach leidvollen Erfahrungen zur Privatsache erklärt worden sind, findet hier wenig Dialog zwischen den aufgeklärten Mächtigen und den lokalen Eliten statt. Denn auch hier wird die „Welt" aufgeteilt: Zwar treffen sich Führer von Religionsgemeinschaften, Politiker, Wissenschaftler etc. durchaus. Wenige aber fühlen sich für das Ganze verantwortlich und denken, reden und handeln entsprechend. Alle Bestrebungen der sich unterlegen Fühlenden, sie doch zumindest kulturell ernst zu nehmen, laufen so ins Leere – obwohl das gar nicht in der Absicht der Mächtigen liegt, sondern einfach den „blinden Fleck" ihrer Wahrnehmung, ihres Weltbildes darstellt. Die tieferen und in der Wirtschaft eher selten besprochenen weltbildmässige Wurzeln dieser Verhaltensweisen freizulegen, war gerade auch deshalb ein Hauptanliegen meiner Studie.

Bleibt zu hoffen, dass es mir auch gelungen ist, die nachhaltigkeitsbezogenen Vorteile des topisch-henadischen Raumverständnisses aufzuzeigen. Indem Letzteres schon im Welt- und Raumverständnis, in Denkprozess und Begrifflichkeit Ganzheitlichkeit und Nachhaltigkeit bewusst integriert und durch die Kohärenz- und Authentizitätsforderung ins Handeln zu übertragen sucht, hat es gute Chancen,

- das Globale mit dem Lokalen,
- das Ganze mit den Teilen,
- die drei Dimensionen der nachhaltigen Entwicklung und
- die drei Eigenräume miteinander zu verbinden und

mit der gleichen Denkweise zu durchdringen sowie dies

- in die In-Formations- und
- Trans-Formationsprozesse

einfliessen zu lassen.

Durch Verortung und Positionsbezug würde der Teufelskreis durchbrochen, in den der „flexible Mensch"[52] durch seine Spezialisierung und Individualisierung geraten ist und welch Letztere die Distanz zu den eher positions- und/oder traditionsorientierten Kulturen weiter vergrössert hat. Und zusätzlich erkennen wir heute immer mehr, dass die Sichtweise des Kampfes der globalen versus lokalen Kulturen sogar auf die Ebene der Unternehmen überzugreifen beginnt. So gibt es schon Firmen, die keine Mitarbeitenden mehr anstellen wollen, die längere Zeit in der flexiblen und einseitig materiell/monetär orientierten Kultur von globalisierten Weltkonzernen gearbeitet haben, weil die kulturelle Distanz und damit der Integrationsaufwand zu gross geworden sind.

Zum Schluss dieser Studie müssen wir deshalb erkennen, dass wir in einem Dilemma stecken, das tragische Folgen haben kann. Verstärken wir unser kulturelles Selbstbewusstsein und beziehen wir Position im Kulturraum, ohne die Gelassenheit des Selbstsicheren zu entwickeln – im Extremfall „Feindesliebe" genannt –, der das Andere mit Respekt im Raum stehen lassen kann, dann besteht wenig Hoffnung auf eine friedlichere Zukunft.

Diese Gefahr zu erkennen und ein Handeln zu fördern, das aus Selbstsicherheit erwächst und diese wachsen lässt, genau das ist der Zweck dessen, was ich hier als ganzheitlich-nachhaltiges Management dargestellt habe. Dialog mit anderen Kulturen muss hier nicht verbal und explizit seine Position darstellend und professionell „verkaufend" geschehen, sondern wirkt viel mehr durch kohärentes wert-/normorientiertes eigenes Handeln. Menschen, Institutionen und Kulturkreise werden letztlich daran gemessen, was sie getan und schlechtesten Falls Anderen angetan und nicht an dem, was sie „Richtiges" gesagt haben.

Dies ist zwar eine anspruchsvolle Haltung und Vorgehensweise. Doch da ja gerade unsere Epoche stolz ist auf das hohe allgemeine Ausbildungsniveau, dürfen wir hoffen, dass sich genügend Menschen finden, die in der Lage sind, ihre Persönlichkeit zu bilden und Eigenverantwortung zu übernehmen – im Blick auf sich und das Ganze. Ein paar zentrale Ideen könnten helfen, sich mit dem hier Behandelten weiter zu befassen. Wenn man sich nämlich mit den Gedanken anfreunden kann,

- dass alles mit allem verbunden ist,
- dass deshalb alles, was ich durch mein Denken, Fühlen und Handeln auslöse immer auch auf mich „zurückfällt", das Wertvolle und das Schädliche,
- dass sich also weder Menschen noch Institutionen unabhängig und autonom fühlen können und
- dass alle Gestaltungen und Veränderungen unseres Lebensraumes nicht von Gruppen oder Institutionen, sondern von uns als eigenverantwortliche Menschen ausgehen,

dann könnten weitere Schritte in Richtung ganzheitlich-nachhaltiges Management gewagt werden.

# Anmerkungen

[1] Pfister 2004/1 und 2005/1.
[2] Simmel, 1977, S. 561.
[3] Löw, 2001, S. 158/9.
[4] Latka, 2003, S. 271.
[5] Steffen, 2006, S. 29 (Hervorhebung durch Steffen).
[6] Steffen, 2006, S. 17 (Hervorhebung durch Steffen).
[7] Bühler, 1999, S. 159.
[8] Bühler, 1999, S. 256.
[9] Steffen, 2006, S. 155.
[10] In diesem Zusammenhang bedankt sich der Autor für wichtige Hinweise, die er von Dr. Peter Spichiger, Zürich, erhalten hat.
[11] Coates, Joseph F. et al: Issues management, Lomond 1986, S. 2.
[12] Bruhn, 1992, S. 9.
[13] Bruhn, 1995.
[14] Schneider, 2001, S. 22 in Pfister, 2005/1, S. 29/30.
[15] Probst, Gilbert, Raub, Steffen, Romhardt, Kai: Wissen managen, Zürich 1997
[16] Zec, 2001, S. 236.
[17] Zec, 2001, S. 236.
[18] Zec, 2001, S. 237.
[19] Zec, 2001, S. 240.
[20] Pfister, 2005/1, siehe vor allem 160 ff.

[21] Hillmann, 1994, S. 426 f und andere mehr.
[22] Latka, 2003, S. 160.
[23] Schmidt, 1991, S. 389.
[24] von Foerster, 1993, S. 297. Er zitiert hier Winograd, Terry, Flores, Fernando: Understanding Computers and Cognition. A New Foundation for Design, Norwood 1986.
[25] Brandom, 2000, S. 660.
[26] Brandom, 2001, S. 215.
[27] Latka, 2003, S. 233.
[28] Latka, 2003, S. 240/1 mit Hinweisen auf Wieses „System der allgemeinen Soziologie als Lehre von den sozialen Prozessen und den sozialen Gebilden (Beziehungslehre)", Berlin 1928, Neuauflage 1966, S. 110f. und Lewins „Experimente über den sozialen Raum" in Lewins „Die Lösung sozialer Konflikte", Bad Nauheim 1953, S. 112 ff.
[29] Belz, 2006, S. 63/4.
[30] Bruhn, 2001, S. 19 (Hervorhebung durch Bruhn).
[31] Belz, 2006, S. 23.
[32] Belz, 2006, S. 24.
[33] Belz, 2006, S. 43.
[34] Belz, 2006, S. 44.
[35] Belz, 2006, S. 110.
[36] Kapferer, 1992, S. 105 ff.
[37] Deichsel, 2006, S. 338 ff.

[38] Die Abbildung zeigt den Bibliotheksraum des Jugendstilhotels Paxmontana in Flüeli-Ranft, siehe Pfister 2004/1, S. 137. Der Autor dankt Martin Küttel für die Erlaubnis zur Verwendung dieser Fotografie.
[39] Kapferer, 1992, S. 13.
[40] Bohm, 2002, S. 33.
[41] In diesem Zusammenhang bedankt sich der Autor für wichtige Hinweise und Anregungen, die er von Dipl. Arch. ETH Heinrich Kunz, Zürich, erhalten hat.
[42] Kreft, 2002, S. 61.
[43] Siehe Untertitel zu seinem Buch.
[44] Mikunda, 2005, S. 253.
[45] Siehe dazu Packard, 1972.
[46] Mikunda, 2005, S. 147.
[47] Wüthrich/Osmetz/Kaduk, 2006, S. 17-19.
[48] Wüthrich/Osmetz/Kaduk, 2006, S. 152.
[49] Wüthrich/Osmetz/Kaduk; 2006, S. 248.
[50] Alle drei Zitate stammen aus: Wüthrich/Osmetz/Kaduk, 2006, S. 155 ff.
[51] Huntington, Samuel P.: Kampf der Kulturen. Die Neugestaltung der Weltpolitik im 21. Jahrhundert. Hamburg 2006 (Erstausgabe 1998).
[52] Sennett, Richard: Der Flexible Mensch. Die Kultur des neuen Kapitalismus, Berlin 1998.

# 3. Literatur

Balderjahn, Ingo: Nachhaltiges Marketing-Management. Möglichkeiten einer umwelt- und sozialverträglichen Unternehmenspolitik, Stuttgart 2004.

Bate, Paul: Cultural Change. Strategien zur Änderung der Unternehmenskultur, München 1997.

Beling, Marcus: Der Körper als Text: Die Versprachlichung religiöser Erfahrungen bei Meister Eckhart und Heinrich Seuse, Internetveröffentlichung der Dissertation unter miami.uni-muenster.de, Philosophische Fakultät der Westfälischen Wilhelms-Universität, Münster 2006.

Belting, Hans: Bild und Kult. Eine Geschichte des Bildes vor dem Zeitalter der Kunst, München 1990.

Belz, Christian: Spannung Marke. Markenführung für komplexe Unternehmen, Wiesbaden 2006.

Belz, Christian: Generation.ppt: in: Thexis, 1/2006, Wiesbaden 2006, S. 21-23.

Bieker, Thomas, Dyllick, Thomas: Nachhaltiges Wirtschaften aus managementorientierter Sicht, in: Tiemeyer, Ernst, Wilbers, Karl (Hrsg.): Berufliche Bildung für nachhaltiges Wirtschaften, Bielefeld 2006, S. 87-106.

Bittencourt, Irmela, Borner, Joachim, Heiser, Albert (Hrsg.): Nachhaltigkeit in 50 Sekunden. Kommunikation für die Zukunft, München 2003.

Bohm, David: Der Dialog, Stuttgart 2002.

Bourdieu, Pierre: Sozialer Raum und „Klassen", Frankfurt a. M. 1985.

Brandom, Robert B.: Expressive Vernunft, Frankfurt a. M. 2000 (Erstausgabe 1994).

Brandom, Robert B.: Begründen und Begreifen. Eine Einführung in den Inferentialismus, Frankfurt am Main 2001 (Erstausgabe 2000).

Bruch, Heike, Vogel, Bernd: Organisationale Energie – Wie Sie das Potenzial Ihres Unternehmens ausschöpfen, Wiesbaden 2005.

Bruhn, Manfred: Integrierte Unternehmenskommunikation, Stuttgart 1992.

Bruhn, Manfred (Hrsg.): Internes Marketing, Wiesbaden 1995.

Bruhn, Manfred (Hrsg.): Die Marke. Symbolkraft eines Zeichensystems, Bern 2001.

Bühler, Charlotte: Kommunikation als integrativer Bestandteil des Dienstleistungsmarketing, Bern 1999.

Daub, Claus-Heinrich: Neue Philosophie auf dem Vormarsch, in: Umwelt Focus 4/04, S. 10-13.

Deichsel, Alexander: Markensoziologie, Frankfurt a. M. 2006.

Drepper, Thomas: Der Raum der Organisation - Annäherung an ein Thema, in: Krämer-Badoni, Thomas, Kuhm, Klaus (Hrsg.): Die Gesellschaft und ihr Raum. Raum als Gegenstand der Soziologie, Opladen 2003, S. 103 ff.

Dünne, Jörg, Günzel, Stephan (Hrsg.): Raumtheorie. Grundlagentexte aus Philosophie und Kulturwissenschaften, Frankfurt a.M. 2006.

Dürr, Hans-Peter, Dahm, J. Daniel, zur Lippe, Rudolf: Potsdamer Manifest 2005, Potsdam 2005.

Elias, Norbert: Was ist Soziologie?, Weinheim 1996.

Eppler, Martin J.: Visuelle Kommunikation – Der Einsatz von graphischen Metaphern zur Optimierung des Wissenstransfers, in: Reinhardt, Rüdiger, Eppler, Martin J.: Wissenskommunikation in Organisationen, Berlin 2004, S. 13-31.

Görnitz, Thomas, Görnitz, Brigitte: Der kreative Kosmos. Geist und Materie aus Information, Berlin 2002.

Goethe, Johann Wolfgang von: Schriften zur Naturwissenschaft, Stuttgart 1977 (Erstausgabe 1947 f.).

Hägele, Peter C.: Physik – Weltbild oder Naturbild? Skript zur Tagung der Deutschen Physikalischen Gesellschaft am 31.03.2000 in Regensburg, Regensburg 2000.

Hillmann, Karl-Heinz: Wörterbuch der Soziologie, Stuttgart 1994.

Kapferer, Jean-Noël: Die Marke. Kapitel des Unternehmens, Landsberg 1992.

Krämer-Badoni, Thomas, Kuhm, Klaus: Die Gesellschaft und ihr Raum. Raum als Gegenstand der Soziologie, Opladen 2003.

Krämer-Badoni, Thomas: Die Gesellschaft und ihr Raum – kleines verwundertes Nachwort zu einem grossen Thema, in: Krämer-Badoni, Thomas, Kuhm, Klaus (Hrsg.): Die Gesellschaft und ihr Raum. Raum als Gegenstand der Soziologie, Opladen 2003, S. 275 ff.

Kreft, Wilhelm: Ladenplanung. Merchandising-Architektur. Strategie für Verkaufsräume: Gestaltungs-Grundlagen, Erlebnis-Inszenierungen, Kundenleitweg-Planungen, Leinfelden-Echterdingen 2002.

Kuhm, Klaus: Was die Gesellschaft aus dem macht, was das Gehirn dem Bewusstsein und das Bewusstsein der Gesellschaft zum Raum ‚sagt', in: Krämer-Badoni, Thomas, Kuhm, Klaus: Die Gesellschaft und ihr Raum. Raum als Gegenstand der Soziologie, Opladen 2003, S. 13 ff.

Kuhn, Thomas S.: Die Struktur wissenschaftlicher Revolutionen, Frankfurt a. M. 1978 (Erstausgabe 1962).

Latka, Thomas: Topisches Sozialsystem, Heidelberg 2003.

Löw, Martina: Raumsoziologie, Frankfurt a. M. 2001.

Luhmann, Niklas: Soziale Systeme. Grundriss einer allgemeinen Theorie, Frankfurt a. M. 1984.

Mikunda, Christian: Der verbotene Ort oder die inszenierte Verführung, Frankfurt a. M. 2005.

Nishida, Kitaro: Logik des Ortes, der Anfang der modernen Philosophie in Japan, Darmstadt 1999 (Erstausgabe 1926).

Packard, Vance: The Hidden Persuaders, Harmondsworth 1972 (Erstausgabe 1957).

Pfister, Dieter: Franz Pergo. Zur Nordwestschweizer Möbelkunst um 1600, Basel 1984.

Pfister, Dieter: Integration, Innovation, Tradition – in der Architektur. Hugo Pfister zum 80. Geburtstag, Basel 1999.

Pfister, Dieter (2002/1): Zur Methodik der Vernetzung von Lebensstil und Raumgestaltung, in: Oppenheim, Roy, Stolte, Dieter, Zölch, Franz A.: Das Publikum als Programm: Festschrift zum sechzigsten Geburtstag von Professor Dr. Matthias Steinmann, Bern 2002, S. 275-285.

Pfister, Dieter, Häberli, Sabine, Kübli, Astrid (2002/2): Basler Möbelkunst von 1450 bis 1950, Basel 2002.

Pfister, Dieter (2004/1): Raum – Gestaltung – Qualität am Beispiel historischer Hotels, Basel 2004.

Pfister, Dieter (2004/2): Die Raumdimension in der Wissenskommunikation, in: Reinhardt, Rüdiger, Eppler, Martin (Hrsg.): Wissenskommunikation in Organisationen, Berlin 2004, S. 69-87.

Pfister, Dieter (2005/1): Wissen – Bildung – Qualität. Georg H. Endress zum 80. Geburtstag, Basel 2005.

Pfister, Dieter (2005/2): Was soll Kultur kosten? Nachhaltigkeit auch im kulturellen Bereich wegweisend, in: Neue Zürcher Zeitung, Zürich 10. August 2005, S. 15.

Pfister, Dieter: Wenn Marketing-Karrieren an den eigenen Weltbildern und Wissenschaftsmodellen scheitern, in: Thexis, 1/2006, Wiesbaden 2006, S. 31-35.

Porter, Michael: Wettbewerbsvorteile, Frankfurt a. M. 1986.

Probst, Gilbert, Raub, Steffen, Romhardt, Kai: Wissen managen, Zürich 1997.

Roth, Gerhard: Ich – Körper – Raum. Die Konstruktion der Erlebniswelt durch das Gehirn, in: Krämer-Badoni, Thomas, Kuhm, Klaus (Hrsg.): Die Gesellschaft und ihr Raum. Raum als Gegenstand der Soziologie, Opladen 2003, S. 35 ff.

Rüegg-Stürm, Johannes: Das neue St. Galler Management-Modell, Bern 2002.

Schmidheiny, Stephan: Kurswechsel, München 1992.

Schmidt, Heinrich: Philosophisches Wörterbuch, Stuttgart 1991.

Schneider, Ursula, Die 7 Todsünden im Wissensmanagement, Frankfurt a.M. 2001.

Schroer, Markus: Raumkörper und Körperraum – zwischen Öffnung und Schliessung, in: Krämer-Badoni, Thomas, Kuhm, Klaus (Hrsg.): Die Gesellschaft und ihr Raum. Raum als Gegenstand der Soziologie, Opladen 2003, S. 73 ff.

Schoer, Markus: Räume, Grenzen, Orte. Auf dem Weg zu einer Soziologie des Raumes, Frankfurt a. M. 2006.

Sennett, Richard: Verfall und Ende des öffentlichen Lebens. Die Tyrannei der Intimität, Frankfurt a. M. 1998 (Erstausgabe 1974).

Simmel, Georg: Philosophie des Geldes, Berlin 1977 (Erstausgabe 1900).

Simmel, Georg: Über räumliche Projektionen sozialer Formen, in: Dünne, Jörg, Günzel, Stephan (Hrsg.): Raumtheorie. Grundlagentexte aus Philosophie und Kulturwissenschaften, Frankfurt a.M. 2006, S. 304-315.

Sturm, Gabriele: Der Begriff des Raums in der Physik – eine soziologische Perspektive, in: Krämer-Badoni, Thomas, Kuhm, Klaus (Hrsg.): Die Gesellschaft und ihr Raum. Raum als Gegenstand der Soziologie, Opladen 2003, S. 233 ff.

Steffen, Dirk: Die Potentialqualität von Dienstleistungen, in: Basler Schriften zum Marketing, Band 19 (Hrsg. Manfred Bruhn), Wiesbaden 2006.

Stichweh, Rudolf: Raum und moderne Gesellschaft. Aspekte der sozialen Kontrolle des Raumes, in: Krämer-Badoni, Thomas, Kuhm, Klaus (Hrsg.): Die Gesellschaft und ihr Raum. Raum als Gegenstand der Soziologie, Opladen 2003, S. 93-101.

The World Commission on Environment and Development: Our common Future, Internetveröffentlichung unter ringofpeace.org, Oslo 1987.

Von Carlowitz, Hans Carl: Sylvicultura oeconomica, Leipzig 1713.

Von Foerster, Heinz: Wissen und Gewissen, Frankfurt a.M. 1993.

Werhahn, Peter H.: Menschenbild, Gesellschaftsbild und Wissenschaftsbegriff in der neueren Betriebswirtschaftslehre, Bern 1980.

Wüthrich, Hans A., Osmetz, Dirk, Kaduck, Stefan: Musterbrecher. Führung neu leben, Wiesbaden 2006.

Zec, Peter: Die Rolle des Designs bei der Entwicklung von Marken, in: Bruhn, Manfred (Hrsg.): Die Marke. Symbolkraft eines Zeichensystems, Bern 2001, S. 227-250.